国家出版基金项目
NATIONAL PUBLICATION FOUNDATION

大时代书系

主编◎厉以宁　艾丰　石军

中国新型城镇化理论与实践丛书

科技驱动新型城镇化

上海张江发展模式研究

中国新型城镇化理论与实践丛书
编委会

科技驱动新型城镇化
编写组

组　长	张　俭
副组长	胡建平　管小军　姚锡棠　李志军 杨晓东
著作人	张昇平　曾　刚　熊　竞
成　员	叶　森　唐是绿　曾　刚　张昇平 李志军　李　昂　卓　杰　姜　浩 杨荣斌　马永新　熊　竞　解栋栋 雷　柯　伋晓光　刘　斌　滕堂伟 吴林芳　朱贻文　尚勇敏　吕国庆 林利剑　张毅菁　施　雯　薛　亮 朱荪远　胡皓达

总 序

2012年11月，中国共产党第十八次代表大会提出，中国要推进“新型城镇化”。

2013年12月，中共中央召开了新中国成立以来的第一次城镇化工作会议。

2014年3月，中共中央、国务院印发了《国家新型城镇化规划（2014—2020年）》。

我国进入了新型城镇化重要时期。

习近平同志在中央城镇化工作会议上的讲话指出，推进新型城镇化是解决农业、农村、农民问题的重要途径，是推动区域协调发展的有力支撑，是扩大内需和促进产业升级的重要抓手，对全面建成小康社会、加快社会主义现代化具有重大的现实意义和深远的历史意义。李克强同志多次强调，新型城镇化是现代化的必由之路和必需之策。

到目前为止，成功实现工业化、城镇化进而达到现代化的发达国家，人口加起来总共约10亿。如果到21世纪中叶，中国城镇化率达到80%，转移人口将达到12亿左右，超过发达国家的人口总和，其规模之宏大和问题之复杂，在世界城镇化历史上是空前的。顺利完成中国城镇化，堪称中国历史发展的奇迹，也是世界发展史上的奇迹。

顺利推进新型城镇化，关键在于理论和实践的结合。它包括几个层次：

一是掌握城镇化的基本规律。

二是找到中国城镇化的特殊规律。

三是认识新型城镇化的内涵和要求。

四是根据以上认识，作出相应的决策，包括战略、规划、政策和措施。

五是在实施过程中，根据实践经验不断深化认识和改进操作。新型城镇化是一个新事物，没有现成的套路可以照搬，必须在理论和实践的结合中，不断前进。

本着为新型城镇化作出一份贡献的宗旨，特编辑出版了这套“中国新型城镇化理论与实践丛书”。

一、世界城镇化进程基本规律

世界城镇化已经有了260年的历史，贯穿了人类社会工业化和现代化的整个历程。其内在基本规律可以概括如下：

城镇化的基本矛盾是要素整合和空间配置的关系。社会生产力的发展靠要素整合，而要素整合离不开空间配置。要素整合和空间配置的互动互促，是城镇化的实质。

（一）六个要点

由此基本矛盾派生出城镇化基本规律的六个要点：

一个根据。劳动生产率。人类社会进步的基本动因是劳动生产率提高。工业靠人口的城镇聚集提高劳动生产率，农业靠减少农村人口提高劳动生产率。这是城镇化的基本根据。

二力协调。工业的拉力和农业的推力。农村人口转移是靠一拉一推实现的。而且，拉力和推力必须协调，二力不协调就会出现问题。

三个要素。人、业、地是城镇化的三个基本要素。人是核心，业是支撑，地是载体。所谓城镇化就是恰当运作这三个基本要素，以达到社会进步的目的。

四类主体。政府、企业、居民、智库。城镇化是这四类主体协作参与的社会工程。在发挥市场配置资源的决定性作用和更好地发挥政府作用的原则下，由政府统领，这四类主体各就各位、各尽所能、互相协作、形成合力，才能顺利推进城镇化。

五种杠杆。资源、资金、技术、文化、谋略。这些杠杆要素在城镇化的实施中，分别起着依托、融合、提升、活力、统筹的作用。

一个成果。现代化城镇体系建设。城镇体系包括宏观体系、中观体系、微观体系。城镇体系也包括实体体系、关系体系、文化体系。

（二）五项原则

分析世界各国城镇化经验教训，可以总结出五项原则：

1. **有序原则。**城镇化基本按照“地点转换，职业转换，身份转换”的顺序进行。

2. **同步原则。**城镇化进程要与产业支撑同步发展。

3. **渐进原则。**城镇化是一个自然发展过程，不可操之过急。

4. **匹配原则。**城镇化的模式要与国情相匹配。

5. **持续原则。**城镇化进程要可持续，城镇发展要可持续。

六个要点和五项原则，可以成为对城镇化规律的基础性认识。

二、中国城镇化历程

中国城镇化的伟大历史进程已经清晰地展现在我们眼前。

过去65年，中国城镇化走过了曲折发展的道路。

1. **新中国成立初期10年。**新中国成立初期10年，城镇化启动，城镇化率从1949年的10.6%提高到1957年的15.6%。

2. **1958—1978年。**1958年以后进入停滞期，到1978年，城镇化率达到17.9%。20年的时间城镇化率只提高2.3%，城镇化速度年均0.1%。

3. **改革开放以后至2013年。**改革开放以后，我国城镇化进程明显加快，到2013年已上升到53.7%，年均城镇化速度在一个百分点以上。城镇常住人口从1978年的1.7亿增加到2013年的7.3亿，城市数量从193个增加到658个，建制镇从2173个增加到20113个。京津冀、长三角、珠三角三大城市群初步形成，西部和东北地区城市焕发出新面貌。

目前，我国城镇化正处在城镇化率 30%～70%的中期阶段，城镇化率为 53.7%，如果按户籍人口计算，城镇化率只有 36%左右，低于发达国家 80%以上的平均水平，也低于类似发展中国家 60%的平均水平。

4. **展望未来。展望未来，还有非常艰巨的任务。**《国家新型城镇化规划（2014—2020 年）》提出的目标是，到 2020 年，城镇化率达到 60%左右，户籍人口城镇化率达到 45%左右。

还可以设想，到 2030 年，城镇化率达到 70%左右，而后再用 20 年，即到 2050 年，城镇化率达到 80%左右，同时做好相应的调整和提高工作。

这就是说，新中国的城镇化将走过 100 年的历程，新中国成立 100 周年，将是中国城镇化基本完成之时，也是中国现代化程度达到中等发达国家水平之日，两者基本重合。

三、中国城镇化特色

如何理解中国城镇化的“特色”?

（一）在“大反差”的条件下进行

基于国情，中国城镇化是在“大反差”的条件下进行的。

1. **人口。**“总量多”和“人均少”之间的大反差。“人均少”往往形成硬制约。如我国 GDP 总量世界第二，但人均 GDP 排名在世界 80 名左右；耕地总量占国土面积的 13.5%，但人均耕地 1.4 亩，是世界平均水平的 40%。

2. **区域。**不同区域之间在自然环境、经济发展、人口聚集等方面的大反差。由黑河到腾冲划出的所谓“胡焕庸线”，东南侧占全国 43.18%的国土面积，集聚全国 93.77%的人口，产出 95.7%的 GDP。西北一侧占 56.82%的国土面积，集聚全国 6.23%的人口，产出 4.3%的 GDP。

3. **城乡。**城乡二元结构形成的大反差。劳动生产率方面，农村人口占全国人口将近一半，而农业的 GDP 贡献率只有 10%左右；农村居民和城镇居民购买力之比是 1∶3；城乡二元体制。

4. **城镇。**大城市、特大城市和中小城市、小城镇之间的大反差。大城市急剧膨胀，中小城市、小城镇容量不足。

5. **经济。**落后农业国的起点和现代化目标之间的大反差。面临传统工业化补课和现代化赶超的双重历史任务。飞船早已上天，还有几千万人没有解决温饱问题。

（二）中国城镇化任务艰巨复杂

从国际比较看，中国城镇化任务非常艰巨复杂。

1. **转移人口总量大。**过去 65 年，城镇常住人口增加 5.6 亿，到城镇化基本完成时，累计转移农村人口 12 亿之众。这个数量是人类总人口的 1/6。

2. **区域发展不平衡。**目前我国东部城镇化率为 62.2%，中部城镇化率为 48.5%，西部城镇化率为 44.8%。三个不同区域城镇化所处阶段和面临的问题很不相同。由此出现了世界少有的区域人口大流动的现象。

3. **城镇模式多样化。**我国有人口稠密的地方，也有地广人稀的地方；有城镇密集的地方，也有城镇稀疏的地方。人均土地、人均资源、人均 GDP 的巨大差异，必然形成城镇模式上的多样化。中国各地各类城镇应该采取的模式可以说囊括了世界各国的各种模式。

4. **时间跨度比较长。**中国基本完成城镇化需要 100 年左右的时间。在世界各国中，这个时间跨度是比较长的，也是世界人口最多的国家城镇化所必需的。

5. **国际影响很深远。**在世界经济全球化的今天，世界最大的发展中国家的城镇化，其影响和意义必然超越国界。外国经济学家把中国城镇化看成推动 21 世纪世界经济发展的两大引擎之一，是有道理的。中国城镇化和世界经济发展的互动，成为必然。

（三）城镇化进程中存在的六个“滞后”

立足当前，必须正视城镇化进程中存在的六个“滞后”。

1. **城镇化滞后于工业化。**我国第二和第三产业增加值占 GDP 的比重达到 90%，而城市人口和农村人口的比例是 54∶46，城镇化率低于同等工业化水平的国家。

2. **人口城镇化滞后于土地城镇化。**城镇化过程存在着重“物的城镇化”，轻“人的城镇化”的倾向。城市结构松散，占地过多，城镇用地增长快于人口容纳增长。

3. **城市建设滞后于城镇化速度。**城市基础设施、公用服务设施、城镇住房建设远不适应城镇人口增长。

4. **身份转换滞后于职业转换。**我国目前的城镇化率，按户籍人口计算是35%，按常住人口计算是53%，相差18个百分点。这意味着有2亿多农民工有待市民化。

5. **文化建设和生态建设滞后于实体建设。**城镇化中历史文化传承问题没有很好地解决，城镇的文化特色、地方特色、民族特色正在消失。城镇的环境污染越来越严重。

6. **城市管理滞后于城市发展。**城镇管理体制、城镇管理经验、城镇管理人才都还不适应城镇化的快速发展。

六个“滞后”说明，依靠劳动力廉价供给推动城镇化快速发展的模式难以持续，依靠粗放式消耗土地等资源推动城镇化快速发展的模式难以持续，依靠公共服务非均等化压低成本推动城镇化的模式不可持续。

四、“五位一体”的新型城镇化目标

所谓新型城镇化，就是落实科学发展观，体现工业化、城镇化、信息化、农业现代化“四化协调”和经济建设、政治建设、文化建设、社会建设、生态文明建设“五位一体”的城镇化。

具体来说，就是以人口城镇化为核心，以城市群为主体形态，以综合承载能力为支撑，以体制机制创新为保障，促进产业发展、就业转移和人口集聚相统一，走出一条以人为本、四化协调、集约高效、布局优化、生态文明、文化传承的中国特色的新型城镇化道路。

新型城镇化是基于中国城镇化的规律、适应新形势的要求、针对现存的主要问题提出来的。

可以用“三八原则”和“三五要点”具体解读新型城镇化。

（一）新型城镇化的“三八原则”

所谓“三八原则”即是：

1. **正确处理八个方面关系。**一是空间：正确处理城乡之间、不同区域之间、城镇之间、各类城区之间的关系；二是产业：正确处理产业发展和城镇化进程之间的关系和第一次产业、第二次产业、第三次产业之间的关系；三是要素：正确处理人、业、地、钱等各种要素之间的关系；四是居民：正确处理各种居民之间的关系，特别要保证不能损害农民的利益，逐步实现公共服务均等化；五是文化：正确处理传承和创新的关系，把现代化和历史文化传承统一起来；六是模式：正确处理统一和多样的关系，各个城镇既要遵循国家统一规划，又要从实际出发作出选择；七是进程：正确处理速度和质量的关系，新型城镇化必须注意条件匹配、质量优先；八是主体：正确处理政府、企业、居民之间的关系，正确处理“有形的手”和“无形的手”的关系，按照“政府引导，多方参与”的原则推进城镇化。

2. **符合八条基本标准。**一是城乡一体；二是以人为本；三是经济繁荣；四是城建现代；五是布局合理；六是文化发展；七是社会和谐；八是绿色低碳。

3. **运用八条操作要领。**一是以人口为核心；二是以产业为支撑；三是以环境做定位；四是以城建做载体；五是以土地为依托；六是以资金做杠杆；七是以制度做配套；八是以改革为动力。

强调以改革为动力，用改革的方法解决城镇化中遇到的各种问题很重要。处在社会转型期的中国，必须通过全面深化改革，克服思维、制度、体制、政策等方面不适应城镇化的制约和障碍，才能保证城镇化的顺利进行。

（二）新型城镇化的“三五要点”

所谓“三五要点”即是：

1. **抓住五个难点问题。**一是农民工市民化问题；二是土地问题；三是城镇住房和公共服务问题；四是资金问题；五是历史文化传承问题。

2. **抓住五个战略重点。**一是重视产业发展和城镇化互动。我国是发展中国家，经济建设是中心，经济发展是城镇化的支撑，城镇化是经济发展的结果，又必须促进经济持续发展。二是重视“城乡一体化”。在我们这样的农业大国，正确解决农村、农业、农民问题，在城镇化中占有特殊重要的地位。不能走牺牲“三农”的城镇化歧路。三是重视“就近城镇化”。充分发挥中小城市和小城镇的作用，就近转移人口，才能解决城镇人口容量问题、巨量人口流动问题和各类城镇人口分布严重不平衡的问题。中国把世界通行的“城市化”概念改为“城镇化”，就是出于这种考虑。四是重视现代化城镇体系建设。在宏观体系、中观体系、微观体系三个层次中，实施“中观突破”策略，把城市群建设作为城镇化的主体形态。五是重视“五位一体”。

在我们这样的发展中国家，城镇化进程中最容易出现的片面性是：重城镇建设，轻社会建设，不能及时解决新出现的城市“二元结构”问题；重经济效益，轻生态建设，不能及时解决环境恶化的问题；重现代化赶超，轻文化传承，不能很好解决文化建设问题；重实体建设，轻制度配套，不能适应城镇化管理的新要求。“五位一体”是根治这些病症的良药。

3. **抓住五种基本手段。**一是制定科学的系统的城镇化规划；二是建立“政府引导，多方参与”的运行机制；三是强化城镇化的法治保障；四是建立新型城镇化的评价体系；五是执行区别对待、分类指导的工作方针。

五、关于丛书出版

近年来，在党和政府的倡导下，我国一些党政机关、社会团体、研究机构、领导干部、专家学者和企业家，对新型城镇化已经做了很多研究，出了不少成果；国家立法机关和政府部门也在积极制定相关的规划，出台了不少相关政策和措施。新型城镇化已经出现了上下关注、多方献策的大好局面。特别是中央城镇化工作会议的召开和《国家新型城镇化规划

(2014—2020 年)》的发布，进一步明确了新型城镇化工作的方向和要求。

这些都为本丛书的编辑出版创造了良好的条件。

我们这套“中国新型城镇化理论与实践丛书”，意在强调理论和实践的结合，并希望能够通过丛书这种形式，集思广益、博采众长，集中归纳，突出重点，达到在认识上便于全面把握，在操作上又容易借鉴的目的。

本套丛书由三部分组成。

第一分册《中国新型城镇化概论》，是丛书的总论部分，全面论述了新型城镇化相关各个方面的基本问题。

第二分册到第五分册，是专论部分，分别就城乡一体化、人口问题、土地问题、资金和财税问题，做专门论述。

第六分册到第十分册，是实践操作部分，从全国选取不同类型的新型城镇化案例，每册对一个重点案例进行评介。

丛书采取开放形式，随着时间的推移，可能不断有新的分册加入。

鉴于新型城镇化的复杂性，社会上多有不同意见的讨论。本丛书提供的只是“一家之言”。如果本丛书能够对我国新型城镇化有所贡献，对新型城镇化的决策者和参与者有所帮助，那就是编者和作者最大的希望和欣慰了。

本丛书是艾丰经济发展研究院的一个重点策划项目，由于涉及内容广泛，篇幅比较浩大，有多位领导同志、专家学者和企业界朋友积极参与包括组织协调、讨论撰写、出版推广等各方面的工作。在此，主编者代表发展研究院向他们表示感谢。

目录
Contents

第一篇 Chapter One

科技驱动新型城镇化的理论研究

第二篇 Chapter Two

科技驱动新型城镇化的实践探索

第一篇

科技驱动新型城镇化的理论研究

科技驱动新型城镇化作用机制
科技驱动新型城镇化的实现路径
科技驱动新型城镇化的类型

诺贝尔经济学奖得主约瑟夫·尤金·斯蒂格利茨（Joseph Eugene Stiglitz）指出："中国的城市化和以美国为首的新技术革命将成为影响人类21世纪的两件大事。"科技与城镇化的结合，科技驱动新型城镇化将成为我国未来相当长时间内发展的新景观、新亮点，成为我国创新驱动、转型发展的具体实践。

本篇内容致力于研究认识近时期科技驱动新型城镇化的理论基础和科学规律，积极构建科技驱动新型城镇化的理论体系。第一章主要从人口、产业、生态、管理等单要素以及多要素综合作用的角度，论述了科技驱动新型城镇化的影响因子及作用机制；第二章主要从生活、生产、生态三个领域功能区的视角，论述了科技驱动新型城镇化不同功能区的内涵，影响因子和实现路径；第三章主要从城市主体功能定位的视角，论述了三大类科技驱动型新型城镇化及其特征。

第一章

科技驱动新型城镇化作用机制

本章主要介绍了新型城镇化的理论、运作规范和科技驱动新型城镇化的作用机制。新型城镇化是以人的城镇化为核心，体现“四化协调”、“五位一体”的有中国特色的现代城镇化道路。科技驱动新型城镇化主要体现为四个方面：科技驱动人口城镇化，以“人才”为核心，促进高素质人才的培育和引进；科技驱动产业城镇化，发展高新技术，促进传统产业转型与升级；科技驱动生态城镇化，发挥高新技术在环境治理、产业转型方面的作用，促进集约节约、生态宜居的新型城镇化发展；科技驱动管理城镇化，将科技与政府管理相结合，促进政府管理系统的创新，从而提高政府管理水平。在本章最后，论述了科技和新型城镇化的耦合关系，主要表现为：科技通过提高人口素质、培育高科技产业、提升城镇生态与服务管理功能促进城镇发展，而城镇化水平的提高反过来又为科技发展增强动力、拓宽空间。

在城镇化发展过程中，科技创新大致是以间接的方式作用于城镇的基础设施建设、产业开发与社会发展以及城市治理过程。自 20 世纪 80 年代以来，科技创新越来越以独立的姿态成为一些城市崛起的第一推动力，全球范围内一大批科技驱动的新型城市、创新区域在崛起。

科技创新驱动的新型城市一般是基于以下几个共同的创新区位条件，

即优美的生态环境、便利的交通条件与完善的基础设施、自由活跃的文化氛围、强大的科研条件、高效的技术转化与扩散机制等，成为各国重塑全球竞争力、保持经济与技术优势的桥头堡。总体上看，中高端人才的集聚（新型人口与人文生态），高技术企业结网成群（包括新型空间布局、建筑形态等在内的新经济生态），人地关系融洽的自然生态以及现代化的城市治理（管理生态）成为科技驱动新型城镇化的四大基本要素。

第一节 新型城镇化的理论阐述和运作规范

中国的“新型城镇化”，无论在理论上，还是在标准和操作规范上，都有别于传统城镇化和其他国家的城镇化。它应该是符合中国国情的现代化城镇化。

从世界城镇化的发展史看，中国的新型城镇化是现代化的城镇化，有别于发端于近代的传统城镇化。

从不同国别看，中国的新型城镇化是基于中国国情的城镇化，有别于其他国家的城镇化。

从中国城镇化发展进程看，新型城镇化是中国城镇化的新阶段，有别于过去时期的城镇化。

一、理论阐述

中共十八大对新型城镇化的基本问题进行了理论阐述。

推进新型城镇化，是实现科学发展的重要战略性举措，同时，新型城镇化必须按照“以人为本，全面、协调、可持续”的原则进行。

中共十八大提出，走中国特色新型工业化、信息化、城镇化、农业现代化道路。人们称之为“新四化”。这个提法，第一次把城镇化和工业化、信息化、农业现代化并列，强调新型城镇化应该和工业化、信息化、农业现代化协调发展、同步发展。

中共十八大还提出，要政治建设、经济建设、文化建设、社会建设、生态文明建设“五位一体”地建设有中国特色的社会主义。这就要求，新型城镇化建设，不单纯是经济建设，而是涵盖这五个方面建设的综合性的系统工程。

所以，从理论上来说，新型城镇化是以人的城镇化为核心，体现“四化协调”、“五位一体”的有中国特色的现代城镇化道路。

新型城镇化“新”在哪里？下面我们从理论上做进一步的解读。

1. 科学发展

科学发展离不开新型城镇化。城镇化是中国实现科学发展的重要组成部分。可以说，没有城镇化不可能实现现代化。

同时，要实现科学发展，新型城镇化必须坚持“以人为本”，“全面、协调、可持续”的基本原则。

从“以人为本”的基本原则看，城镇化是实现中国梦的重大举措。而实现中华民族伟大复兴的中国梦，说到底是为了让中国人民过上更加幸福的生活。人是城镇化的核心要素，推进城镇化不能见物不见人，应该既见物，更见人。城镇化的主体内容是人的就业和人的身份的转变，这个转变过程，同时也是给人造福的过程。因此，不能以牺牲人的利益，特别是农民的利益去推进城镇化。是否“以人为本”是衡量城镇化最基本的标准。坚持“以人为本”的城镇化，就是正路，违背“以人为本”的城镇化，就是邪路。

从“全面、协调、可持续”的原则看，“五位一体”的新型城镇化体现了“全面”的原则，“四化协调”的新型城镇化体现了“协调”的原则。中国经济和中国社会发展到了今天，只有坚持“全面、协调”的原则才能持续健康发展。中国的城镇化到了今天，也只有坚持“全面、协调”的原则，才能持续健康发展。

在本丛书第一部《中国新型城镇化概论》中阐述的城镇化的基本规律，一个根据——劳动生产率，二力协调——工业的拉力和农业的推力，三个要素——人、业、地，四个主体——政府、企业、居民、中介，五种杠杆——资源、资金、技术、文化、谋略，一个成果——现代化的城镇体系，都包含着“全面、协调、可持续”的要求。今日之中国，在城镇化中坚持科学发展，推进城镇化，既是对城镇化基本规律的遵循，对世界各国城镇化经验教训的借鉴，又是依托中国实际，对城镇化理论和实践的新发展。

2. **四化协调**

第一，城镇化要与工业化协调和同步。这似乎是个老问题，是世界各国城镇化的共同经验。但是，如今的工业化又有了新的要求和内容。世界的工业发展，经过了两次工业革命。第一次工业革命，是以煤炭作为能源主体的应用，蒸汽机的发明，带动整个工业的发展变化。第二次工业革命，是以石油作为能源主体的应用，电力的普及，带来了整个工业的发展变化。现在，世界正面临着第三次工业革命，这次工业革命是由新能源和信息技术的结合，将引发整个工业的发展变化。就中国来说，我们正在做第二次工业革命的补课，同时还必须赶上时代潮流，抓住机遇，不失时机地开始第三次工业革命。就第三次工业革命来讲，世界各国，包括发达国家，都处在同一起跑线上，中国有可能走在世界前列。例如，利用太阳能新能源的光伏产业，中国光伏元器件的产量已经占世界的60%以上，是绝对冠军。只要加大本国利用的力度，就会展现令世界瞩目的新局面。必须认识到，中国今天的城镇化是在世界工业化新形势下进行的。

第二，城镇化要与信息化协调和同步。信息产业的兴起和互联网的普及，主要是21世纪的事情，信息化当然是一个新课题。信息化首先改变了经济领域，改变了工业模式、商业模式和经济规则。工业与手工业相比，它的优势在于规模效应。它靠规模取代了手工业的地位。第二次工业革命形成的工业规模主要是“集中型规模”，大企业集聚了很多工人，而且大企业先是聚集在城市中心，后是聚集在城市郊区。第二次工业革命形成的商业也是集中型的，出现了许多大的商场、商店。以互联网为载体的信息化，缩短了各种距离，降低了交易成本，过去的工业和商业的“集中型规模”正向“分散型规模”转变。网上购物迅猛发展，中小企业有了平等竞争的机会。信息化不仅可以用在经济上，也可以用在城市建设和城市管理上，现代的城市管理应该是信息化的管理。城镇化是数量经济学、质量经济学加空间经济学的应用。信息化改变了空间关系，与城镇化密不可分。西方国家在实现工业化和城镇化的时候，现代信息技术还没有出现，而我国则可以把信息化和城镇化结合在一起进行。现在提出了所谓“智能城市”的概念，只有通过信息化在城市建设、公共服务和城市管理的广泛运用，“智能城市”才可能建成。在我们这样的人口大国更是如此。

第三，城镇化要与农业现代化协调和同步。农业劳动生产率的提高，是城镇化的基础条件。农业劳动生产率怎样提高？提高到什么程度？在当今的时代，就是实现农业现代化。对农业现代化需要有新的认识和理解。过去，人民对农业现代化的理解，更多的是通过机械化、化学化、企业化改造农业，使之成为“农业工业”。现在看来，这样的现代化，带来许多问题：农业生产消耗大量的石油能源，土地板结的问题日益突出，农产品的农药残留难以解决，生物的多样性遭到破坏。所以，要重新审视农业现代化的内涵。以自身生物链循环为主的传统农业模式，其特殊的优势重新引起人们的关注。人们对农产品的需求水平也在提高，对农产品的要求，不再仅仅是填饱肚子，更要求享受和健康。于是，有机农业应运而生，并在世界范围内迅速发展。据国际相关机构研究发现，1911 年，以传统农业为主的中国，每一公顷土地可以养活 5 个人，而以机械化、化学化为主的美国农业，需要 1.2 公顷土地才能养活一个人。相差 5 倍多。这个机构的统计还表明，2011 年，世界有机农业种植面积占总耕地面积的 0.86%，产值已经达到 630 亿美元。欧美发达国家的人主要消费有机农产品。必须把发展有机农业作为农业现代化的重要方向。这样就应该改变已有的农业观念，农产品不应该永远是低价产品的代名词，第一产业——农业的产值在国民经济中的比重不再是越低越好，农业所需要的劳动力也不应该以美国为标准，仿佛转移出来的越多越好。这个问题，对传统农业发达、农村劳动力比较多的中国，在规划农业现代化的时候，有重要的参考价值。

更要看到，城镇化并不仅仅是发展城镇，它的重要目标或基本目标之一，就是克服城乡二元结构，实现城乡一体化。城乡二元是经济差别、体制差别、社会差别、水平差别造成的。城乡一体化并不是城乡“一样化”，而是城乡形成一个有机的整体。达成这个目标，至少需要这样几个条件：一是城乡之间生产率水平相近或相当。二是城乡之间产业衔接，要素整合，优势互补，互惠互利。三是城乡之间物流、人流、信息流畅通。四是城乡管理，包括户籍制度和公共服务制度，不存在制度歧视和本质性差别，基本实现一元化。五是城乡生活各有优势，各有特色，难分高低。

当然，针对我国城镇化现在存在的问题，即城镇化水平滞后于工业化水平，农业现代化滞后于工业化的水平，信息化水平普遍滞后问题，也就是“四化”之间不协调和不同步的问题，提出“四化”协调和同步，本身就是一个新课题。

3. 五位一体

城镇化是经济建设方面的事，没有第一次产业、第二次产业、第三次产业的发展，就没有城镇化；没有经济的协调持续发展，就没有城镇化的持续健康推进。这个道理已为众人所了解。

但，城镇化绝不仅仅是经济方面的事情。城镇化的直接内容是农村人口向城镇人口的转移。这个人口大转移，必然带来城乡人口结构的变化，人口结构的变化必然带来社会结构的变化，带来人与人的关系、各个阶层关系的变化，带来生活方式的变化。这就必然提出了社会建设的问题。这个道理还没有引起人们足够的重视。

社会的变化，必然要求文化的变化。传统的农耕文化，既不能适应城镇化中发展起来的城镇，也不适应城镇化中发展起来的现代化的农村。人的文化素质不高和不适应，将会成为城镇化顺利进行的巨大障碍。城镇文化的发展，乡村文化的提升，总之，城乡人口文化素质的建设和提升，成为迫切问题。如果没有职业意识的树立，没有一定的素质技能，没有对城市运行规则的认同，农民即使进了城，也是难以适应的。毛泽东同志早就提出的“严重的问题是教育农民”，他当时说的主要是个体农民向集体农民转变的文化适应问题。现在看，这个“教育”主要应该是从传统农民向现代市民转变的文化适应问题。这就必然提出了文化建设的问题。这个道理似乎还没有提上议事日程。

在城镇化过程中，环境和生态面临着新的挑战。工业化的发展，本身就会带来对环境和生态的破坏。人口向城镇的集聚，尤其会产生新的环境和生态问题。人口分散的农村，一家一户的垃圾、废水，不会成为大问题，能源消耗中所产生的各种污染物的排放，也不会成为大问题。但在城镇中，几万户、几十万户、几百万户的垃圾和废水集中起来，各种能源消耗所排放的污染物集中起来，对环境和生态的影响就十分巨大，解决这些问题就变得非常困难。我们提出“美丽中国”，中国之美丽，在与大自然紧密结合的农村，相对比较好实现，在人工建设的“水泥森林”构成的城镇，相比是更难实现的事情。但没有美丽的城市，便基本没有美丽的中国。这就必然提出了生态文明建设的问题。这个道理已经被人们认识，但解决起来非常困难。

城镇化建设，国家和各级政府占据着统领全局的地位。国家的制度和政策，政府的行为和措施，对城镇化的顺利和健康的推进起着决定性的作用。城镇化必须遵守市场经济规律，又要发挥政府应有的作用，必须善于把“无形的手”和“有形的手”结合起来。而且，城镇化带来的经济变化、社会变化、文化变化，特别是社会阶层的变化，必然带来新的政治诉求，出现新的政治生态。这就必然提出政治建设的问题。

用“五位一体”的理论来阐释新型城镇化，才能避免任何一种片面性，才能关注城镇化进程中各个方面的联动关系，才能保证我国城镇化沿着有中国特色社会主义道路前进。

二、新型城镇化的标准规范

目前，人们对于新型城镇化标准的认识还不一致，有必要统一认识，规范标准。我们认为新型城镇化应该符合如下八条标准。

1. 城乡一体

城乡一体是新型城镇化的根本方向。新型城镇化并不是单纯地解决城镇问题，通过城镇化要解决的是整个社会最大的结构问题，即城镇和乡村在产业、人口、社会等方面的结构和布局问题。其中，最核心的是调整城乡之间的关系，促成农业和农村人口向城镇和工业、商业人口的转移，完成由传统农村为主体的社会向现代城镇为主体和主导的社会的转变。

在这个伟大的转变中，城镇要发生巨大的变化，农村也要发生巨大的变化。从表面上看，在这个过程中，农村和农民好像是被“化”掉了，其实，是把农村和农民“化”精了，“化”高了，“化”强了，城乡“化”成一体了。

我国的新型城镇化吸取了早期西方发达国家城镇化和后来一些发展中国家城镇化的教训，针对目前我国存在的城乡二元结构问题，非常明确地强调了城镇化不应该走牺牲农村发展城镇的道路，必须走“城乡一体化”共同发展的道路。因此，评价新型城镇化搞得如何，不仅要看城镇建设发展得如何，还要看农业现代化和农村建设发展得如何，更要看城乡一体化的水平如何。

2. 以人为本

“以人为本”是新型城镇化的根本标准。在新型城镇化过程中，人们使用了“人的城镇化”这个名词。新型城镇化不能见物不见人，必须把人口的转移，人们生产方式和生活方式的转变作为核心内容，既要追求经济的增长，更要追求城乡人民幸福指标的提升，把城镇化和改善民生结合起来。离开了这一点，新型城镇化就失去了群众基础，也失去了最重要的意义，不能体现中国社会主义制度的优越性。

提出“以人为本”和“人的城镇化”，是对世界城镇化经验教训的借鉴。有些国家，农民放弃了土地，离开农村进了城，但成了无业游民，过着贫困的生活，这不是我们要的城镇化。

提出“以人为本”和“人的城镇化”，也是针对“重物轻人”城镇化偏向。有的地方城市面积扩大很多，高楼林立，马路很宽，楼堂馆所，富丽堂皇，十分奢侈，似乎这就是“城镇化”了，但民生改善不多，在偏僻的城乡接合部或在不被人们注意到的陋巷附近，依然存在棚户区或类似贫民窟的简陋住所。

提出“以人为本”和“人的城镇化”，也就更加明确了城镇化的主体内容和今后健康发展的方向。城镇化必须解决迁入本区城镇的农村劳动力的就业问题，这是人的问题。进城常住的农民要和他们的家属子女团聚，要有一个家，要有住房，这也是人的问题。农民工与原有城镇居民同住在一个城镇，却不能享受均等的公共服务，教育、医疗、退休、养老，都是人的问题。“人的城镇化”恰正是我国城镇化进程中的一个薄弱环节，“农民工市民化”、“公共服务均等化”，是继续推进城镇化必须解决的重要问题。

根据“以人为本”的要求，在城镇化过程中，必须对农民和农民工这个群体做深入的调查研究。根据全国政协经济委员会的调研资料，有以下几个值得注意的问题：

农民工中不少人已经失去了承包地，变成了“无地农民”，补偿金有多有少，有些早已花完了。

农民工大多数只有初中以下的文化程度，几乎大多数农民工在进城务工时没有接受过技术培训。

按照年龄和进城年限，可以分为两类农民工。一类是老农民工，一类是新生代农民工。尤其值得注意的是新生代农民工。他们不会种地，基本上没有从事过农业劳动，一心想做“城市居民”。他们有更多的信息，也有更多的想法。他们的情绪波动比老农民工大。他们比较容易轻信网络上或民间流传的谣言。从这个角度看，他们是进城的农民工情绪较不稳定的一个群体。

所有这些都说明，围绕着“人的城镇化”有大量细致的工作要做。

3. 经济繁荣

经济繁荣是新型城镇化的根本支撑。必须把第一次产业、第二次产业、第三次产业的发展作为新型城镇化的支撑，同时，用推进城镇化促进产业的发展。产业的发展要具有足够的持续的支撑力，力戒支撑力不足和产业单一、短期繁荣。产业发展和城镇化形成良性循环，是城镇化成败的关键所在，又是检验城镇化是否健康发展的基本标准。

4. 城建现代

城镇建设是新型城镇化的空间载体。没有现代化的城镇建设，就没有新型城镇化。格局合理、聚集集约、功能高效、宜业宜居、绿色低碳、持续发展，应该是现代化城镇建设的主要指标。

城镇建设，特别是城镇基础设施的承载能力，必须和城镇定位、功能、人口和产业的规模相匹配。我国城镇化过程中出现了一个矛盾的现象：一方面，土地城镇化快于人的城镇化；另一方面，城镇建设跟不上人口的增长。2005—2012 年，我国城镇人口共增加 1.5 亿人，但城镇设施跟不上。全国 667 个城市中，有 2/3 左右的城市在高峰时间出现交通拥挤现象。如何用较少的土地容纳更多的人口，矛盾的焦点就集中在城镇建设上。

提高城镇建设水平是当务之急。针对当前存在的问题，有几点必须强调：一是务必要有经过论证的科学的城镇发展规划，防止靠“长官意志”随意行事，导致城镇建设的朝令夕改和杂乱无章。二是务必要正确处理眼前和长远的关系。城镇建设是百年大计，乃至千年大计。目前二三十年的城镇建设将决定二三百年中国的面貌，不可只考虑眼前的利益而不顾长远，不可“屈从”于眼前的实力或片面追求速度而形成粗制滥造，“宁可慢些，但要好些”。三是务必要依据现代化的理念，充分利用先进科学技术成果，努力提升城镇建设的现代化水平。特别是城市的能源、交通、环保等基础设施，还有那些代表城镇的标志性建筑和大量的主体建筑，更不能低质粗放，要向建设“智能化城市”方向努力。四是务必要注意城镇建设的综合性。既要注意它的经济功能、生产功能，也要注意它的生活功能、社会功能、文化功能、生态功能，乃至它的政治功能。

5. **布局合理**

从全国来看，城镇化的发展必然是城镇化体系的发展。这个体系主要包括全国城镇的布局和各类城镇——特大城市、大城市、中小城市、小城镇之间的关系。不同区域的城镇发展，依据自然环境、人口密度、经济发展等条件，其城镇布局和城镇特点应该是不同的，其城镇化的途径也应该是不同的。目前，人口过分向大城市和特大城市聚集，而中小城市特别是小城镇容纳度不够，是城镇化持续前进必须解决的问题。

从城市群的发展和每个城镇的发展来看，合理布局的核心问题是每个城镇的定位问题。每个城镇，按其区位、性质、规模、优势、历史等因素，在整个城镇体系中，定位是不同的。就城市群讲，有世界级城市群、国际性城市群、区域性城市群。就单个城市讲，有世界级中心、国际级中心、国家级中心、区域级中心。区域级中，实际又有大、中、小之分。每个城市又以政治地位、地理地位、经济地位、文化地位、历史地位等形成的自己的特色和优势。只有每个城市准确定位，才能避免城市之间的同质化竞争，才能发挥自己的优势，才能形成优势互补、互联互促的城镇体系。每个城镇，应该从自身的优势和在城镇体系中的作用确定自己的定位，盲目提升自己的地位、扩大自己的规模、求全自己的功能，不仅不能实现自己的设想，而且会是有害的。

6. **文化发展**

城镇是物质文明和精神文明的统一体。文化是城市的灵魂。“四肢发达，头脑简单”的城镇同样是没有活力的。一个城镇应该有自己的城市精神，有自己的特色文化，有自己的风土人情，有自己的特有风貌。

对于城镇来讲，文化不是虚的，它是虚实的结合。城镇的建筑，从整体到个体，都是一个城镇文化的凝聚物和显现物。如果通过城镇化把全国的城镇都建设成“千城一面”，那将是城镇化最大的败笔。城镇建设一定要把文化传承和文化创新结合起来，特别要注意保护城镇的传统文化和传统风貌。如果让千年古都、千年古镇在城镇化中消失了，那就是“建设性的破坏”或“破坏性的建设”，那就是历史性的犯罪。

借鉴西方教训，在文化建设中，一定要防止用“福利主义”替代精神动力。欧洲一些国家的债务危机是福利主义的恶果。不少人变懒了，不思进取，躺在国家身上靠福利为生，即使拖垮政府也在所不惜，以致在西欧某国流行这样几句话：“平时职工们泡病假，不上班工作工资照拿，福利尽有，一到游行示威反对政府削减福利支出时，职工们都涌上街头，什么病也没有了。”在有些南欧国家，有些政党和议员喊出了这样的口号：“福利国家接济穷人，不养懒汉！”意思是说：给穷人的福利，让他们能在低收入水平下活下去，这是可以的；但如果人变懒了，仍照常靠福利待遇为生，那就使福利国家变味了，使福利制度变形了。话虽这么说，但真正实施起来，却是相当困难的，因为在这些国家，福利政策已经实行几十年了，已经写入法律法规，积重难返。

我国人民具有创业传统和创业精神。无论是“闯关东”还是“走西口”，靠的就是创业精神，其效果的显著，国人皆知。当时根本没有政府的福利保障待遇，全靠民间自发组成的互助性质的同乡会之类的社会组织相互照顾，大家心齐，团结一致，终于取得了建设的成效。改革开放以后，最早从农村到城镇，从内地到沿海的农民工，当初也是自发前往务工地点的。他们全靠个人的努力或亲戚朋友和同乡的互相帮助，悄悄地在那里安下身来。但有一点是他们共同的特征：这就是个人的一股闯劲，一股创造精神。他们为以后闯城镇，闯市场，闯边疆，闯深圳经济特区树立了榜样。社会保障，一开始并未存在，但创造精神却始终旺盛，终于他们取得了成绩。这种创造精神作为全民族的财富应当永久保持下去。城镇繁荣昌盛的标志，不在于它规模多大，建筑物多宏伟，马路多宽，而在于城镇必须有人气，有活力，也就是城镇的居民有一种蓬蓬勃勃的创造精神，一种永不满足现状而积极向上、积极进取的精神。只有这样，才能真正实现“人的城镇化”。

7. 社会和谐

城镇化将引发社会结构重大而深刻的变革。整个社会，将由以传统农村为主的社会结构转变为以现代城镇为主的社会结构。这将引起多方面的变化。

在农村，家庭既是生活基本单元，又是生产、社会、政治的基本单元。在城镇，家庭虽然仍然是生活基本单元，但失去了生产、社会、政治基本单元的功能。在农村，人口的集群大多以传统的氏族形成。在城镇，人口的集群则主要是以社区的方式实现。人口的集聚，不仅打破了姓氏家族，而且打破了职业和籍贯的界限。在农村，生活是家庭化的，除疾病之外，一切生活服务都靠家庭解决。在城镇，生活变得社会化，大部分生活服务要靠社会解决。在农村，人们的活动相对封闭，交往的范围较小、内容比较单纯，信息不那么快捷，但彼此都很熟悉。在城镇，人们的活动更加开放，交往的范围较大，内容比较庞杂，信息非常快捷，但彼此变得陌生。

城镇化的过程中将出现一些新的阶层。除了原有的城市居民，原有的农村居民，在一个相当长的时期内，将存在着由众多人口组成的非城非乡的农民工阶层和新城镇人口阶层。

城市社会将发生重大变化并出现许多新的问题。防止城市二元结构的出现，是一个大问题。这些方面都要求在城镇化过程中，必须加强社会建设，改善社会管理，才能达成和谐社会。

8. 绿色低碳

中共十八大提出要加强生态文明建设，并提出“美丽中国”的口号。所有的城镇，都应该既是经济繁荣的“宜业”城镇，又是环境友好的“宜居”城镇。实现“美丽中国”从一定意义上讲，比实现“富裕中国”还要难。例如北京，就经济发展水平可以说已经实现了“富裕北京”，但离“美丽北京”还有艰巨的历程。环境问题、生态问题，根子在于粗放的经济、粗放的管理。而且，环境和生态问题具有很强的连通性。一个区域解决了，其他区域没有解决，仍然不能解决问题。北京把有污染的企业从城市中心区迁到郊区，甚至迁到其他城市，但周边的河北省的污染严重，北京的雾霾天气仍然有增无减。

环境和生态问题，必须从源头治理开始。例如，能源消费是最大的污染源头，而根子在于我国的一次能源消费主要是化石能源：煤炭和石油。大量的煤炭发电，数量激增的小轿车，消耗越来越多的化石能源的同时，也就排放出越来越多的污染物。即使“节能减排”的措施有效，即使单位能耗减少，都不能改变能源消耗总量的增长。必须改变能源结构，必须逐步从以化石能源为主体的能源结构，转变为以可再生能源为主体的能源结构，实行新能源革命，用以光伏为代表的新能源替代化石能源，才是根本出路。

现在，光伏技术已经成熟，光伏电价已经基本可以做到“平价上网”。新能源革命和城镇化互为机遇。光伏能源可以通过“光电建筑一体化”、“分布式发电”广泛得到应用。各个城镇可以通过光伏的应用改变能源消费结构，既可以突破石油短缺的瓶颈制约，又可以解决环境和生态问题。德国是以小城镇为主体实现城镇化的国家，也是非常重视光伏应用的国家。默克尔总理不惜关掉一批核电站来发展光伏发电，也因此大量从中国进口光伏发电的元件——光伏电池。中国的光伏器件制造很发达，产量占世界的60％以上，关键在于要大力开拓国内市场。如果在城镇化过程中，大力推广光伏能源应用，中国出现更多的“光伏城市”、“光伏企业”、“光伏居民”，不仅能够克服中国经济发展中的“能源瓶颈”，而且能够从根本上解决环境污染问题。建立在新能源基础上的中国城镇，在城市建设上将走在世界的前列。

三、新型城镇化的操作规范

城镇化是硬件和软件结合的系统工程。要顺利推进城镇化，必须正确认识和处理各个相关要素的定位和各个要素之间的关系。

推进新型城镇化的操作规范应该包括如下要点。

1. **以人口为核心**

城镇化核心内容是农村人口的城镇化，即农村人口转变为城市人口。城镇化的水平是用人口在城镇的集聚程度来衡量的。人口的状况，包括数量和分布的状况，是城镇化模式选择的最主要的根据。城镇化的过程实际上是恰当处理各类人群之间关系的过程。而城镇化的最终目的是造福城乡人民。在城镇化的进程中，“人”的考虑应该始终处于核心地位。

2. **以产业为支撑**

工业、农业、服务业的发展是城镇化的支撑。“兴业”才能“兴城”。“业”的水平和规模，决定了“城”的水平和规模。两者是互相匹配的关系。“兴城”又有助于“兴业”，“城”的水平和规模也制约着“业”的水平和规模。两者是互动互促的关系。要使城镇化的过程成为两者不断进行良性循环的过程。

3. **以环境做定位**

一个城镇的形成和发展，其所处的环境是最重要的决定性和制约性因素。这里说的环境，应该包括自然地理环境、经济地理环境、人文历史环境，也包括和其他城镇相互关系形成的城镇群体环境。一个城镇只是整个城镇体系中的一员，必须根据自己所处环境提供的条件和要求，确定自己的城镇定位、城镇模式、城镇特色以及具体的城镇化道路。

4. **以城建为载体**

城镇建设是城镇化得以进行的最主要的物质条件，城镇建设的水平制约着城镇化的质量。城镇建设是城镇化的最主要的实体体现，城镇化必然带来大量的城镇的崛起和发展。新型城镇化的许多标准都要落实在城镇建设上。城镇建设又是城镇化的最主要的成果，而且是可以延续千秋万代的历史性成果。城镇建设有自身的规律。城镇建设具有不可逆性、长期性、综合性的特点，城镇建设的操作比一般的产业发展更复杂、更具社会性，也更具专业性。城镇建设必须靠“官”、“产”、“学”、“民”相结合才能搞好。

5. **以土地为依托**

城镇化需要依照“空间经济学”的规律进行，而土地则是构成空间的最基础的载体，没有土地便没有任何物质空间。城镇化虽然不能改变一个国家原有的土地状况，但它会促成土地用途、土地功能、土地所有、土地在城乡之间的配置等方面发生很大的改变。

我国虽有广阔的国土，但适用的土地，特别是耕地，按人均水平算，十分短缺。我国现行的土地所有制与市场经济接轨还存在着诸多障碍。在城镇化过程中，不仅有城镇用地和农业用地在数量上的争夺问题，还有土地征用过程中在利益上的争夺问题。土地问题又涉及农民的根本利益。这就使土地问题成为城镇化进程中的焦点问题和难点问题，必须用心地慎重地加以解决。

6. **以资金为杠杆**

城镇化最关键的运作杠杆是资金。兴业靠资金，建城靠资金，公共服务靠资金。没有钱办不了事，办不成事。有资金才能启动城镇化，靠资金才能把城镇化的各种要素整合起来，运转起来。城镇化需要巨额资金，包括有直接经济回报的资金和没有直接经济回报的资金。

推进城镇化必须解决“钱从哪里来，钱往哪里用”的问题，还要解决“钱由谁用，钱怎么用”的问题。政府要善于利用财政资金，通过市场机制，启动社会各方面的资金投入。

7. **以制度做配套**

城镇化不仅是硬件的改变，同时必须有软件的配套。软件就是制度、政策、管理。户籍制度、土地制度、财税制度、教育制度、社会保障制度、社会管理制度等，这些都要做相应的改变，政府的城镇管理、市民的城镇意识都要加强。

在城镇化的进程中，大城市在一定程度上出现新的“城市二元结构”是难免的。北京就有两种“城中村”，一种是城市迅速扩张，市区把原来的一些农村包围起来了，但是还没有“消化”。一种是外地人口进入城市而形成的相对集中居住的地区，如有什么“浙江村”之类的“城中村”。他们的收入水平和居住条件都和城市主体形成强烈的反差。针对这种情况，必须有恰当的制度和政策，必须有恰当的社会管理，防止这种反差的发展和蔓延，并逐步妥善解决这些“城中村”的问题。

8. **以改革为动力**

城镇化是发展和改革的结合部，城镇化既是一个发展的过程，也是一个改革的过程。发展中遇到的问题要用改革的方法来解决。改革又是一个探索创新的过程。因此，必须提倡从实际出发的创新精神。

第二节 科技驱动人口城镇化

一、科技驱动人口城镇化的内涵

我国传统的城镇化具有以经济发展为中心、以地方政府为主导、以建设用地快速扩张为载体、以“土地财政”为动力、以物质资本大量投入为驱动、土地的城镇化大幅领先人口城镇化的特征。在过去三十多年里，我国城市建成区面积增加了接近4倍，城市户籍人口只增长了1倍；常住人口的城镇化率达50%以上，而户籍人口的城镇化率仅为35%，出现了非工非农的农民工现象，给我国城镇化带来不小的挑战。科技驱动新型城镇化非常重视发挥科学技术进步的推动作用、非常重视人口的城镇化、非常重视人口素质的提升①。

① 孙媛，文明．论人才是实现中国梦和加快新型城镇化建设的首要资源［J］．新西部（理论版），2013（10）：11+16．

人口素质提升与人才培养离不开科技教育，科技教育是实现人口城镇化的重要条件之一。科技驱动新型城镇化必须依靠高素质人才，它不再是城镇人口占比的简单增加，而是人口技能、修养、价值观、世界观、生活质量的全面提升。

二、科技驱动人口城镇化的作用机制

中共十八大报告提出要“加快确立人才优先发展战略布局”，推动“我国由人才大国迈向人才强国”；“实施重大人才工程，加大创新创业人才培养支持力度”；“充分开发利用国内国际人才资源，积极引进和用好海外人才”；“加快人才发展体制机制改革和政策创新，建立国家荣誉制度，形成激发人才创造活力、具有国际竞争力的人才制度优势”[①]。人才在我国经济社会发展中发挥着重要作用。科技驱动人口城镇化应从三方面入手，建立人才引入、成长及人才培养的长效发展机制。

1. 人才导入与集聚

人才导入与集聚是科技驱动型城镇化形成与发展的重要外部条件。在全球化时代，国家竞争力在一定程度上取决于知识经济、人才经济的发展水平[②]。与以劳动力、物质资源为基础的农业经济、工业经济不同，知识经济以生产、分配和利用知识和信息为基础。随着经济的发展，产业由劳动密集型、资金密集型逐步向技术、知识密集型转化，高新技术产业、战略型新兴产业对知识、对人才依赖性越来越大，国家之间的竞争在一定程度上已经转变为人才的争夺[③]。除了不断扩大的大学招生规模为我国科技

① 杜飞进．继续发展中国特色社会主义的纲领性文献——略论中共十八大报告中的新思想、新论断、新要求、新部署［J］．哈尔滨工业大学学报（社会科学版），2013（1）：4～19.

② 张珍花，查奇芬，王瑛．江苏省人才吸引力探讨［J］．江苏大学学报（社会科学版），2002（4）：126～129.

③ 李景山，雷金屹．硅谷人才聚集效应的探析［J］．学习与探索，2007（4）：175～177.

驱动型城镇化提供高素质人才之外[①]，积极的人才吸引战略也必不可少。科技人才的集聚有助于科技创新活动的社会化协作[②]，有助于创新高地、经济增长极的形成。高新区是高素质人才集聚的载体。孵化器是培训经营人才、集聚科技人才、促进官—产—学—研结合、培育高新技术企业的重要政策工具[③]。

2. **人才成长与交流**

人才成长与交流是科技驱动型城镇化不断深化的重要前提条件之一。从知识形态看，知识是二元的，有显性知识和隐性知识之分[④]。显性知识是指能被编译成正式而系统语言的知识，通过口头传授、教科书、参考资料、期刊、专利文献和数据库等方式进行传递和学习；而隐性知识是高度个体化的，根植于行为本身并受主体所处环境的约束[⑤]，需在实践中感知或领悟，只可意会不可言传。科技人才具有高水平的知识和技术能力，十分重视知识和信息的交流，因为这直接关联着他们所拥有的人力资本的保值和增值，是其职业生涯不断发展的重要条件。积极营造知识信息的流动和集聚环境，开展各类活动以吸引高端人才的交流和集聚等，会形成科技资源丰富、知识总体水平高、信息传播速度快、学术交流与合作频繁的良好环境特质。通过学习和交流促进显性知识和隐性知识的交互影响，科技人才才能不断成长、提高自身的创新能力，同时对科技人才产生更显著的

---

① 刘灵辉，陈银蓉，刘晓慧．农村大学生农转非土地流转潜力研究［J］．中国土地科学，2010（1）：61～65.

② 王锐兰，刘思峰．发达地区创新人才集聚的驱动机制［J］．江苏农村经济，2006（3）：49～50.

③ 王永康．科技园区：高素质人才集聚的载体［J］．宁波经济（财经视点），2002（4）：22～23.

④ Michael Polanyi. Personal knowledge：towards a post — critical philosophy（1958）［M］：University of Chicago Press，1962.

⑤ Ikujiro Nonaka. A dynamic theory of organizational knowledge creation［J］. Organization Science，1994. 5（1）：14～37.

吸引效应。

科技人才的集聚与流动，给流入地输入了“新鲜血液”。随着科技人才在流入地的不断成长，不同群体在多层面上得到互动、交流。在科技人才本土化的同时，流入地的人文环境、意识形态也得到冲击与碰撞，外来文化与本土文化日益融合、友好，区域整体素质得以潜移默化地改变。这是一种无形的或者说是“形而上”的长期渗透与互动，是城镇化高层次的质变。

3. **人员培训与提升**

人员培训与提升是维系科技驱动型城镇化发展的重要条件之一。人员培训与提升是人才开发的重要基础及核心内容之一。近年来，我国高新区科技人才队伍的发展壮大，也反映了我国高新区人才培养政策及措施的逐渐成熟。园区培训平台与社区大学等多样化教育形式为满足人才需求、提升人员能力素质起了重要作用。

专栏 1—1：**福伊特中国培训中心**①

2012 年 11 月 16 日，全球领先的技术与工业服务供应商、德国福伊特集团中国首个培训中心在江苏省昆山市奠基。该项目总投资额为 7300 万元人民币，由福伊特集团与昆山市政府共同出资成立，其中福伊特集团出资额为 5800 万元。该培训中心预计于 2014 年年初竣工并投入运行。

在充分考虑本地需求的基础上，福伊特中国培训中心将引入德国成功的“双元制”职业教育模式。在“双元制”职业教育模式下，学校和企业分工协作、共同培养人才。该中心初期的主要培训对象为福伊特录取的各类技术学校和专科院校毕业生。在为期一年的时间里，他们将接受理论与实践相结合的系统化培训，未来福伊特也将为他们设计从初级到高级的技术职业发展路径，培养更多具有国际视野的本地技术专家。

① 马忻．福伊特中国培训中心正式奠基 [J]．中国造纸，2012 (12)：10.

福伊特中国培训中心符合中德政府高层加强技术及职业教育领域合作的期望，它所带来的技术和人才培养模式方面的创新和实践，将帮助实现企业产品、技术、服务和员工的本土化，为本地人口城镇化注入活力。

专栏1—2：台湾社区大学①

台湾设立社区大学的构想，源自1994年台湾大学数学系黄武雄教授的倡议。从教育改革逐步演进到重建社会，是民间团体教育改革运动的基本理念，推动设立社区大学以活化社区、解放社会力、培育公民参与社会事务的能力，成为教育改革运动新的着力点。1998年3月，民间关心教育改革的人士组成了"社区大学筹备委员会"，即"社团法人社区大学全国促进会"的前身，并致力于在台湾各地推动社区大学的设立。1998年6月首先获得台北市与新竹市教育部门的大力支持。

台北市教育部门为回应民间教育改革人士设置社区大学之殷殷需求，于1998年7月开始推动成立社区大学。以委托研究的方式，委托财团法人人本教育文教基金会制订"台北市设置社区大学规划研究暨试办计划"，并于1998年9月28日在台北市立木栅"国民中学"实地试办文山社区大学，为期一年。文山社区大学得到市民热烈的回应，且成为全台湾瞩目的焦点。其学员入学并无学历、行业限制，学员年龄从18岁到84岁不等，职业遍及社会各个层面。教师也不论其是否具有博士学位或教授资格，只需具备专业能力即可。

截至2005年，台湾全岛陆续成立了81所社区大学（含11所原住民部落大学），并深入偏远山区、离岛、原住民部落。社区大学每期上课人数已有十余万人。社区大学的蓬勃发展，除显示出社区民众对终身学习的殷切需求外，亦说明社区大学在成人教育发展方面扮演了重要角色。

① 刘尧．台湾社区大学发展历史与现状述评［J］．西南交通大学学报（社会科学版），2008（2）：1～6＋11.

第三节
科技驱动产业城镇化

一、科技驱动产业城镇化的内涵

科技驱动产业城镇化是指利用高新技术，通过发展高新技术产业或改造传统产业，推动城镇化的过程。随着时代发展，高新技术对区域经济发展的作用不断增强，科技驱动产业城镇化成为新型城镇化的重要方面。科技驱动产业城镇化的方式主要有两类：一是对原有产业、传统产业的升级改造，建设高水平的规模经济；二是引进、培育高新技术企业，打造现代农业、先进制造业和现代服务业（见图 1－1）。

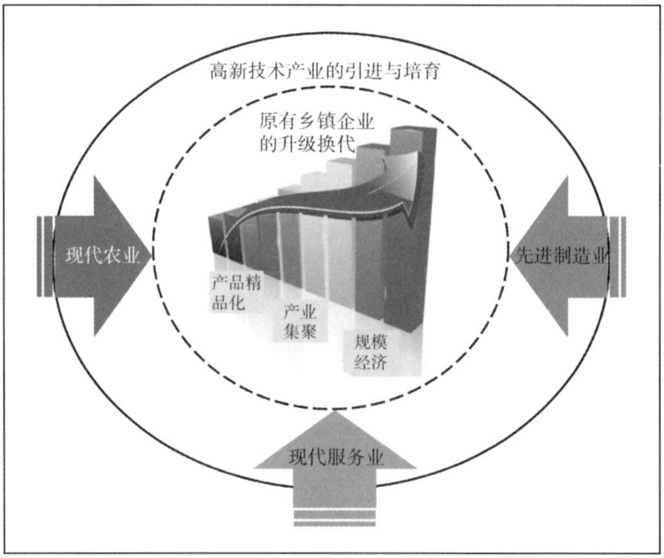

图 1－1　科技驱动产业城镇化

在我国农村，普遍存在简单加工项目多、新兴产业和高新技术企业少、产品的科技含量与附加值不高、低水平重复建设与恶性竞争等问题。推进科技驱动产业城镇化，有助于提升乡村产业能级、有助于建立新型城乡融合互动关系。

二、科技驱动产业城镇化的作用机制

1. 制订“三步走”方案，实现乡镇企业升级换代

在科技驱动产业城镇化的背景下，作为我国当前农村经济重要支柱的乡镇企业的升级换代，可以遵循从产品精品化到产业集聚，最终实现区域乡镇企业整体规模化发展的“三步走”方案。

第一，通过高技术、专业化，实现产品精品化。通过走特色优势产品的集中化、规模化、系列化、市场化之路，降低产品成本，提高科技含量、产品质量和市场占有率，制造拳头产品、龙头产品，进而带动地区经济发展，创造新的就业岗位，增加居民收入，彻底改变乡镇企业“村村点火”、“处处冒烟”的分散、污染、低效状态。

第二，通过企业集聚，实现产业规模化。为了彻底解决乡镇企业发展规模小、产业同构化严重、竞争力弱、乡镇经济基础不牢等问题，应该走特色专业城镇建设之路。以“企业向园区集中”、“服务向重点产业倾斜”为指导，稳步推进乡镇企业的集中、集聚，培养产业链，提升价值链，提高产业竞争力。

第三，通过提高服务质量，实现乡镇产业升级换代。聚焦主导产业，着力建设针对性强的道路、能源、供排水、教育培训、技术中心等基础设施，提高公共资源的利用效率，密切同行企业之间关系、生产者与购买者之间的关系、官—产—学—研各个环节之间的关系，培育产业集群，促进乡镇产业的升级换代。

2. 从产品、企业及资金三方面入手，加快推进农业现代化

科技驱动城镇化离不开农业的现代化，需要落实政策资金保障，着力

推进农产品改良，壮大龙头企业。

第一，调整农产品结构，提高农产品品质。为了保障“舌尖上的安全”，满足人们对优质大米、小麦、玉米、大豆、瓜果、牲畜等农产品质量越来越高的要求，必须逐步淘汰劣质农产品，提高优质农产品比重；必须构建新型农业科技推广体系，提高农产品科技含量，不断改良农产品品质与质量；必须推广绿色生产，着力提高生态农产品所占比重，提高农业的可持续发展能力。

第二，培育龙头企业，推动农业现代化。充分发挥龙头企业在技术、资金、人才、管理、市场、品牌等方面的优势作用，推进科技驱动农业，加大对农业龙头企业的科技扶持力度，鼓励产—学—研一体化基地建设、发展订单农业、合作社农业，着力打造具有浓郁区域特色的现代产业化发展基地，建立起以龙头企业为核心的农业现代化生产基地、产业链条，提高农业的现代化水平。

第三，增加资金投入，提高农产品的科技含量。现代农业是科技农业，农业现代化发展取决于科技与农业结合的紧密程度。因此，应该增加对农业科研设施、农业人才培训、农业科研项目、农技推广、科技农产品市场开拓等方面的资金投入，提高科技对农业发展的贡献率，使我国农业插上科技腾飞的翅膀。

3. 以科技进步为重点，打造先进制造业基地

科技驱动新型城镇化，必须彻底改变目前乡镇工业散、乱、差的局面，必须通过推进产业的技术进步，通过聚焦工业园区建设，加快产业技术升级的步伐，打造先进制造业基地。

第一，加快培育高技术龙头企业。乡镇工业的发展不能建立在接受大中城市落后产能迁入的基础之上，而必须借鉴德国等发达国家经验，重视乡镇地区新兴科技型企业的培育，逐步将科技型企业建设成为区域工业的基础，成为大型制造企业总部优先布局的最佳区位，从而再造我国制造业大国优势，实现再工业化、再制造的梦想。

第二，着力建设新型工业基地。先进制造业离不开科技支撑，新型工业园区离不开科技进步、科技与工业的融合。因此，在建设现代新型工业基地的过程中，必须将发展重点从现有的低土地成本、低环保成本、低产出效率的“三低”企业逐步转变到高科技投入、高标准生产、高产出效率的“三高”企业上来。借助新型城镇化建设的机遇，以乡镇工业园区为重点，大力推进科技与工业的结合，彻底改变我国工业品在国际市场上低端、低价甚至低质的不利局面，为我国新型城镇化增添新的经济发展动力。

4. **借助信息技术蓬勃发展良机，推进乡镇服务业发展**

第三次产业革命的重要标志是信息技术的突飞猛进。在科技驱动新型城镇化建设过程中，应该充分利用乡镇土地资源丰富、能源价格相对低廉、土地开发的后发优势，着力引进大型信息服务公司落户，借助连锁经营、特许经营、物流配送、多式联运、电子商务等组织形式和服务方式，为城乡居民和企业提供其发展所需的服务，从根本上改变我国乡镇有效服务需求不足、服务水平低下、服务业发展动力不足的问题，为城乡互动发展、协调发展打下坚实的基础。

第四节 科技驱动生态城镇化

一、生态城镇化的内涵

随着我国城镇化进程的加快，生态环境压力逐渐加大，出现了诸如城市生态的“多色效应”（见图1－2）：红色的热岛效应、绿色的水华效应、灰色的雾霾效应、黄色的拥堵效应、白色的秃斑效应和杂色的垃圾效应等[①]。2013 年 12 月 12—13 日召开的中央城镇化工作会议指出，要“让居民望得见山、看得见水、记得住乡愁”。生态化是新型城镇化的必然要求。

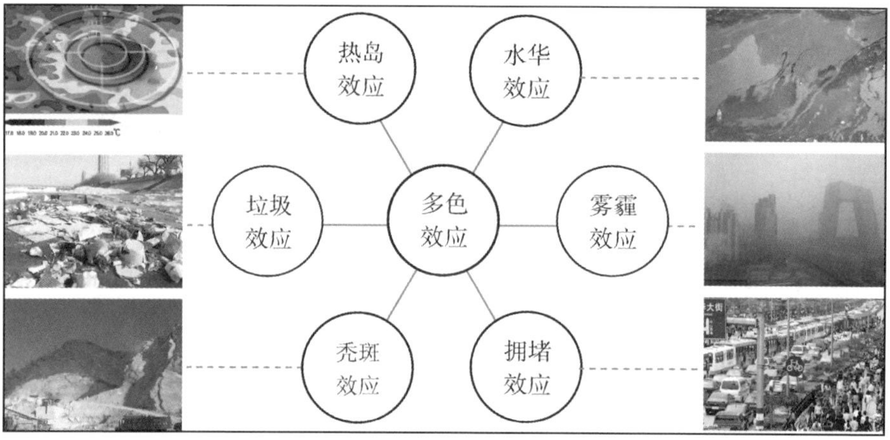

图 1－2　城市生态的“多色效应”

生态城镇化是指在实现自然生态系统良性循环的前提下，以生态经济体系为核心，以实现社会可持续发展为目的，使城镇经济、社会、生态效益综合效益最佳的结果。

生态城镇是一个有机的生态系统，是人类与自然生态系统和社会经济系统和谐共生、协调发展的城镇。生态城镇化具有生态化、个性化、人本化、循环化四大特征。其中，生态化是生态城镇化的根本保证，个性化是生态城镇化的重要标志，人本化是生态城镇化的核心理念，循环利用是生态城镇化的重要方式。

二、科技驱动生态城镇化的作用机制

科技创新是推动生态城镇化的重要力量，主要体现在居民与生态环境的融合、城市生态服务价值的实现、城镇环境污染的治理与防范三方面。

---

① 王如松．绿韵红脉的交响曲：城市共轭生态规划方法探讨［J］．城市规划学刊，2008（1）：8～17.

1. 科技驱动居民与生态环境的融合

第一，生态绿化建设下的城市与自然环境的融合。生态城镇化建设，其中一条重要的路径就是生态绿化建设。一是要尽量保留原有的自然和人文景观，把城市建设对生态环境的干扰和破坏降低到最低程度，完善城市绿地规划布局，有效协调城市居民与环境的关系。二是通过对城市水体的建设，完善其作为城市与外部生态系统的主要交流通道和城市重要的景观廊道的功能，以改善城市小气候、加快空气流动、为生物提供栖息地、蓄洪抗旱以及增强城市环境质量。三是通过建设城市森林系统，改善城市生态环境提供物质和能量，使“人在城中、城在林中”，创造“天人合一”的城市与森林融合的人居环境空间，实现“人与自然和谐共生”。

第二，田园城市建设下的城市与乡村的生态融合。与传统的城镇化相比，新型城镇化是城乡一体、大中小城市和小城镇协调发展的城镇化。城乡统筹、城乡一体是新型城镇化的重要内涵特征。英国城市学家霍华德的田园城市理论强调城乡协调发展（见图1—3）。在我国城乡分割、二元结构特征仍很显著的背景下，迫切需要运用现代科技手段，开展田园城市规

图1—3 霍华德的田园城市理论中田园与城市之间的关系

划，实现城乡的生态互动，防止“污染下乡”，实现现代化城市生活与清静田园生活的有机结合。

第三，生态社区建设下的居民与自然环境的融合。生态社区也被称作绿色社区或可持续社区，强调人群聚落（社）和自然环境（区）的生态关系整合，是居民家庭、建筑、基础设施、自然生态环境、社区社会服务的有机融合①。生态社区的建设，实现了城市社区创造宜人的生态空间，节约用地、节约资源和综合环境的保护。因此，生态社区建设是生态城镇化的重要表现之一，需要借助科技进步，实现生态社区建设的“全覆盖”。

2. 科技驱动城市生态服务价值的建设

第一，科技驱动绿地系统建设。城市绿地系统包括城市绿化环境较好的区域，以及连接各公园、生产绿地、居住绿地、风景区、市郊森林的绿色通道和能使居民接触自然的水域②。城市绿地系统具有调节小气候、净化空气，以及降低噪声、净化水体、涵养水源、保护生态环境等生态功能，还具有安全防护、休憩度假、美化环境等社会功能。20 世纪 90 年代，《城市规划法》和《城市绿化条例》等相继出台，这些相关规划为城市绿地系统建设在技术标准方面进行了方兴未艾的探索和尝试。对于科技驱动生态城镇化，应将高新技术运用于城市绿地系统的建设，如高新技术产业示范区建设、城市园林绿地系统空间数据库建设，并将 ArcGIS、RS 等空间信息技术辅助城市绿地系统规划与管理等③。

第二，科技驱动碳汇系统建设。碳汇主要是指森林吸收并储存二氧化碳的能力。城市生态系统中的碳汇主要包括连片分布的林地、草地、城市周围的耕地，以及海洋或大面积水域。在新型城镇化建设中，应加强包括

---

① 李景源，孙伟平，刘举科．中国生态城市建设发展报告（2012）［M］．北京：社会科学文献出版社，2012.46.

② 参见《园林基本术语标准》。

③ 董仁才，钟建元，柳文华等．城市园林绿地系统空间数据建库与应用［J］．第六届 ArcGIS 暨 ERDAS 中国用户大会论文集，2009（5）：184～188.

森林生态系统碳储量与固碳能力动态变化估算、碳汇能力检测体系构建、造林成本和高效碳汇林营造、森林碳汇货币化及其相关政策研究等在内的若干碳汇科技支撑的专项研究，为增加和管理城市碳汇系统提供重要的科技支撑，也为生态城镇化和新型城镇化建设目标作出贡献。

3. 科技驱动城镇环境污染的治理与防范

改革开放以来，我国经历了快速工业化、城镇化的发展道路，也使我国进入环境污染问题凸显期、污染事故高发期，需要提高科技进步在环境污染治理、城市污染减排和“两型社会”建设的功效。

第一，科技驱动城市污染减排。国内外环境污染问题的治理经验告诉我们，没有针对性、适用性较强的先进技术，环境治理投入将事倍功半。而环境治理投入与治理工作的有效推进，依赖于环境科技的进步与运用。先进的污水处理技术，将有助于城市污水处理设施的建设，以解决城市生活污水与工业废水的治理；而煤炭洗选技术、烟气除尘脱硫技术的成功研发和完善，火电厂除尘脱硫设施的建设，是解决城市空气污染问题的重要推动力。总之，城镇污染物的防治，排放标准、环境质量标准的提高，检测技术的深化，污染防治设施的建设和运营成本的降低，都是建立在科技进步的基础之上的。

第二，科技驱动“两型社会”建设。科技进步是建设“两型社会”的重要支撑。一是通过科技进步促进产业升级，提升核心竞争力，运用高新技术对传统产业进行改造，淘汰落后产能，促使产业转型，并大力发展战略性、基础性和先导性技术，着力培育战略性新兴产业，构建符合“两型”特征的现代产业体系。二是把清洁环保、生态修复、节能减排等技术创新作为科技创新的重要内容，并将科技创新成果推广应用，以整治社区环境、改善城乡环境，推动资源利用方式的根本转变，降低资源损耗率，实现资源节约。三是通过加强民生科技的研究和推广应用，增强科技在城市公共管理、规划建设、减灾防灾、人口健康、城乡一体化发展等民生领域所发挥的作用。

第五节
科技驱动管理城镇化

一、科技驱动管理城镇化的内涵

科技驱动管理城镇化是以政府管理系统建设为重点，以重视区内外联系、加强多元文化融合为途径，由政府、大学、科技园、知识型社区、跨国公司相互促进，推动生活方式国际化和国际技术社区建设，实现城镇经济社会持续协调发展的城镇化。其具有合法性、透明性、责任性、回应性、有效性等基本特征。

二、科技驱动管理城镇化的作用机制

政府在科技驱动新型城镇化建设进程中的作用，主要体现在政策引导和为企业服务。政府进行科技资源配置主要是通过科技政策和科技计划来实施，通过科技发展战略分析和预测，通过政策、法规、计划、项目、采购、财政金融、服务等多种形式，影响、引导科技创新活动的方向与效率。

在科技驱动新型城镇化的建设进程中，政府的作用不仅仅是加大投入，还需通过税收优惠、公共采购、知识产权保护等方面的努力鼓励非政府投资。同时，加强体制方面的建设，比如结合区域现实做好科技规划，加强知识产权保护，促进技术市场建设等。政府应为企业的发展特别是要为创新活动提供环境保障，努力营造良好的区域创新环境，推动区域经济的发展。在科技驱动新型城镇化建设的物质保障上：政府通过专项投资建立良好的区域交通系统和信息通信网络，投资于培养人才、产生技术的院校和科研机构等；建立各种激励机制鼓励企业的创新，如政策、法规、财税制度等；疏通和建立企业与科研院所合作的渠道，如建立技术市场及与技术转移相配套的服务体系；鼓励具有新思想和高能力的企业家创新创业、奖励重大科研成果、多渠道多层次开展科普教育，建立富有创新活力、尊重人才的区域文化。

政府组织制定和实施高新技术产业的发展规划，明确国家中长期高新技术产业发展目标和任务，优先配置相关资源，把握世界技术发展的大趋势，有重点、有目标地提供政策，推进高新技术的应用。制定相关的产业政策，对高新技术中小企业实行必要的倾斜和保护。政府的引导一方面能使企业了解当前世界高新技术的前沿动态；另一方面也给企业搜索信息节约了成本，并能形成信息共享①。

科技驱动新型城镇化建设需要重视科技文化的普及。城镇化过程中，不能只有知识精英的参与，还特别需要广大人民群众的参与，必须调动最广大人民群众学习知识、运用知识、参与现代生产和生活活动。2011 年 7 月，温家宝在中国科协第八次全国代表大会上讲道："科技不仅是知识和技能，更是一种文化、一种精神。一个科学普及的民族，一个具有科学精神的民族，才是真正有生机、有希望的民族。科学普及工作不仅是普及科学知识，更重要的是传播科学思想，弘扬科学精神，这对提高中华民族的整体素质具有重要而深远的意义。"

科技驱动新型城镇化的建设进程中，科技文化的普及工作有三种重要的实践形式：一是利用科普设施展览与示范；二是举办科普活动；三是利用大众传媒的科技传播。科普设施的展览与示范主要通过科技馆、自然博物馆、美术馆、展览馆、公共图书馆、科普画廊、宣传栏、图书阅览室、高校和科研院所实验室等科技类场馆和科普设施进行科技文化普及。举办科普活动主要通过举办科技周、科技节、科普日、论坛等大型群众性科普

---

① 孔令刚，蒋晓岚．区域创新资源与区域创新系统［M］．合肥：合肥工业大学出版社，2011.

活动进行科学文化宣传、科技培训和科技咨询。大众传媒的科技传播主要通过电视、报纸、互联网、广播、一般杂志、图书和科学期刊等传媒方式进行科技文化的宣传和普及①。

第六节
科技和新型城镇化耦合关系

科技与新型城镇化是两个互相区别而又紧密联系的系统。在科技驱动的新型城镇化过程中，科技创新作用于生产、生活、生态三方面，反映为城镇化过程中人口（人文）、产业（包括空间布局与建筑形态）、生态以及管理四大基本要素的影响路径。从内涵方面看，科技驱动新型城镇化是高素质人才的培育与导入的人口城镇化，是高新技术的培育、引进与空间布局的产业城镇化，是集约、智能、绿色、低碳的生态城镇化，是政府管理系统创新，城镇文化相互渗透、融合的管理城镇化。

科技通过提高人口素质、培育高科技产业、提升城镇生态与服务管理功能促进城镇发展，而城镇化水平的提高反过来又为科技发展增强动力、拓宽空间。因此，科技驱动的新型城镇化是科技与经济、社会、生态和文化等不同系统及其内部要素在有机协调条件下相互作用、逐渐进化的发展过程。与传统城镇化相比，新型城镇化是以人为本、四化同步、优化布局、生态文明、文化传承的具有中国特色的城镇化。不同于传统的高度依赖土地开发建设的城镇化模式，新型城镇化必须告别粗放低效、不可持续的“土地城镇化”道路，回归“以人为本”的基本理念，真正实现“人的

① 文兴吾．文化兴国：加强科技文化普及工作的思考［J］．中华文化论坛，2011（6）：12～15.

城镇化”。在此过程中就需要科技的支撑和保障，尤其需要科技创新成果的支持。另外，科技进步和创新成果的涌现，又需要城镇提供条件和平台，从而实现科技人才、技术、产业资源的高度集中，产生规模效应和集聚辐射效应，推动经济、社会、生态和文化的全面发展。因此，城镇化也是科技发展的重要载体和成果展示舞台。

科技驱动新型城镇化作用于城镇化的生产、生活、生态三方面，反映为城镇化过程中人口（人文）、产业（包括空间布局与建筑形态）、生态以及管理四大基本要素与科技的影响路径，进而促进形成了城市内部的国际社区、高新区和城市生态系统三大功能模块，通过联动系统协调发展。由此，科技和新型城镇化之间即通过基本要素和功能模块的动态耦合形成了一个复杂的整体系统（见图 1—4）。

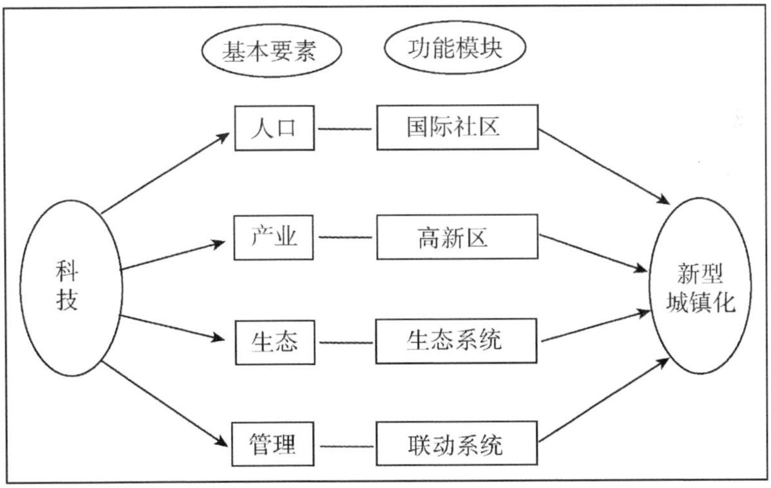

图 1—4　科技和新型城镇化耦合关系

一、耦合机理的先导：高素质人才导入与培育

后工业社会中智力和人力资源越来越成为城市发展水平的决定因素。科技驱动高素质人才的培育与导入将跨越式地推进“人口城镇化”，并通过开放包容、文化融合的国际社区共同促成宜居宜业的新型城镇，形成多元化的生活方式和社会文化环境。人才的空间集聚又反过来强化地区的科

技资源优势，进而推动科技水平大幅度提升。

二、耦合机理的核心：高技术产业崛起

科技驱动是实现产业转型升级的必由之路。通过高新技术的培育与引进，企业能够加快更新技术装备、优化工艺，推动传统产业向高端优质方向发展，也将推动城镇化迈向创新驱动、优质高效的发展之路。高技术产业是科技企业的空间集合，科技企业的强大自主创新能力对于建设创新型国家、创新型城镇又发挥着主导作用。高技术产业本质上就是科技与产业在新型城镇化领域的有机融合、相互促进的结果。

三、耦合机理的支撑：生态文明

作为整个生态系统的重要组成部分，建设协调的城镇生态系统是新型城镇化的内在要求。科技创新是经济社会发展的生产力，也是生态城镇化发展的强大软实力。目前，科技广泛应用于城镇生产、公共服务生态化，环境污染治理与防护及以绿色建筑与低碳建筑为特征的生态社区，为生态城镇化的健康发展起到了强大的支撑作用。随着联合国应对全球气候变暖的联合行动不断深入人心，生态文明建设成为越来越多国家和地区实现可持续发展目标的战略选择，生态文明建设战略也为绿色科技研发提供了前所未有的良机，生态文明极大地促进了绿色科技的研发和应用，二者的互动作用达到了前所未有的水平。

四、耦合机理的保障：现代化治理

科技进步为加强和创新管理系统提供了技术上的可能。一些大型科技工程的实施推动了人类经济社会管理方式的深刻变革，以电子信息技术、网络技术等为代表的现代科技迅猛发展，极大地改变了人类的生产生活方式，也为管理模式和手段的创新提供了现实基础。尤其关键的是，新人口、新产业、新生态对传统的自上而下的、政府主导的城市管理模式提出

了挑战，要求建立起政府引导、公私合作、社会协商的现代化城市治理模式。现代化治理有赖于高新技术的研发和应用，而它又是新型城镇建设过程中居民高品质生产、生活、生态的重要保障。现代化治理为科技与城镇化的互动融合提供了系统的最佳平台，极大地提高了科技进步、新型城镇化建设速度。

第二章

科技驱动新型城镇化的实现路径

科技驱动新型城镇化需要通过具体的路径实现。本章首先介绍了科技驱动新型城镇化的相关理论，在此基础上详细说明了科技驱动新型城镇化的三种实现路径：国际社区、高新区、生态系统，并分别介绍了三种实现路径的内涵、影响因素和具体做法。张江科技驱动新型城镇化过程中，以国际社区、高新区和生态系统的建设作为抓手，带动了整个地区新型城镇化的发展。

李克强同志曾经指出，城镇化不是简单的城市人口比例增加和面积扩张，而是要在产业支撑、人居环境、社会保障、生活方式等方面实现由“乡”到“城”的转变。因此，在新时期推进城镇化建设必须着眼于生产、生活、生态的融合与互动（见图2—1）。

科技驱动新型城镇化必须依靠科技的核心驱动力，推动城镇的生产高效、生活舒适、生态美好。

在生产方面，产业是城市发展的基础，是城市发挥辐射和带动作用的力量源泉，是创造更多就业岗位，增加居民收入，提高居民生活水平的基础。要促进城镇化的科学发展，必须依靠科技创新，构建以技术创新为核心支撑要素的现代产业体系，转变经济发展方式，实现产业的生态化和生态的产业化，不断提升产业的发展水平和能级，促进产业结构的优化升级，从而为新型城镇化奠定坚实的物质基础。

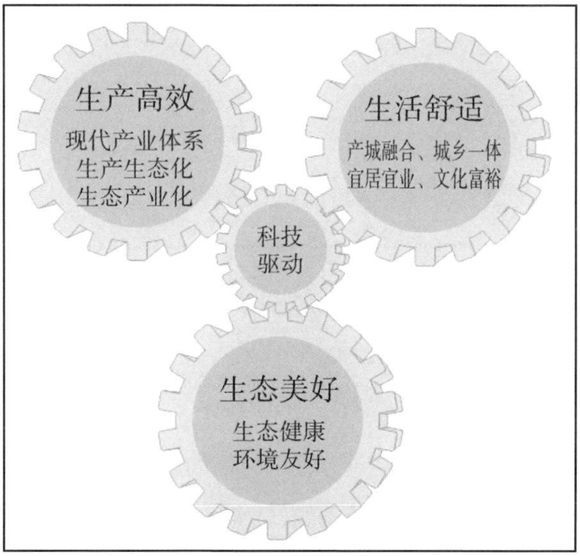

图 2－1 新型城镇化“三生系统”融合与互动

在生活方面，科学发展的核心是以人为本。不断提高城乡居民的物质和文化生活水平是社会主义的本质要求和发展经济的根本目的。新型城镇化的最大特点在于它与新型工业化、农业现代化的融合发展。其本质在于以生产方式的转变带动生活方式的调整，以产业发展、城镇发展促进农民就业的非农化与生活的市民化，提高农业从业人口的收入水平，最大程度地实现城镇居民、农民收入水平的提高，缩小两者间的差距。

在生态方面，生态环境是人类赖以生存发展的自然基础，它为人类的各种经济活动提供最终的“源与汇”服务。生产与生活必须从环境中索取资源，并必然要将所产生的废物排放到环境中去，但是当资源的索取数量与废物的排放数量，超过了生态系统的承载能力，就会出现环境污染、生态破坏。

从“三生系统”的融合和互动出发，张江科技驱动新型城镇化发展的路径主要有：国际社区建设、高新区建设和生态系统建设。

第一节 国际社区

一、国际社区的内涵

国际社区是将科技创新作为主要驱动力，构建适合各类不同国家文化背景的人群，使其能够和谐地共同生活的具有国际水准的社区[①]，是以传承、发扬本土历史、人文特征为基础，人口结构、建筑风格、环境标准、管理制度、生活水平、服务质量、交通通信、人文环境、文化底蕴等方面的国际化。从人口结构上看，外籍居民占居民总数的比重应在20％以上。

科技驱动型国际社区是城市社区的高级类型。它应该在科技带来的高效、便捷等方面发挥示范、表率和辐射作用，其核心内容包括：以住宅质量为核心，推进房地产的科技化，规范设计质量（容积率、建筑外观），提高营造质量（设计、施工、建造中的科技化、智能化、现代化），提高设备质量（推广节能、节地、节水、节林、环保的技术与建材），提高环境质量（除绿化之外，还有商业、服务业、交通设施、社会保障系统的现代化），提高管理的服务质量（物业管理的现代化及科技手段运用）。科技化将成为科技驱动型国际社区的一大特色、一大亮点，这是更高意义上的人与自然的和谐统一，通过科技的创新与应用，实现源于自然、高于自然、回归自然的目的。

---

① 文娉，宁奉菊，曾刚．上海国际社区需求特点和规划原则初探［J］．现代城市研究，2005（5）：17～21．

二、国际社区建设的影响因素

科技创新全球化是国际社区的缘起。自 20 世纪 80 年代以来，随着信息、交通等领域的科技进步，经济全球化、城市国际化快速发展，国际社区不断增加。例如，北京望京地区形成中国最大的韩国人聚居区，上海浦东和古北虹桥出现了以欧美高级白领为主的聚居区（见图 2—2）。

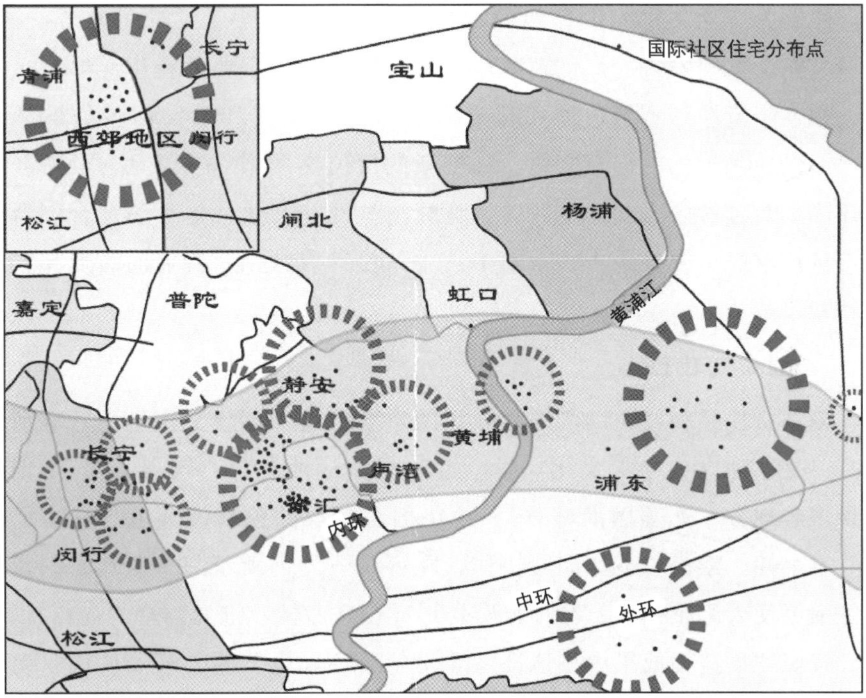

图 2—2　上海市国际社区空间分布

全球化研发、全球化人才和全球化创新则是全球化过程中的新特点。科技驱动型国际社区，主要是围绕城市中重要的科技创新走廊，汇聚学习氛围、研发环境和生活韵味，形成的国际化知识型社区。

在我国城市国际社区的建设过程中，应该重视不同族群之间平等交往渠道、交流平台的建设，注意破除外籍居民与本土居民的物理与心理双重隔离。

三、国际社区的建设

城市社区是一个社会和空间的复合单元，科技驱动型国际社区是城市社区发展中的一种“升级版”。从内涵上看，它包含着各种正式与非正式的关联机制与沟通渠道，形成了多层次、互动性、动态化的社会网络。从形态上看，它是一个“大家庭”，必须具备包并、兼容、吸收和融合的功能，能够为多元文化的生存和发展提供条件，实现多元文化的水乳交融、和谐共振、共同发展。从创新环境的角度看，它的重要性在于能够促进学习、积累、流动和创新，进而建立起促进知识交换和激发创新的优越环境，形成独具特色的创新文化。从创新的价值实现来看，它是一个融合科技社区、教育社区、创业社区、风险资本社区和文化社区等的复合创新系统，科技友好型公共服务体系隐于其中，使其成为创新价值的高地和实现创新梦想的乐土。

1. 创新文化打造

创新文化是科技驱动型国际社区的重要特质。创新文化是创新活动之“魂”，是其理念先导与文化支撑，也体现为一种文化“软实力”。凡创新成果多的地方（如美国的硅谷），往往拥有良好的创新性环境，特别是有着尊重个性、崇尚创造、团队协作、宽容失败的创新氛围。良好的创新环境氛围可使人思维活跃、精神振奋，形成创新激情，迸发创造“火花”。

按照“创造性成果＝创造性人才＋创新性环境”的公式，科技驱动型国际社区可以承担创新生成的温床，能够创造并引领一种充满生机的创新文化，而这种创新文化的贡献将远远超出从人才到研发以及产业的简单线性道路的价值。社区成员在日常的信息交流、学习互动、共同探讨和解决问题等过程中，实现了创新的共同积累、流动和发展，并逐渐发展起共同的交流术语、文化传统、社会规则，进而建立起促进知识交换和激发知识创造的社会组织环境。社区内的情境学习机制形成和创造丰富的知识。因而，创新文化像空气一样在国际社区中弥漫，使创新就在这种亦社区、亦休闲、亦工作且自由、柔性的创新氛围中，得到极大的推动。

2. 科技友好型公共服务体系建设

科技友好型公共服务体系是科技驱动型国际社区的重要支撑。科技公共服务是面向科技创新活动的公共服务供给，是以政府为主导，对科技创新资源进行整合、配置、利用，为高等院校、科研机构、科技企业、政府部门以及社会公众提供系统、便捷、高效的与科技活动有关的公共服务①。科技驱动国际社区不再是传统意义上仅提供居住功能的居民聚居区，而是未来的，集交流、创业、文化、休闲、居住于一体的公共服务空间。统筹规划、多方共建科技友好型公共服务体系，可以有效地促进科技创新资源的优化配置、综合集成、开放共享，推进创新环境的优化、创新实力的提升，为科技驱动国际社区的建设提供基础条件和制度保证。

科技友好型公共服务体系，犹如知识创新要素的CPU，在园区与社区之间建立全面合作、互动共融的对接机制。社区是园区发展的重要空间，园区是社区发展的重要支撑。因此，社区不再仅仅是知识工作者休闲生活、学习、分享知识、沟通合作的地方，更是大学、研发机构、大小企业及现代化服务业等的经济互动平台、智慧型创业者的天堂。与此同时，创新不再单单是专职人员的事情，社区走进科技、科技融入社区的良好发展模式可以激发“社区创新细胞”，带动空间意义以及关联意义上的周边更大范围的创新活动，从而使区内的居民、区外的市民也都切身体验到创新的激情与创新的成果。

专栏2—1：创智天地——江湾翰林国际社区

定位：项目的设计参考美国硅谷和巴黎左岸的“生活工作社区”，以教育、科技、文化、研发及创业为基础，依托知识杨浦的文化资源和五角

① 张耘，陆小成．北京市科技公共服务体系建设：现状、问题与对策[J]．城市观察，2010（05）：79～89.

场的商业体量，打造一个办公、生活、娱乐、运动、休闲等一站式的生活社区。设计：不同国际级设计大师的创意杰作，将多层建筑与庭院式花园结合，外观色彩极富个性。

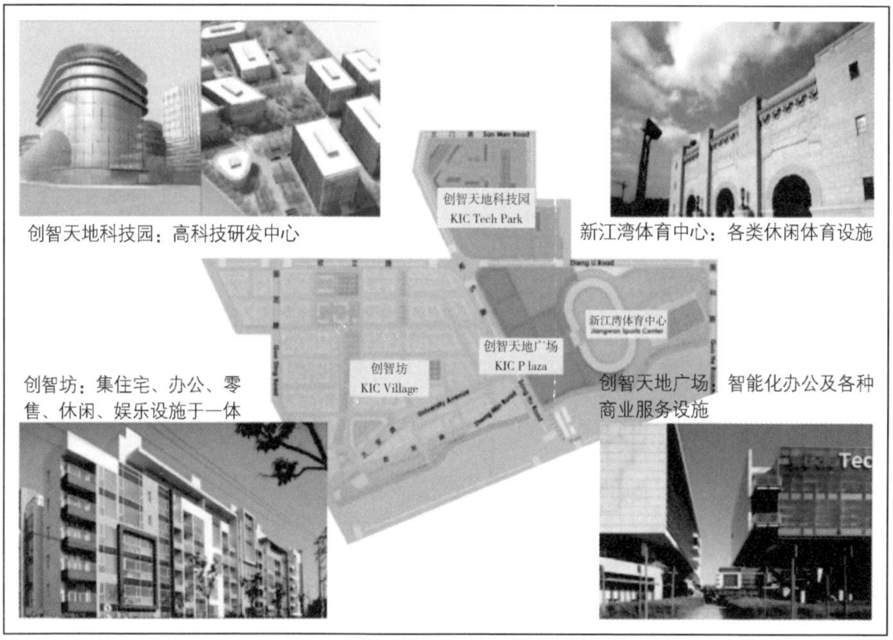

理念：充分地利用杨浦区拥有众多大学、科研机构的优势，让大学校区、社区、创业园区联动发展，大学、科研机构、跨国公司研发中心、科技公司、创业小公司、风险投资基金、科技孵化及现代服务业在这里形成知识经济的“产业链”，孵化新思想、孕育原创性高科技。形象些说，这一区域像一个“创智工厂”。此外，创智天地广场除了提供各类商机，还将建设设施一流的创新园地、学习园地、会议中心，是各类知识工作者工作、生活、学习、分享知识、沟通交流、洽谈合作、休闲放松的场所。

布局：包括纯住宅用房、商务办公室以及商住两用房。其中商住两用房最具特色，以SOHO“居家办公”理念为蓝图。部分层高达4.8米。

特色：IPO Club，旨在为创业者提供集会、交流、教育空间的“泛会所”，并长期举办相应活动。

（资料来源：创智天地园区规划，http：//www.kic.net.cn/Default.aspx tabid=133）

第二节
高 新 区

高新区建设是推进新型城镇化的重要方式之一。2013 年，科技部颁布的《国家高新技术产业开发区“十二五”发展规划纲要》指出，国家高新区要通过加快创新体系建设、培育发展战略性新兴产业、完善全链条孵化体系、巩固人才高地优势、完善科技金融体系等具体任务来实现其自主创新能力、产业竞争力、引领辐射力、国际影响力的“四个提升”。

一、高新区的内涵

经济合作与发展组织（OECD）指出，高新技术产业包括航空航天制造业、计算机及办公仪器制造业、电子及通信设备制造业和医药品制造业[①]。我国科技部 2000 年将电子与信息技术、生物工程和新医药技术、新材料及应用技术、先进制造技术、航空航天技术、现代农业技术、新能源与高效节能技术、环境保护新技术、海洋工程技术、核应用技术、其他在传统产业改造中应用的新工艺、新技术纳入高新技术产业目录。高新技术产业开发区是大学、研究机构和企业在一定地域内相对集中，研究、开发和生产高技术产品活动活跃，产—研一体化程度较高的综合性基地[②]。高新区具有以下几个共同特征：以大学、科研院所等高智力密集区为依托，以自主开发和合作研究为主要成果，高技术成果的商品化、产业化和国际化功能突出。

---

① 胡艳，吴新国．对高新技术产业定义的理解［J］．技术经济，2001（3）：23～25.

② 滕海洋．高新区发展战略及保障体系研究［D］．山东师范大学，2009.

高新区的内涵、特征、目标定位、功能等充分体现了新型城镇化发展的需求。一是新型城镇化基础的物质保障是完善的基础设施和相应的基础产业。二是新型城镇化建设中重要的转变，包括生活方式从农村转向城市，产业结构、就业岗位从单一的第一产业为核心转向多元产业共同发展的三产融合。三是新型城镇化的经济基础要求有完善的产业体系和科学的城市规划。四是新型城镇化对于医疗、卫生、文化、教育等公共服务的要求较高。五是新型城镇化发展中优美的自然生态环境和高端的生活居住条件必不可少。上述新型城镇化发展的要求，高新区在其建设和提升过程中均有涉及。高新区建设不但有良好的基础设施建设、外部环境、公共服务水平，而且创造了新的就业岗位和产业体系。高新区是城乡一体化统筹和新型城镇化建设的重要实现方式之一。

二、高新区建设的影响因素

1. 国际环境

国际环境对高新区的影响主要体现在两方面。一是全球最先进技术的研发及扩散。高新区建设是以科技为核心，最先进技术的研发促使高新区企业不断学习、模仿和更新技术，以便培育其竞争力。同时，技术扩散又受到高新区自身技术与最新技术的差异、与全球技术合作伙伴之间的距离、技术传播的通道等影响。二是承接国际产业转移，吸引跨国公司入驻，形成企业空间集聚，加速产业集群形成。

2. 政策与发展战略

我国自建设高新区以来，就持续出台税收、财政、土地、人才等倾斜性政策，旨在抓住科技革命的重大机遇，促进科技与经济相结合，重点发展高新技术产业。我国高新区发展中根据不同时期的目标导向，政策与战略可分两个阶段[①]。第一阶段是高新区的创建。高新区从无到有的过程是

① 刘会武，王树海．国家高新区政策评价与发展建议［J］．中国科学院院刊，2010（05）：497～505．

以促进科技成果的市场化、利用内外资聚集企业和促进区域的经济增长为目的。对高新区初期建设和发展起决定作用的政策是地方政府单独划拨土地，实施单独管理和财政部、国家税务总局等对企业所得税的优惠这两方面。第二阶段是21世纪以来引领自主创新，深化发展的阶段。政策制定和实施是以提高自主创新能力，促进高新区走向内涵式经济发展道路为目标。因此，不同时期国家的政策和发展战略对于高新区发展的方向至关重要。当前，政府在支持高新区自主创新、培育内生动力的同时，也要从多种政策入手优化创新创业环境，提供以服务为主的各种软环境建设。

3. 主导产业的选择

国际环境、政策与战略属于宏观层面的影响因素，而主导产业选择则属于中观尺度。高新区主导产业的选择决定了其发展的动力和生命周期的长度，因此主导产业的选择必须要遵循以下基准[①]。

第一，产业辐射能力。主导产业须具有较强的辐射作用。产业之间的辐射能力用产业关联度来表示，指不同产业之间技术结构和产品需求结构的扩散程度和相互依存、相互推动的强度。一个产业部门的前后向联系效应越大，其带动其他产业部门发展的能力就越强，其发展的条件就越充分，机遇就越多，对经济增长的贡献就越大。

第二，高技术扩散与带动能力。高新区作为发展高新技术的特定区域，其主导产业必须注重高新技术含量，而且该产业的高新技术必须具有很强的扩散与带动能力，才能为整个高新区的产业结构带来根本性动力。主导产业要优先发展技术水平先进、科技进步速度快，技术进步对产值、利润贡献大的产业。

第三，可持续发展效应。从全球经济发展经验来看，传统高能耗型产业已逐渐被各国和各地区淘汰，他们在不断追求技术创新的同时，都十分注意对环境的影响。所以从可持续发展的角度来看，高新区主导产业须具

---

① 段辉敏．高新区主导产业选择评价指标体系及应用研究［D］．中南大学，2007.

有污染小、能耗低的特点。

4. **企业的技术创新能力**

微观层面，企业作为高新区最基本的组织单元，其技术创新水平是高新区发展的直接驱动力和核心竞争力。当前企业发展的核心竞争力已从依托物质资源，寻求成本优势转向了依托创新能力寻求技术优势。企业的创新能力不仅包括自主创新能力，还包括网络获取资源能力和环境支撑能力。这三种能力相互作用，特别是企业的自主创新能力需要外部政策、中介服务等的支撑，同时受到高新区相关产业及区外相关产业的知识、技术等资源流动的影响。因此，高新区发展过程中要非常注意相关产业链、产业集群、创新集群等的建立。

三、高新区的建设

在高新区建设的长期演化过程中，产业组织的不同形式表征了其演化阶段的更替，其实现路径一般会经历从产业链向产业集群，产业集群向创新集群，创新集群向创新联盟的不断升级。

1. **高新技术产业链建设**

产业链的内涵包括：产业链中包含有多个不同的相关产业；产业链中的企业是上、下游关系；产业链是围绕用户需要的最终产品进行的生产交易活动；产业链是一条价值链[①]。高新技术产业链拥有复杂性、交叉性、动态性、区域性和非平衡性等特征。产业链的效益显著。从产业视角来看，高新技术产业链建设可以优化产业链上的主导产业，充分协调资源、资金和高素质人才的合理分配，实现高新技术产业价值最大化，形成良好的自循环。同时，高新技术产业链一旦形成，将会在较长时间内保持自动相互关联，使处于产业链的高新产业实现集聚，进而形成网络效应。从高新区发展的视角来看，高新技术产业链能够整合、优化高科技资源和优

---

① 刘贵富．产业链的基本内涵研究［J］．工业技术经济，2007（8）：92～96.

势，提升区域高新产业的竞争力，进而提升园区竞争力，改善园区的产业组成，促进产业结构升级，提高园区经济运行质量，实现经济高速和持续发展，也有利于推动园区整体品牌形象的建设。

高新技术产业链建设必须注重以下三个方面：

第一，注重区域大背景。具有核心技术优势的地区可以依托多个核心科技源为动力，培育多源高新技术产业链，进而形成高新技术产业链网络以及高新技术与传统产业交织的产业集群区域。缺乏科技优势的地区，则以培育引进型高新技术产业链为主。主要策略为跨区域连接、嵌入其他区域的高新技术产业链中，或以单环链核方式嵌入本地区传统产业链中。

第二，突出自身特色。各高新区产业发展不能面面俱到，要选择以本地区特色和优势产业为核心，进而形成具有特色与优势的综合高科技产业中心，或只进行大量的单链培育而形成专业化的产业中心。

第三，选择合适的发展方式。构建产业链包括接通产业链和延伸产业链两个方面。接通产业链是指将一定地域空间范围内的产业链的断裂部分借助某种合作形式连接起来。延伸产业链则是一条已经存在的产业链尽可能地向上游延伸或下游拓展，即向产业链微笑曲线的两端延伸。向上游延伸一般使得产业链进入到技术研发环节，向下游拓展则进入市场销售等环节[①②]。

2. 高新技术产业集群建设

高新技术产业集群是高新区发展的基石。高新技术产业集群作为高技术产业化运行的产业机制和社会组织，不仅为高新区建设提供了实现外部经济、规模经济等的便利条件，降低了高新区内部企业的成本，更重要的是聚集了相关企业、科研院所、中介服务等，有助于实现隐性知识和私人信息的交流沟通，促进知识、科技的创造，进而通过创新增强产业的竞争优势。

---

① 龚勤林．论产业链构建与城乡统筹发展［J］．经济学家，2004（3）：121～123．

② 刘贵富，赵英才．产业链：内涵、特性及其表现形式［J］．财经理论与实践，2006（3）：114～117．

产业集群是指企业在一个特定的区域内通过纵向和横向联系所展开的经济技术合作和竞争，形成空间临近的产业群体。集群内部是一个资源合理配置、技术相互协作、经济活动密集的企业网络①。高新技术产业集群是指在高新技术领域内有关联的企业、机构在一定的地域内聚集，形成上、中、下游完整、外部支撑体系健全、充满创新活力的有机体系。目前，高新技术产业集群有两种主要形式：与大企业共生的中小企业聚集网络、依靠技术合作与创新形成的企业聚集网络②。高新技术产业集群具有以下显著特征：一是经济增长贡献程度不同。与传统产业集群相比，高新技术产品附加值高，高新技术产业带动性强，可迅速成为区域经济的主导。高新技术产业集群一旦形成，不仅能够带动本地区的发展，而且往往可以带动更广泛区域的经济发展。二是高新技术产业集群的形成动因不同。高新技术产业技术创新，更多的是新型人力资本因素和区域产品链和产业链配套能力因素等。企业集聚是为了充分利用区域中的创新资源，增强创新互动，提高创新效率。三是高新技术产业集群内企业的生存关系不同。传统产业集群是企业通过提高生产批量降低成本，实现规模效益，共享外部效益。产业集群通常以相对固定的企业供应链集聚形式出现。而高新技术产业创新活跃，产品生命周期短，定制化程度高，生产过程往往由若干企业根据不同产品情况灵活构成，产业集群以弹性组成的企业生产网络集聚形式出现③。

高新技术产业集群从其形成途径而言，主要有内、外生动力之分。以内生动力为主是指通过高新技术企业通过在实践中改良当前应用技术，一方面加强自身生产工艺、扩展生产领域、挖掘和占领空白市场；另一方面促进集群内部企业间加强知识交流，促进分工合作，共同开展技术研发

---

① 滕堂伟，曾刚．集群创新与国家高新区转型发展［M］．北京：科学出版社，2009.

② 王晶，王永峰．谈高新技术产业集群中的知识创新［J］．商场现代化，2008（11）：258.

③ 陶琳．略论高新技术产业集群［J］．发展，2010（1）：81.

等，进而培育出产业集群。以外生动力为主是指高新技术企业通过吸引外部投资、加强外部合作、引入外部新科技，使得相关产业形成集聚。

3. 创新集群

创新集群是高新区的特征和灵魂。随着知识经济和全球化的全面到来，社会经济发展已经从资源利用为基础逐渐让位于以知识为基础。创新集群已成为国家与区域竞争力的抓手，在高新区建设中发挥着引领作用。科技部部长万钢指出："过去20年，我国高新技术产业呈现出产业集群特点，但多数产业集群是生产驱动型，产品缺少核心技术，市场竞争力不强，利润率低。今后，要着力推进产业集群向创新集群转型，坚持自主创新，努力掌握核心技术，拥有自主知识产权，实现高新技术产业化的跨越式发展。"

创新集群是由基于一定地域的企业、大学、研究机构、专业科技服务机构和金融中介等组成的，并能通过畅通的渠道聚集、开发、利用地域内外的各类创新资源，不断向外转移高新技术，推出高新技术产品和服务的网络。创新集群具有如下特点：创新资源的洼地、完整网络、利益目标一致、共建共享创新源、开放文化。创新集群最主要的优势是知识的外溢和资源的共享①。

创新集群是高新技术企业壮大的沃土，在创新集群内，隐性知识交流的频率和程度增加，因此企业容易获得研究开发、人力资源、信息等，便于扩张壮大。另外，企业之间的竞争压力加剧，推动企业加强研发创新的程度。创新集群是产业升级的杠杆，一旦其融入全球价值链，并嵌入某一个产业的生产环节，就会不断对该产业的生产工艺和过程进行改良，有利于产业升级的实现。创新集群是区域经济繁荣的星火，在集群内部的企业为追求共同利益，会不断加强合作、交流，共享新技术、信息和知识，从而促进技术、管理、组织、文化等全面的创新，进而带动区域经济发展。创新集群是自主创新永不枯竭的源泉。从产业集群向创新集群升级的过程

---

① 马颂德．加强创新集群培育实现高新区新跨越［J］．中国高新区，2006（10）：24～27.

中，良好的创新环境是关键要素，有利于创新集群内的企业专业分工、互动合作、相互学习，增强整个集群内部的自主创新能力[①]。

创新集群的培育要从以下几方面入手：一是良好的创新创业、财税优惠，知识产权保护等政策环境是创新资源集聚和高效利用的前提，是高新区快速、持续、健康、协调发展的根本保证。二是搭建创新中介服务网络。创新中介服务网络是创新集群培育的核心环节，应大力吸引科技中介企业入园、加强信息化服务网络建设、组建各种商业组织和俱乐部等。三是大力推动集群式创新行为。要扶持龙头企业、培育科技中小企业，引进和培养高端创新人才，鼓励和引导园区内外的产、学、研合作，组建多种产业联盟和技术联盟。四是搭建国际化的服务平台，引导国际资本、技术、人才、信息汇集。五是组建高效的管理队伍，突破技术锁定。

4. 创新联盟建设

创新联盟是一个以企业为主体，利益为纽带，创新为特征，资源优势互补，共同承担风险，共同创造财富的松散型网络组织。创新联盟不仅具有一般组织所共有的发展目标、规划计划、组织章程和管理条例等，使联盟能有序地高效率地运行，而且具有较好地适应市场变化和其他不同需求变化的特性。

创新联盟的作用，一是能够打破企业内部的封闭状态；二是能够增进技术创新资源互补；三是能够结成创新联盟各方之间的协调运作；四是能够通过创新联盟实现技术创新能力的扩展和转换，能更好地适应知识经济及其经济全球化的挑战。

建立创新联盟，一是要建立清晰明确的保障制度。创新联盟成员的利益，要靠契约或股权来进行保障。创新联盟的主要连接纽带是联盟合约，成员各方根据联盟合约共享利益、共担风险。创新联盟的股权，即联盟各方通过股权安排，成立技术研发和产业化的实体。二是要设立精简灵活的

---

① 邵学清，王春阳．创新集群国家高新区未来发展的必然选择［J］．中国高新区，2007（10）：82～85.

组织形式。创新联盟的组织形式取决于联盟的任务。创新联盟的任务主要有：实施技术合作，联手突破和发展核心技术；形成公共技术支撑平台，形成产业技术标准；实施技术转移，加速创新成果的大规模商业化运用；联合培养人才，增强产业的持续创新能力。三是要完善成果分享机制和风险分担机制。联盟各方应通过契约或股权安排，对其自主知识产权、技术秘密等技术成果的归属与产业化收益进行约定。

第三节
生态系统

城市生态系统是陆地生态系统的一种，它以人为中心，是由人类主导建立的自然、经济与社会复合人工生态系统[①]。其中，自然生态系统包括城市居民赖以生存的基本物质环境，如阳光、空气、淡水、土地、动植物和微生物等自然要素；经济生态系统包括工业、农业、交通、运输、贸易、金融、建筑、信息、科技等生产、分配、流通和消费的各个环节；社会生态系统包括城市居民社会、经济及文化活动的各方面，如衣、食、住、行等物质生活和人们的心理状态，以及文化、艺术、宗教、法律等上层建筑（见图2—3、图2—4）。

先进的科学技术是城市生态系统建设的支撑。城市自然系统、经济系统、社会系统存在或潜在的主要问题及引起问题的原因，城市生态系统未来建设总体需要、方向和战略目标，完备的城市生态系统建设和维护的方式和手段等，都要依靠科学技术来实现。具体而言，生态系统建设中的资料库、可持续发展的演化模型和合理的生态功能区规划过程中等都需要用到卫星遥

① 马世骏，王如松．社会—经济—自然复合生态系统［J］．生态学报，1984，4（1）：1～9.

感监测（RS）、地理信息系统（GIS）、环境适宜度分析、区域生态敏感性衡量、城市生命支持系统模型构建等方法，这些方法是客观、科学建设城市生态系统的核心。新型城镇化生态系统建设要依靠先进的科技驱动[①]。

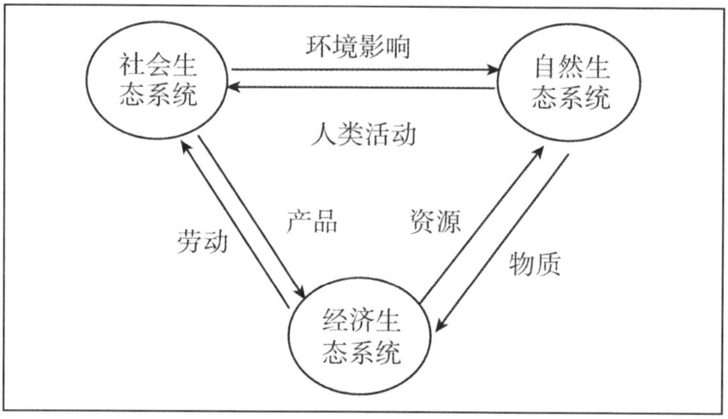

图 2－3　社会—经济—自然复合生态系统结构

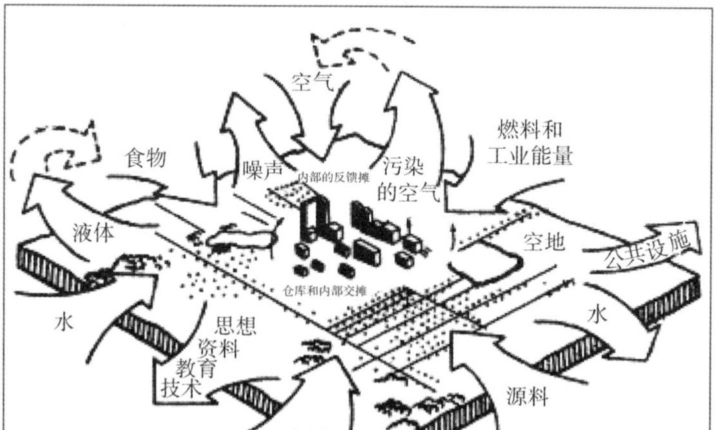

图 2－4　典型城市生态系统的输入与输出

科技驱动型城市生态系统建设主要包括科技驱动生产活动的生态化、科技驱动公共服务的生态化和科技驱动城市住区的生态化三方面。

---

① 康慕谊．城市生态学与城市环境［M］．北京：中国计量出版社，1997.

一、科技驱动生产活动的生态化

生态工业园区是科技驱动生产生态化的重要空间载体。生态工业园区是依据循环经济理论和工业生态学原理设计的一种新兴工业组织形态，是生态工业的集聚场所。其目标是尽量减少区域废弃物，通过废物交换、循环利用、清洁生产等手段，实现园区污染物的“零排放”。生态工业园区是建立在科技创新的基础上的，通过采用信息共享、节水、能源利用、再循环和再使用、环境监测和可持续交通技术等新技术，注重园区内的物质集成、水系统集成、能源集成、技术集成、信息集成和设施共享，通过园区内各单元间的副产品和废物交换、能量和废水的梯级利用，实现资源利用的最大化和废物排放的最小化。

专栏 2—2：丹麦卡伦堡（Kalunborg）生态工业园区

丹麦卡伦堡生态工业园区是目前国际上工业生态系统运行最为典型的代表。该园区以发电厂、炼油厂、制药厂、石膏纸板厂 4 个厂为核心企业，把一家企业的废弃物或副产品作为另一家企业的投入或原料，建立“纸浆—造纸”、“肥料—水泥”、“炼钢—肥料—水泥”等工业横生和代谢生态链关系。其中，燃煤电厂位于工业生态系统的核心，以炼油厂的废气为燃料，其他公司和炼油厂共享冷却水；发电厂煤炭燃料的副产品用于生产水泥和铺路材料，还将除尘脱硫产生的硫酸钙出售给石膏板厂；发电厂向炼油厂和制药厂供应发电过程中的蒸汽，并通过地下管道向卡伦堡全镇居民供热，剩余热量还用于渔业，鱼池淤泥又用来制作有机肥料；炼油厂则将酸气脱硫生产的稀硫酸供给硫酸厂。通过能量物质在各企业间梯级开发和循环利用，极大地提高了资源利用效率，降低了生产成本，消除了环境污染。

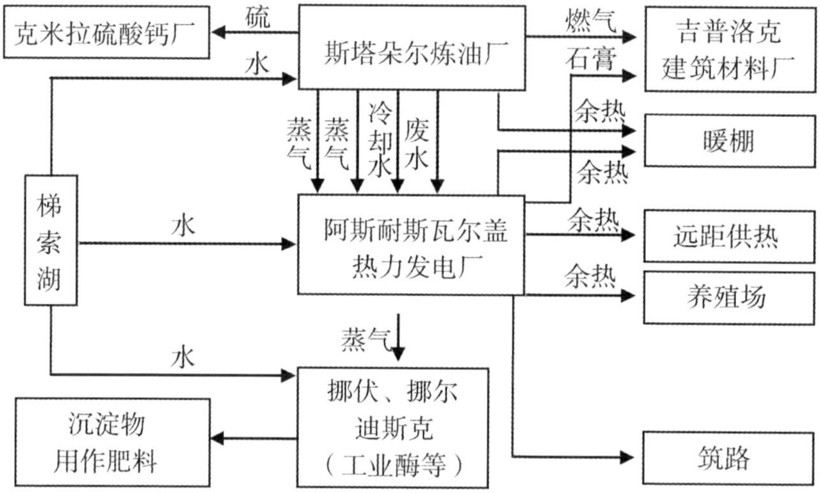

卡伦堡工业体系企业间主要肥料交换流程图

［资料来源：徐大伟，王子彦，谢彩霞．工业共生体的企业链接关系的分析比较——以丹麦卡伦堡工业共生体为例［J］．工业技术经济，2005，24（1）：63～66.］

二、科技驱动公共服务的生态化

2009 年哥本哈根会议预示了全球低碳经济时代的到来，世界各国对发展低碳经济纷纷达成共识。我国从 21 世纪以来，也已将生态文明和低碳经济纳入全面建成小康社会的重要工作中。从城镇化发展来看，当前新型城镇化发展目标的重要方面是走集约、节能、生态的新路子，以人为本，实现生态宜居的需求。城市占全球温室气体排放的 80％，被公认为是能源消费的主要地区，而城镇化建设势必会带来新一轮碳排放的压力，因此城镇建设中基础设施、公共服务、生产生活等的全面生态化是必然需求。在知识经济时代，要想全面实现城镇的生态系统建设必须要依赖于先进的科学技术，以科技为驱动力，以科技为核心竞争力。其中，智慧交通、智能电网等的研究和应用是重要的组成部分。

1. 智慧交通

智慧交通是指将先进的智能监控技术、通信技术、控制技术、传感器技术、计算机以及网络和系统综合技术，有效地集成应用于整个交通运输管理体系，建立起一种在大范围内全方位发挥作用的实时、准确、高效的交通运输综合管理和控制系统[①]。智慧交通在道路综合服务、运输综合服务和交通指挥服务等方面都使用了高新技术。智慧交通主要包括如下内容。

第一，道路数据的采集和发布。需要采集的交通信息主要包括监测道路施工、道路通畅情况及汽车流量、气象信息、桥梁安全等；常见的采集手段有在道路出入口设置电子采集点，在交通要道和关键地点设置视频、拍照检测仪器。特别是近年来通信技术的发展，GPS车载导航仪为实时、动态采集车辆信息提供了便利。发布的方式则是电台、手机短信、互联网等平台来公开道路拥堵、交通事故、气候变化等相关的动态信息，促使交通合理分流。

第二，公共交通的公开化和智能化。主要包括应用互联网、电话查询、电子公告牌等方式提供长途客运、铁路、轨道交通、港口码头、出租车、自行车租赁等的班次信息、换乘时间、管理要求等；对多种交通工具的运行方向、速度、轨迹、意外状况、气候变化等进行动态监测，并提供车票、租赁等服务的网络、电话预订和购买。

第三，交通指挥服务。包括最佳线路引导、交通安全和紧急事故处理等，特别是对于公共交通可以根据实际客流量信息来调整车次信息。此外，还有助于管理部门及时应对交通拥堵和突发事故，科学调配道路信号、高效处理违法行为等。

智慧交通的核心是"智慧"，即给交通安装上大脑[②]，此举将使未来交

---

① 蔡翠．我国智慧交通发展的现状分析与建议［J］．公路交通科技（应用技术版），2013（6）：224～227.

② 孙怀义，王东强，刘斌．智慧交通的体系架构与发展思考［J］．自动化博览，2011，S1：28～31＋35.

通主要实现以下几方面的效益：一是公共交通信息的公开化使多元交通方式并举，为城镇居民日常出行提供便利，减少居民出行时间、减轻交通压力和环境压力。二是交通的实时监控和指挥是解决交通拥堵、减少交通事故的重要方法。三是智慧交通将管理重点从交通工具转移到城镇基础设施，进而提升了城镇的公共服务和管理效能。

2. 智能电网

智能电网是以物理电网为基础，将现代先进的传感测量技术、通信技术、信息技术、计算机技术和控制技术与物理电网高度集成而形成的新型电网。它以充分满足用户对电力的需求和优化资源配置，确保电力供应的安全性、可靠性和经济性，满足环保约束，保证电能质量，适应电力市场化发展等为目的，实现对用户可靠、经济、清洁、互动的电力供应和增值服务[①]。与传统电网相比，智能电网优势明显[②]（见表2－1）。

表2－1　传统电网与智能电网的区别

项目	传统电网	智能电网
通信	没有或单向	双向
与用户交互	很少	很多
仪表型式	机电的	数字的
运行与管理	人工的设备校核	远方监视
功率的提供与支持	集中发电	集中和分布式发电并存
潮流控制	有限的	普遍的
可靠性	倾向于故障和电力中断	自适应保护和孤岛化
供电恢复	人工的	自愈的
网状拓扑	辐射状的	网状的

① 张福生．物联网：开启全新生活的智能时代［M］．太原：山西人民出版社，2010.95.

② 余贻鑫，栾文鹏．智能电网［J］．电网与清洁能源，2009，25（1）：7～11.

智能电网建设和实施过程中要充分应用现代科技成果，不断在各方面开展研究。

第一，建设稳定、灵活的电网结构。我国水力、火力和清洁能源的分布与生产力布局很不平衡，电网结构必须能满足远距离、大规模输电和大范围资源优化配置，特高压输电是满足这一需求的核心。因此优化特高压和各级电网规划，做好衔接和协调至关重要。

第二，实时监视和决策处理系统。智能电网既要能随时识别出故障，还要提供相应解决方案，其中网络服务将扮演重要角色。

第三，精确的计量方式和供需双方互动体系。智能电网需要供给方明确知道用户的用电规律，从而良好平衡不同区域、产业的用电需求和供应。因此能远程监测、分户记录、分时计费的智能电表等计量方式成为关键。

第四，多种产电能源的接入和高级电力电子设备的应用。不同发电方式在不同时间内发电能力有所变化，易受天气变化的影响。因此，智能电网要考虑不同能源发电后电能的相互接入和高性能电力电子设备的应用，确保城镇内部电能供给稳定，特别是参照德国较为成熟的各地区、各储能设备间电能的转化和流通的技术[①②]。

建成智能电网后预期实现多重效益，一是它具备强大的资源优化配置能力。我国智能电网建成后，将实现大水电、大煤电、大核电、大规模可再生能源的跨区域、远距离、大容量、低损耗、高效率输送，区域间电力交换能力明显提升。二是它具备更高的安全稳定运行水平。电网的安全稳定性和供电可靠性将大幅提升，电网各级防线之间紧密协调，具备抵御突发性事件和严重故障的能力，能够有效避免大范围连锁故障的发生，显著提高供电可靠性，减少停电损失。

---

① 余贻鑫，栾文鹏．智能电网述评［J］．中国电机工程学报，2009（34）：1～8.

② 陈树勇，宋书芳，李兰欣，沈杰．智能电网技术综述［J］．电网技术，2009（8）：1～7.

从生态角度分析，智能电网建设对于应对全球气候变化，促进世界经济社会可持续发展具有重要作用。它能促进清洁能源、可持续新能源的开发利用，使清洁能源成为更加经济、高效、可靠的能源供给方式，减少温室气体排放，推动低碳经济发展。从社会角度来看，它也在一定程度上推动相关领域的技术创新，促进装备制造和信息通信等行业的技术升级，扩大就业，促进社会经济可持续发展。

三、科技驱动城市住区的生态化

城市住区是城市中生活居住用地的统称，是城市生态系统中生活功能最集中的表现。随着工业化和城镇化步伐的加快，人类面临的环境问题与日俱增，这便要求人类必须抛弃传统发展模式，走可持续发展之路。而随着城市人口的激增，交通拥挤、缺少绿化、环境恶化等问题日益严峻，使得城市住区的绿色化成为新时期城镇化发展的要求。自 20 世纪 80 年代以来，欧洲国家开始人居生活绿色化的研究与建设，并以城市生态住区建设入手，开展太阳能利用、建筑节能、屋顶植被与自然绿化的建设实践。近年来，我国少数经济发达地区也开展了生态住区的建设。城市住区的绿色化需要坚持以人为本、绿色低碳的理念，同时也需要运用各种新能源、废弃物处理、绿色建筑、网络智能、水循环现代技术，以此营造优美和谐的自然与人文居住环境。

生态社区既包括社区住宅、服务设施、环境等硬件系统，还包括社区管理与运行、社区文明等软件系统，而科技则是推动硬件系统和软件系统建设的重要力量。一方面，科技将推动交通、通信、供水、供电、供热、供气等社区物质、能量和信息输入输出系统的建设，还将为医疗卫生、邮政、商业等社区保障系统和文化娱乐休闲系统建设提供支撑。同时，社区居住环境的美化、净化、静化与绿化，以及社区住宅的建设均需要科技的支撑。另一方面，在一定的科技水平下，有助于社区管理信息系统的建设，促进社区的有效管理和运行。广州汇景生态小区、南京天泓社区、德国汉堡生态村、澳大利亚“四重地平线”住宅、日本“缩微地球”等案例提供了可资借鉴的经验。

1. 绿色建筑

绿色建筑是指在建筑的全寿命周期内，最大限度地节约资源（节能、节地、节水、节材）、保护环境和减少污染，为人们提供健康、适用和高效的使用空间，与自然和谐共生的建筑（《绿色建筑评价标准》GB/T 50378—2006）。绿色建筑对以人为本、与自然和谐的强调，使我们传统居住观念发生了新的变化（见图 2—5）。而一定的社会条件、技术因素决定了一定时期建筑的环境性能。绿色建筑离不开科技创新，表现在绿色建材的研发、信息技术的开发利用、拆卸技术与再利用技术、节能与环保技术[①]。

图 2—5 国外绿色屋顶结构

目前，我国绿色建筑重点和难点技术尚待突破，尚未形成符合地域特色和建筑功能的适宜技术体系，绿色建筑支撑能力不强。同时，科技创新将有助于降低建筑寿命期的环境危害程度，并达到减少成本以及实现有效的 HSE（健康、安全、环境）管理的目的[②]。近年来，我国各级部门组织实施了“绿色建筑关键技术研究”、“城镇人居环境改善与保障关键技术研

---

① 张曙林．绿色建筑的支撑——科技创新［OL］．［2006—08—31］．中国科技论文在线．http：//www. paper. edu. cn/releasepaper/content/200608—369.

② ［日］资源循环型住宅技术开发项目组．可持续性住宅建设［M］．陈滨译，北京：机械工业出版社，2005.

究”等一批国家科技支撑计划项目，在绿色建筑技术方面实现了重大和关键技术的突破，并逐步推广应用，为绿色建筑发展奠定了技术基础[①]。

2. **低碳建筑**

随着低碳经济和城市节能减排的兴起，低碳建筑成为城市社区发展的热点。从建筑全生命周期内物质流过程来看（见图2—6），包括进口环节（物质和能量的输入）、中间环节（物质和能量的使用）和出口环节（物质和能量的排放）[②]。在这三个环节中，主要包括新能源、可再生和洁净能源的使用，建筑能效的提升，以及城市环境建设和碳汇的增加。而在低碳建筑的三个环节中，零采暖设计、风帽设计（为建筑内部提供新鲜空气）、水资源循环利用、清洁能源利用、环保建筑材料使用等科技在低碳建筑中将得到广泛运用[③]。

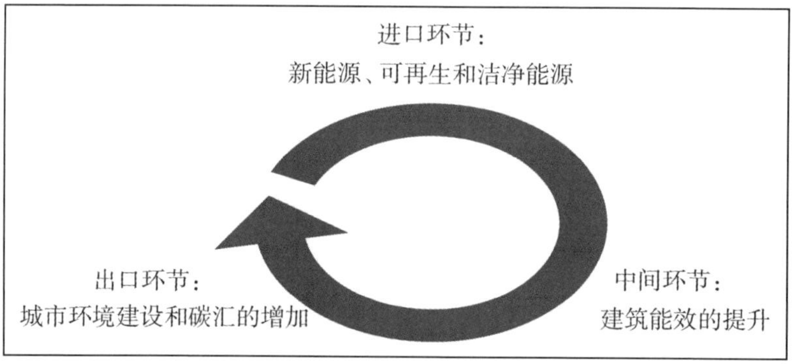

图2—6 建筑全生命周期内物质流过程

综合看来，科技为城市生态系统的建设起着重要的推动作用，为包括工业、农业、交通、运输、建筑、信息等在内的经济生态系统以及包括城

---

① 张建国，谷立静．我国绿色建筑发展现状、挑战及政策建议［J］．中国能源，2012，34（12）：19～24.

② 褚大建．低碳经济能成为新的经济增长点吗［V］．解放日报，2009—06—22.

③ 李景源，孙伟平，刘举科．中国生态城市建设发展报告2012［M］．北京：社会科学文献出版社，2012.193.

市居民社会经济文化活动等在内的社会生态系统提供了科技支撑。而科技对经济生态系统和社会生态系统的建设，通过环境净化、废弃物循环处理及综合利用技术，也将进一步减轻经济社会生活对环境的污染和压力，并改善城市生态环境质量，促进城市自然生态系统的保护与改善。城市生态系统建设是新型城镇化建设的重要内容，而根据科学发展、集约高效、功能完善、环境友好的新型城镇化要求，必然需要提升科技对新型城镇化建设的驱动作用。

第三章

科技驱动新型城镇化的类型

科技驱动新型城镇化的类型分为：科学城、智造城和现代科技综合城。其中，科学城以科学研究为重点，以高校和科研机构为主体，主要侧重于科学人才的培养和吸引，科技创新环境的打造，促进新型城镇化“内涵式”发展；智造城以科技创新为主要驱动力，强调高新技术产业的可持续发展和科技成果的多途径转化，具有产业创新体系高效、创新要素集聚、科技成果转化能力强、创新支撑环境优良的基本特征；科技综合城是科技驱动型新型城镇化的最高形态，是科学城和技术城的综合体，科技综合城将知识的生产与应用转化相结合，产业和城镇高度融合，具有强大的辐射服务能力和健全的城市综合功能。

发达国家城镇化驱动力的演化大致先后呈现出以下 5 种形态，即基于便利交通条件的商业与贸易推动型（中世纪到 17 世纪），基于资源禀赋、交通等区位条件的工业化驱动型（18 世纪末到 20 世纪中叶），基于后工业化时代的生产性服务业与都市制造业巨型城市（城市群/城市区域）型（20 世纪中叶到 20 世纪 70 年代初），逆城市化进程中的科技驱动的创新城镇/创新区域型（20 世纪 80 年代以来）。科技创新驱动的新型城镇（创新区域）的形成，一般是基于以下 5 大共同的创新区位条件，即优美的生态环境、便利的交通条件与基础设施、自由活跃的文化氛围、强大的科研基础、高效的技术转化与扩散机制等。建设科技创新驱动的新型城镇，已经成为全球化、信息化时代全球发达国家与新兴经济体发展知识经济的关键载体，重塑全球竞争力、保持经济与技术优势的桥头堡。

科技驱动的新型城镇（创新区域）因各自目标定位、发展路径、发展水平、区域功能等而有所不同，大致可以归纳为科学城、智造城和现代科技综合城三大类型。

第一节 科学城

科学城是科研机构和高等学府的集结地，是以研发和知识创新为主，兼具高技术生产、服务功能的空间载体，是科技驱动下的新型城镇化的表现形式之一。科学城并不是学术研究部门的简单聚集，它实现了知识创新、咨询、科研人员输送、持续教育等职能。纵观全球科学城，基于不同的视角可将其划分为不同的类型。从科学城内部知识研发和创新的类别来看，科学城分为以开展基础研究为主的科学城和以发展高新技术及其产业为主的科学城。从科学城建设和发展的初衷来看，科学城分为“区域振兴型”科学城和“区域均衡型”科学城。“区域振兴型”科学城以科学城的建设和发展为渠道，通过知识的外溢和区域创新系统的建立实现振兴区域发展的目标，以俄罗斯斯科尔科沃创新中心为代表。而“区域均衡型”科学城多以大都市卫星城的形式存在来实现区域的均衡发展，以日本筑波科学城为代表。从科学城的发展路径来看，科学城可分为科学园、科学城、综合城，即从雏形期到成长期到成熟期的过程。

科学城作为新型城市功能载体，着眼于以科技为先导的城市/镇功能定位，是新型城镇化发展的重要力量。随着全球化浪潮的推进，科技驱动的科学城表现出不同于传统的城镇化新特征，主要表现在以下三个方面。

一、显著的科技要素吸聚能力

科学城集大学、研究机构、高素质人才、高质量场所和基础设施、先进技术于一身，融合商业功能、服务功能、文化功能等，通过不断创造具有独创性、尖端性的研究成果，运用其科学技术、知识的聚集优势，从而成为科学技术的枢纽[①]。科学城作为研发和人才高地，在大量吸引周边乃至全国、全球的知识要素的同时，不断演化并通过涓滴效应服务于周边地区。在功能地位上，科学城是科学引领示范的先锋，因孕育创新知识、创新文化、创新人才、科学成果成为科技创新和研发的“孵化器”，对未来社会发展、科技创新起着典范和导向作用。在人才培养上，科学城能有效吸引国际专业人才和当地人才，并创造良好的发展环境，从而推进了在全球范围内具有竞争力的新知识的研发和产出。科学城表现出科研体系的灵活性、学科的广泛交叉性、自然科学和人文科学的融合性、研究网络的国际化等特点。

科学城在空间表现形式上，主要分为中央智力区、近郊科技园和远郊科学城三种类型。中央智力区以知识创造和研发转化为核心，各类支持、配套、衍生要素高度集聚组合，同中央商务区形成无缝沟通，是金融服务支撑科技创建的关键交集。近郊科技园作为创新功能的载体在强调研发、生产创新的同时，更加注重园区与城市的融合。远郊科学城作为学习、研发、生产等多功能的创新综合体，涉及与大学城和高新区的互动融合，以美国硅谷为典型[②]。不论是何种形式，科学城凭借其科学的引领示范作用

---

① 白雪洁，庞瑞芝，王迎军．论日本筑波科学城的再创发展对我国高新区的启示［J］．中国科技论坛，2008（9）：135～139.

② 屠启宇．“十二五”期间上海应围绕创新型城市建设进行战略空间部署［R］．科技发展研究，2010（10）．

和高端人才的发展，通过知识和创新要素的集聚效应成为全国乃是全世界的“智库”。

瑞典西斯塔模式值得借鉴。瑞典西斯塔是世界上最具创新活力的地区之一，其地位仅次于美国硅谷①。从20世纪70年代开始，瑞典西斯塔ICT产业集群由基于自然资源优势的专业化生产转向以高科技产业为出口导向的多元化生产，并于20世纪70年代实现了从科学园到科学城的过渡，经历了从地方化发展到全球化发展的发展路径演化过程，成为全球科技要素的吸聚中心之一。目前，该科学城已吸引来自全球1100多家信息通信企业。预计到2020年，该区将建成功能和设施齐全、信息通信产业高度发达的科学城。一方面，基于地方知识根植性所引致的知识扩散和重塑使得大批跨国公司在瑞典西斯塔内集聚，主要以诺基亚、微软、惠普、英特尔、Apple、Racle、Sun等大型跨国公司为代表。另一方面，科学城内人才的高流动率使得瑞典西斯塔实现了人才边界的跨越，从而实现了科学城的人才集聚功能。根据2010年西斯塔科学城官方统计资料显示，科学城内共有4771家公司，67172名科研和技术人员，其中信息通信领域有1100多家公司，23699员工。这些员工约41%来自欧盟，6%来自美国，88%拥有博士学位。即使在金融危机期间，城内入驻企业数量及人才数量仍分别以8.7%和2.8%的速度增长。此外，瑞典皇家理工学院信息通信学院在这里有6000余名学生。

二、强大的科技创新能力

科学城并不简单地表现为高等院校、研发机构及相关硬件设施的功能聚合，还包含了知识溢出、创新机制与创新文化等多种属性。Cooke认为，由地理上相互分工与关联的生产企业、研究机构和高等教育机构等构成的

① 秦岩，杜德斌，代志鹏．从科学园到科学城：瑞典西斯塔ICT产业集群的演进及其功能提升［J］．科技进步与对策，2008（5）：72～75.

区域创新系统支持并产生创新①。而科学城在发展的过程中，形成了以大学、科研院校、企业研发中心等组成的区域创新系统，它们之间的交互作用，实现了由传统的侧重数量关注要素集聚的外延式城镇化向重视强调创新和效益提升的内涵式城镇化转变。

大学、研究机构、企业的研发中心、人才等构成的创新主体，是科学城创新活动的能动要素（见图3－1）；而以基础设施、信息网络、技术、资金等为代表的创新资源及其相关的创新制度和文化是科学城创新体系的基础和保障。创新主体、创新资源、创新制度与创新文化共同作用，协调互动，有机配合，形成科学城内的自我平衡发展机制，推动科学城形成持续创新能力。

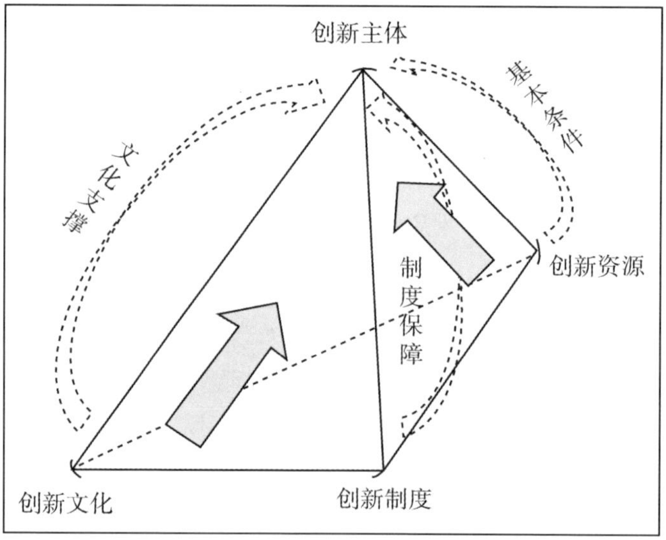

图3－1　科学城内部创新要素构成图

（资料来源：根据杨冬梅、赵黎明、闫凌州的创新型城市内部创新要素构成图绘制）

创新来自密集的学习。科学城内丰富的学习和科研资源能够不断地刺激创新，通过自身创新能力的释放在城镇内部产生规模经济效益，发挥知

① 冯惠玲．档案管理学［M］．北京：中国人民大学出版社，1999.

识外溢作用；通过高技术区、信息网络（因特网）、创新网络（研究型大学与科研院等）、机制网络（区域之间组织与协作网络）、智能走廊、智能区域多种构成要素传播[①]，在城市内、外部产生辐射效应，成为城市创新的动力源泉。知识外溢伴随的知识流动过程，不仅仅是一个“复杂的副本式”的复制，而是围绕原初创新展开的一系列二次创新。这些二次创新将完善原始创新，从而实现创新的内生增长。科学城作为创新源由此成为全国乃至全球创新网络的重要节点。它与创新网络中其他节点的互动耦合能够强化知识的流动，使得科学城一跃成为区域内的创新“引擎”。

专栏 3—1：解读美国波士顿地区中央智力区——坎布里奇市

美国波士顿坎布里奇市（Cambridge）经历了从一个功能简单的大学城逐步转变为波士顿地区的中央智力区的过程。它是波士顿地区的创新和发展的重要支撑力量，在空间上成为承担创新功能的城市空间载体。

一、创新要素的高度集聚，重塑城市发展的驱动力。从创新主体上看，20 世纪 80 年代以来，哈佛大学、麻省理工学院的高校科研力量和相关企业资源成为美国波士顿坎布里奇市创新的重要源头。MIT 校友在本地创办的上千家企业占据了大波士顿全行业的 60%。而这种强大的创新活力，吸引和促进了金融业的发展。此外，MIT 在马萨诸塞州的本地关联企业超过 1000 家，销售额达到 530 亿美元。科研院校由此成为集聚创新要素的重要力量，塑造了科学城的创新驱动力。

二、创新知识的导向作用，加速创新文化的构建。坎布里奇拥有大波士顿都市区密度最高的文化设施，拥有图书馆 20 余家、博物馆十几家以及大批的科学人文出版社和杂志社。加之，每年大量的学术论坛会议的召开和文化艺术节庆的举办，塑造了城内独有的研究创新文化环境。

① 吕拉昌，李勇．基于城市创新职能的中国创新城市空间体系［J］．地理学报，2010（2）：177～190.

三、发展社会组织，推进创新活动的制度环境。坎布里奇区域范围内形成了以麻省技术领导委员会（Mass Tech Leadership Council）、麻州发展公司（Mass Development）、多切斯特海湾经济发展公司（Dorchester Bay Economic Development Corporation），以及麻州港务协会、麻州经济技术咨询委员会为代表的社会组织，致力于波士顿高科技产业的发展，且在将坎布里奇学科优势转化为产业优势方面表现尤为突出。这些社会组织中，麻省技术领导委员会是企业行业协会性质的社会组织，大部分会员企业是从事新兴互联网服务的行业领先者，委员会通过举办研讨会的方式便利企业家之间沟通，并具有识别新兴技术、资助研发教育活动和游说国会相关立法等功能。

四、创新发展规划的前瞻性，形成创新发展的内生动力。近年来，波士顿地区提出三大战略措施，支持知识经济和创新活动的发展，直接为坎布里奇的创新发展提供了重要支撑。

其一，波士顿 1/3 计划（One in three Boston），敦促政府重视占到波士顿地区 1/3 人口的 20 岁至 34 岁年轻成人群体，涉及居住、教育、医疗、娱乐等方面的设施及相关政策信息。其二，波士顿后街计划（Back Streets），致力于解决中小企业发展所需的土地空间选址规划问题。此外还资助企业培训员工和建立网络联系、帮助升级关键的基础设施等。其三，波士顿生物科技计划（Life Tech. Boston），为充分利用丰富的教育、医药、制造资源引导生物科技产业发展，设立了较为完善的计划体系，涵盖了从种子期的投资、租金补贴至扩张期的低息贷款、新址审批建设的金融资助和服务体系。

五、高素质的创新人才，构建了创新的可持续发展。坎布里奇市有常住人口 12 万人，其中居民 10 万人（2000 年人口普查数据），其中直接受雇于哈佛和麻省理工（MIT）的近 2 万人，院校学生 20730 人（2008 年数据），70%的居民（25 岁以上）受过高等教育。尤其是以哈佛大学和麻省理工学院这两所世界名牌大学向坎布里奇市输送了来自不同国家的高素质创新人才，构建了科学城内可持续发展动力。

三、高效的生态发展模式

城市（镇）的发展包括两个方面的内容：一方面是城市（镇）的外延性发展过程；另一方面是城市（镇）内涵性发展过程①。人地协调共生是人类发展始终追求的目标，而科技创新驱动的科学城通过驱动力的转化实现了新型城镇化的内涵式发展，实现了人地和谐，成为名副其实的生态"氧吧"。事实上，城镇化与生态环境是一种相互作用、交互耦合的关系，并表现为相互影响的非线性关系②。科学城通过有效协调城镇化进程与生态文明之间的耦合度，采用低污染、高效能的生产方式，使得生态环境和城镇化发展取得共赢，并演化成与生态环境相互协调、相互融合共同构成一个高效的复合生态系统。因此，基于新型城镇化内涵式发展的生态文明路径下的科学城发展，通过解决城镇化与自然生态系统的冲突，表现出以城乡统筹、城乡一体、节约集约、生态宜居、和谐发展的基本特征。

从科学城内部来看，主要以大学和研究机构为主体，从事高端技术研发和新知识的生产，具有"经济效益高、资源消耗低、环境污染少"的技术基础与物质基础，通过创新驱动力实现自身的生态城镇化。由于科技水平高和城内高科技基础设施较为完善，新型城镇化对区域生态环境人均负荷逐渐减小，总体上科学城的建设与生态环境正在走向协调。与此同时，以研发创新为核心的科学城将在空间上产生扩散效应，形成良好的工作环境、宜居的生活环境、完善的消费环境，从而实现"人的城镇化"。此外，科学城内部的创新有利于转变人们的思维方式与生态价值观念，高素质的人才环境奠定了城内生态文化形态，使得生态发展得到良性循环。因此，创新作为生态城市的内在要求，是新型城镇化生态文明建设目标能够实现

---

① 杨冬梅，赵黎明，闫凌州．创新型城市：概念模型与发展模式［J］．科学学与科学技术管理，2006（8）：97～101.

② 黄金川，方创琳．城市化与生态环境交互耦合机制与规律性分析［J］．地理研究，2003，22（2）：211～220.

的前提，而科学城的创新源的特性加快了新型城镇生态文明建设的步伐，是生态文明建设的新生力量。

专栏3—2：美国尔湾市第五代城市（生态科学城）建设的探索

第五代城市，是指倡导生态环境、人类生活与经济增长的和谐与共赢，为科技产业、生活工作创造适宜的城市环境，着力强调城市的生态化。位于美国加利福尼亚州西南的尔湾市是目前被公认的第五代城市。

尔湾市优质的城市环境及教育资源吸引了从研发中心、地区总部到集团总部等知名跨国企业机构，尔湾也因此得到了“第二硅谷”的美名。尔湾的高科技产业领域宽广，细分领域涵盖了半导体、无线通信、生物制药、电脑游戏和汽车设计等多个领域，形成多元化的产业集群。尔湾市在发展历程中不断追求发展成为经济增长、社会发展与生态环境和谐共存的生态化科学城。

尔湾市第五代城市的建设历经四个阶段：由“尔湾”公司负责运营的农牧场经营阶段（1860—1959年）。“大学社区”规划阶段（20世纪60年代）。尔湾公司的规划者和加州大学共同规划了容纳5万人口的生态城市，并采取了包括在社区中预留大规模的开放空间和保护区等诸多开发手段，为后续城市保持生态发展奠定了重要基础。工业区与社区的共同规划与发展阶段（1970—2000年）。1970年西尔湾工业区（现称“尔湾商业区”）开始对外招商，龟岩、大学公园、牧场、核桃及Culverdale等住宅区陆续在加州校区周围建成。第五代城市建设阶段（2001年至今）。

尔湾市城市建设的经验是：一是注重以高科技产业为主导，带动多元化产业发展。大量知名企业将其北美总部或产品研发设计中心迁至尔湾，形成了以高科技产业为主导，高端服务业为支撑，汽车产业、物流、服装业等传统产业相辅的发展格局。二是尊重自然环境的生态空间格局，以可持续发展原则指导城市规划建设。尔湾在规划设计之初，保留了自然水系、湿地和原始植被，构筑以多级水系和绿色网络为骨架的复合生态系统，并结合遍布城市中的100多个公园和人工湖泊，建设广阔覆盖的绿廊系统，为居民提供多样化水上活动。三是注重教育服务。尔湾统一学区（IUSD）是美国最佳教育系统之一，拥有22个小学、5个初中、4个全面高中和一个继续教育高中，学生近3万人。学校提供创新的教育计划、开放的教学环境、团队合作教学模式和优秀的社区合作。尔湾学生在学术、艺术和体育等学科各项成绩及获奖总数都远超过州和国家的平均水平。

第二节 智　造　城

智造城依托强大的智力支持和集聚的创新要素，以科学技术开发与转化能力为动力，主打高科技产业和先进制造业，配套发展高科技第三产业，逐步发展成为具备高质量的城市生态环境和城市基础设施，高效率的区域创新环境的科技驱动型新型城镇。在增强城镇可持续创新发展能力的同时，也推动着城镇从增长极/创新极向创新型区域演化，重塑着所在城市的竞争优势。

智造城是科技驱动新型城镇化的第二种城镇化类型。从字面意思来看，“智”与“造”是智造城最重要的两个特征：“智”主要体现在集聚的智力要素和创新要素、强大的学习和研发能力；“造”主要体现在卓越的科技成果转化能力、高度密集的高新技术产业和发达的高端加工制造业。与科学城的含义稍有不同，智造城较偏重于“造”的内容，通俗来讲就是“凭借智力来制造”，强调科技成果转化和高端制造能力。智造城拥有高度集聚的创新要素、完善的产业创新体系以及多样化的创新成果产业化途径。美国128公路沿线区，中国台湾新竹、上海张江高科技园区等便是此类城镇的典型代表。

智造城以科技创新为主要驱动力，强调高新技术产业的可持续发展和科技成果的多途径转化，通过优越的地理区位和创新环境吸引全球创新要素集聚于此。在各项管理制度和政策措施相继出台的情况下，高科技人才和高新技术产业不断集聚发展，城市基础设施得到完善，自然生态环境持续改观，高校和科研院所的进入带来了全新的文化氛围，特定区域内的城市空间结构和城市景观也发生了显著的变化，新型城镇化效应初现。与此同时，这一新的增长极将带动和促进周边地区的发展，逐步与周边城镇联结并整合在一起，以统筹协调的发展态势不断扩大新型城镇化的规模和效应。

由于我国城镇发展水平的初始条件及户籍制度的历史原因，使得大多数地区的城镇化发展在很大程度上延续着旧有路径的沿革。然而随着全球化的不断深入及我国综合国力的显著提升，一些沿海发达城镇在向成熟期迈进的阶段性转换过程中，出现了不同的发展路径模式。依靠创新和科技驱动发展起来的智造城有别于传统的城镇演进模式，它更加强调创新发展效应。基于高新技术产业发展而兴建的新型智造城不断集聚创新要素，逐步培育起完备高效的产业创新体系，依靠产—学—研一体化的优势，释放出强劲的科技成果转化能量，同时良好的自然生态、政策法规和创新文化的软硬环境，也为智造城的发展和演变奠定了基础。

智造城具备如下基本特征。

一、完备的产业创新体系

随着技术的进步和经济的发展，经济增长的主要依靠力量已从资源禀赋转为创新能力，产业竞争力的最终表现主要体现为产业的创新能力，而创新能力的高低又取决于整个产业创新体系的运行效果[①]。智造城制造为主、“智”“造”结合的特殊性凸显了产业创新体系的重要性，只有具备完

---

① 龚莎．西藏藏药产业创新体系研究［D］．西安交通大学，2006.

善高效的产业创新体系，才能推动地区产业规模的扩大、产业结构的优化和发展方式的转型，才能保持产业旺盛的生命力和持久的竞争力。与此同时，也能够聚集更多的创新要素，优化环境要素，在规模经济的带动下促进专业化分工，提升区域生产效率和劳动产出率，实现区域经济的可持续发展。

新型智造城以科技驱动、创新引领的方式带动整个产业创新体系的发展，发挥其在产—学—研互动过程中的关键作用，以产业体系发展来指引科学研发和技术创新的前进方向。产业创新体系的联系功能，使得企业和其他各创新活动参与者融为一体，以技术创新为核心形成集成创新能力，使创新活动个体的创新成本降低，效益最大化，由此推动产业内新技术或新知识的产生、流动、更新和转化。在高新技术产业和高端先进制造业高速发展的带动下，科技人员、高端人才、技术和金融资本会争相涌入特定区域内，这将导致区域创新要素的迅速聚集。这反过来就要求地区基础设施必须得到进一步完善，区域人才环境和投资管理环境得到进一步加强，相应的体制机制和法律法规得到进一步健全，城市空间形态也不断被塑造，最终实现科技驱动新型城镇化的发展。

发展完备高效的产业创新体系，需要具备一定的加工制造业基础。只有在加工制造业较为发达的地区，才能发展成为智造城。本地产业体系在全球生产网络中不断向价值链高端攀升的同时，技术水平和科技实力不断增强，产业创新体系中所蕴含的科技驱动力愈发显露，各创新要素和创新环境也随之发生显著改变，最终推动城市向新的层级发展。因此在科技驱动型智造城发展的初级阶段，只有具备一定的加工制造业基础，才能发展出完善高效的产业创新体系，也只有完备高效的产业创新体系，才能对科技驱动新型城镇化的未来发展奠定基础。

二、高度集聚的创新要素

集聚大量的创新要素是科技驱动新型城镇化的关键所在，也是智造城发展的必经之路。依靠科技和创新为主要驱动力，吸引创新要素不断在特定的区域范围内集聚，并吸引国内外有名的高科技产业、大学及研究机构、风险资本公司等中介机构纷纷入驻，促使人才、资金和技术等要素的协同配置日趋合理。与此同时，逐步优化的自然、投资和创新环境也留住了大量国内外高端人才，风险投资和金融机构云集，大学、科研院所和中介机构等创新主体也逐步融入产业创新体系，高度集聚的创新要素为新型城镇的发展提供了各种资源。

当然，“智造”一体化的智造城在创新要素集聚方面有别于其他类型的科技驱动型城镇。

第一，智造城的发展比科学城更依赖于应用型人才和其他类型人才的引进和培养。科学城主要从事新知识生产、高端技术研发等基础性研究，其所需的人才也较倾向于大学、科研院所和企业的研发人员。然而在智造城的发展过程中，不仅需要从事基础研究的科学人才，同时也需要精通应用技术、管理、组织、金融、营销等多方面的高端人才。这种门槛要求使得智造城在形成和发展的过程当中需要吸引并留住各方面的人才。

第二，作为高端加工制造和高新技术产业的集聚区域。智造城会涉及一系列将科学研究成果转化为新产品、新工艺、新材料的试验、开发、应用、推广过程，而这些过程需要更有力的资金支持和更多的风险投资和金融服务。特别是一些科技创新型小企业，在企业初创阶段进行产品研发和高新技术成果转化时，需要更多的资金要素支撑，因此智造城的产生和发展需要更多的资金要素。

第三，技术要素附着或渗透于实体性生产因素上，通过改善实体生产要素的性质来发挥作用。这些技术要素很少出现在以基础研究为主的科学城内，但对高新技术行业和先进加工制造业的科技成果实现产业化发展至关重要。技术要素的输入一般通过外商直接投资、技术和成套设备进口等方式实现，而技术要素的自主创新则通过研发、项目合作等方式达到。

专栏 3－3：美国 128 公路地区高度集聚的创新要素

128 公路是美国马萨诸塞州波士顿市的一条半环形公路。128 公路修建于 1951 年，距波士顿市区约 16 千米。由于 128 公路的出现，给两侧林地带来了现代高技术的繁荣。现在这里已聚集了数以千计的从事高技术研究、发展和生产的机构和公司，形成了闻名世界的电子工业中心。波士顿地区的高技术工业，从 1971 年的 39 家公司发展到现在的 1200 多家，其中有诸如王安公司、数字设备公司、数据通用公司、文字处理和微型计算机公司等著名公司。

同时，该地区有极为丰富的科技资源。仅波士顿就有 100 多个研究机构、65 所高等院校，数以万计的大学教授、在校学生和研究人员实现了创业、教育、科研的"三不误"。该区域内技术入股、公司兼职蔚然成风。马萨诸塞州也拥有 120 多所高等院校和不计其数的科研机构，声望很高的麻省理工学院、哈佛大学、波士顿大学也坐落于此。

除此之外，金融资本要素特别是风险投资也促成了 128 公路地区高科技产业的发展。波士顿金融服务业非常发达，占全美金融服务的 27%，风险资本投资居全美第二。波士顿地区的富达国际投资公司（fidelity investment）是美国最大的共同基金公司，而设在马萨诸塞州的 CMGI 也设立了一个新的风险投资集团@Venture，紧盯着 128 公路地区的新兴科技公司。

［参考资料：袁正光等．现代科学技术词典（试行本）［M］．北京：科学出版社，1994．23～24．］

在产业化带动城镇化发展的初期阶段，各创新要素（人才、资金等）也逐步汇聚和依附于先进加工制造业和高新技术产业。加工制造业保障了智造城的发展具备"造"的基础，而各创新要素的集聚则把制造的功能提到了更高的层级——"智造"。因此在智造城发展的中期阶段，各创新要素在已有产业体系的基础之上，加强了科技创新的驱动力量，深化了先进加工制造业和高新技术产业的能级，对科技驱动型智造城的发展起到了承上启下的关键作用。

三、强大的科技成果转化能力

当今许多富有竞争力和创新潜力的发达地区都具备了完备的中介服务机构和多样化的科技成果产业化途径。强大的科技成果转化能力是实现产—学—研一体化的基本保障，若没有这样一条实现科技和经济相关联的桥梁，那么再多的科学和技术成果也只能存在于教科书中而无法实现产业化，也无法推动区域经济的发展并造福社会。只有以市场为导向，将大学和科研机构的基础性研究与企业的生产制造活动有效结合起来，通过多样化的科技成果转化途径，才能达到科技研发推动经济发展目的。

在科学和技术成果高度产业化的智造城内，科学研究、技术创新的成果不再是悬挂在象牙塔内的宝物，而是可以通过不同的形式向社会各界展示的准公共产品，尤其是给企业提供创新发展支撑。在强大的资金支撑和人才智力支持的情况下，企业或研究机构的人员能够实现开发理念与市场的对接，缩短技术成果市场化的时间，并获得种子融资。政府借此可以促进产业技术升级和结构调整，解决区域经济发展和社会公益性的重大技术问题。通过重大关键技术的突破、引进技术的消化吸收再创新、高新技术的应用及产业化，为产业创新体系的完善、社会可持续发展和人民生活质量的提高提供技术支撑。一些中介组织和孵化器为研究人员及在读大学生提供免费使用的研发基础设施，并有来自企业的专业人士给予指导，相互之间的交流和合作也促进了“智”与“造”的完美结合。

在智造城发展的末期阶段，产业创新体系日益完备，创新要素的集聚度达到了顶峰。区域经济的后续发展迫切需要强大的科技转化能力将区域内的知识资本和知识存量转变为实实在在的经济福祉，实现知识和科技的产业化和市场化。如果没有最后一个阶段的转化和应用，那么智造城将无法从科学城完全蜕变出来。因此在科技驱动智造城的末期阶段，强大的科技成果转化能力将是城镇化进程的主要驱动力，产业化和市场化将带来繁荣的科技社区和经济商圈，最终形成智造城。

四、优良的创新支撑环境

创新支撑环境是科技创新和研发活动赖以生存和发展的物理空间和社会空间，它影响和制约着创新活动①。创新环境的建设是经济发展尤其是高新技术产业发展的关键内容。只有形成鼓励和保护科技创新的综合环境，才能保证高新技术产业和智造城的发展具有强大的内在动力。从全球来看，凡是高新技术产业蓬勃发展的国家和地区，科技创新环境都较为完善。受科技驱动影响和创新的要求，智造城的持续发展和竞争力提升同样离不开良好的创新环境。这种良好的创新环境不仅体现在诸如政策、制度、文化等软环境上，也体现在自然、生态、区位、基础设施等硬环境上。

1. 具有鼓励创新、利于创新的软环境是智造城形成和发展的环境要素之一

在这一点主要体现在：一是受科学技术和创新驱动而发展起来的智造城离不开政府对科技创新环境建设的引导和扶持，也离不开切实可行的、具有可操作性的优惠政策措施。二是科技创新是一项风险性较大的合法性活动，除了依托强大的资金和金融支持外，也少不了健全高效的法律法规体系，尤其是对知识产权的保护力度。一系列有关技术交易、知识资本评估、技术保密、科技人员持股的法律法规需要不断完善。三是一大批企业孵化器培育了许多富有竞争力和创新潜能的中小科技型企业，中介机构活跃于企业、大学、研究机构和政府之间，促进科技与经济的结合。创新服务网络和公共信息服务平台实现了各创新主体间的信息沟通和资源共享，推动了技术创新和科技成果的转化，对振兴区域经济、形成新的经济增长点起到了巨大的促进作用。四是区域内存在的一种能够充分发挥人的创造力的体制和文化，造就了创业者持续生长的栖

---

① 李婷，董慧芹．科技创新环境评价指标体系的探讨［J］．中国科技论坛，2005（4）：30～31＋36.

息地和环境。科技驱动城镇化的发展不仅需要产业的依托和创新要素的集聚，更需要创新文化的有力支持。这种创新文化是具有区域个性的创新信念和创新行为准则，它对科技创新有着持续、全面的推动作用。五是拥有一套能够提高科技成果转化效率、缩减创新和研发成本的精简的体制机制也是智造城所需要的，其科技驱动的内在要求就已经规定了创新活动必须是高效、低成本的。

2. 具有自然风光优美、生态宜居、通信便捷的硬环境是智造城形成和发展的另一环境要素

区域内的科技创新活动离不开现实世界的物理空间，特别是具备主观能动和意识情感的人类更是生活在这片创新热土之上，一个良好的自然和生活环境能够舒适人们的身心，释放人们的压力，让创新之本——人才——在恬静安逸的氛围中充分发挥自身的才智。同时，大量的人口和产业集聚会迫切需求区域内的基础设施和通信交通不断得到完善；不断完善的硬环境反过来也会吸引和留住更多的科技人才、高新技术企业、科研机构、大学、金融和中介机构。高层次的生活配套设施为智造城的发展营造出了特色化的生活空间，满足了科技人员进行创新活动时所需的多层次要求，进而实现了硬环境对智造城发展的有力支持。

创新环境不能单独对智造城的发展起作用，而是需要渗透进各创新要素和系统之中才能发挥作用。区域创新环境对区域内企业集聚的发生具有强大的作用，企业的集聚又能够带来人才、资金等其他创新要素的集聚。主要行为主体通过相互之间的协同作用和集体学习过程，可以建立起复杂的正式和非正式社会联系，产业创新体系通过这些正式和非正式的联系能够更好地发挥自身的作用。特别是在国内特殊环境下，智造城的初期发展需要政策软环境和基础设施硬环境的强有力支持。在智造城发展的任何阶段，都不能缺少优良环境的支撑。虽然，随着产业创新体系的逐渐完善，科技成果转化能力不断加强，环境的支持作用也会相对减弱，但仍发挥着重要的作用。

专栏 3—4：台湾新竹科技工业园区良好的创新创业环境

台湾新竹科技工业园区具有较为优越的地理区位，及内在创新要素优势。首先是自然环境优美，园区建在台湾著名的风景区内，地势平坦、气候宜人。其次是交通便利，有陆（铁路、高速公路）、海、空立体交通网络。再次，这里有台湾众多著名高校和科研机构聚集。最后，园区附近有电子、电机、玻璃、纺织及石化等较好的工业基础。台湾新竹科技产业园以这些优势为依托，大力承接国际产业转移并大力吸引国外人才的集聚，发展外向型经济。

为了鼓励园区厂商进行研究和开发新产品，新竹园区管理部门每年评选创新产品奖、研发成效奖，并提供“科技园区创新技术研究发展计划奖”和“研究开发关键零组件及产品计划奖”。同时在鼓励创业方面，园区营造了良好的服务体系，按照“厂商服务，区内完成”原则，在园区内设立了简单、高效的管理方式以及全方位、多功能的支撑配套服务体系，为投资者和创业者营造了良好的环境和发展氛围。

第三节
现代科技综合城

现代科技综合城是科技驱动新型城镇化的最高形态，是全球知识经济时代创新驱动的社会经济发展的典范。

科技驱动的现代科技综合城拥有最有利于创新的区位条件。当前，全球范围内的创新区位高度集聚，在空间格局上呈现出明显的钉子状。就此而言，创新最常源于集中了以下四大要素的地区：专业的投资者、高水平的研究型大学、富有活力的创新创业企业以及众多喜欢尝试新事物的工程人员和科学家[①]。科技驱动的现代综合城就是在这样一些地方兴起的，一般是基于大学城、科学园、科技工业园等发展而来，这些又被一些学者称为第三代科学园。由第三代科学园发展而成的现代科技综合城，虽然建设模式各有不同，如联盟驱动型、大学驱动型、企业驱动型、集群驱动型等，但都具有一些共同的关键性结构要素：一是具有扎根本地、影响全球的科学园，成为塑造城市形象和品牌的关键载体。园区内的企业对其市场无地理界线并日益致力于国际贸易，很多入驻的外资企业也将园区作为其海外基地。二是园区成为城市社区的有机组成部分，注重以人为本和环境友好的生活社区，尤其是科技人文气息浓郁的高技术社区规划与建设，规划师、建筑师与在此地及附近工作、生活的人们共同决定社区布局和建设。三是拥有健康的业态与投资机会，引领新兴产业、原创产业、服务经济的发展，企业融资便利。四是大学在城市运行中发挥着关键作用。园区是大学活动的内在组成部分，影响着大学的课程设置、科研活动、毕业生就业模式等。科学研究不断衍生出众多成长性企业。五是具有多重尺度的网络性。在全球、全国、区域等不同空间尺度上，搭建网络和联系平台，并定期进行规范化、科学化评估，这是园区的基本功能之一。由此为相关主体提供最多、最优、最新的发展机遇。六是聚焦于园区内入驻企业的需求，在提供优良的基础设施的同时，创造健全有力的配套支持体系，企业与园区间高度互信[②]。

科技驱动的现代综合城的基本特征可以归纳为以下四个方面。

一、发达的区域创新体系

发达的区域创新体系的形成是科技驱动的现代综合城的内核。区域创新体系，强调区域内的经济主体及其关系（包括与国家机构、公共或私人跨国机构间的互动）的中心作用，将企业、大学、研发实验室以及区域公

---

① G. 帕斯卡·圣扎迦利．创新的世界地理格局［J］．创新能力的根基．2009（11）．

② John Allen. Third Generation Science Parks［R］. www. manchestersciencepark. co. uk.

共机构视为基本要素（Cooke，2001）[①]，并形成了知识应用和开发（知识应用）子系统、知识产生和扩散（知识创造）子系统。前者主要由企业及其垂直供应链网络所占据，后者则主要由高校、公共研究机构组成（Cooke，2000）[②]。两大子系统有机互动，并与全球、全国及其他区域的新知识转化系统相链接（Cooke，2004）[③]，不断实现创新（见图3—2）。

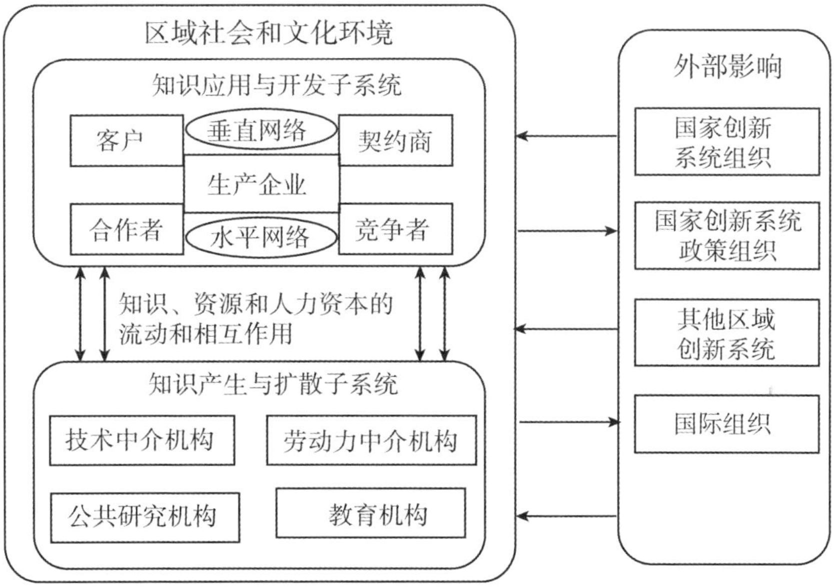

图3—2 区域创新体系组成结构

［资料来源：根据Cooke（2002）[④] 绘制］

虽然政府可以人为地构建区域创新体系，但当前成功的现代科技综合

---

① Cooke P. Regional innovation systems，clusters and the knowledge economy［J］. Industrial and Corporate Change，2001（10）：945～974.

② Cooke P.，Boekholt. P. and Todtling，F. The Governance of Innovation in Europe［M］，London：Pinter. 2000.

③ Cooke P.，Heidenreich M. and Braczyk H. J. Regional Innovation Systems. The Role of Governance in a Globalized World［M］，Edn. Routledge，London，2nd，2004.

④ Cooke P. Biotechnology Clusters as Regional，Sectoral Innovation Systems［J］. International Regional Science Review，2002，25（1）：8～37.

城区域创新体系的形成，基本上是基于创新区位优势由市场自发演化而来的。当然政府也通过基础设施供给、政府采购、设立公共研发机构、提供研发资助等方式，推动了区域创新体系的完善，如美国的硅谷、芬兰的奥卢市等。

以芬兰的奥卢市为例。芬兰的奥卢市奥卢科技园（1982年成立）是斯堪的纳维亚半岛的第一个科技园，也是欧洲客户数量最多的技术中心。由于芬兰科技公司运营的奥卢科技园的大发展，一举将奥卢市建设成为具有全球影响力的现代科技综合城。21世纪初，奥卢成为芬兰第二个最重要的信息与通信技术及软件工业中心，其区域创新体系的构建也是由企业驱动的，其中诺基亚公司及其所形成的产业集群功不可没。1972年，诺基亚公司在奥卢成立诺基亚电子公司。它根据芬兰军方的需要，基于美国技术授权开始生产军用无线电设备，并在几年后开始在奥卢市进行无线电电话的民用转化。到20世纪80年代后期，电子产业成为奥卢市主导产业。2008年奥卢市高技术工作岗位占全部工作岗位的20%以上，电子产业成为奥卢市雇用人员最多的行业。2001年科技园中一半的设施由诺基亚公司及相关产业公司使用，形成了强大的电子产业集群。在集群的发展过程中，本地的奥卢大学（University of Oulu）以及芬兰技术研究中心在奥卢设立的从事电子学研究、建筑技术研究的两个国有实验室（1974年设立），与企业紧密合作，走出了一条由企业的知识应用转化系统向高校、研发机构知识生产系统的反向演化路径，形成了独具特色的区域创新体系。其中，国有实验室与奥卢大学（尤其是信息加工科学系）密切合作，根据科技园中产业的需求，调整科研方向与教育方向。从20世纪80年代开始，奥卢大学为本科生与研究生提供创业培训项目，参与成立高技术产业孵化器，对大学科技产业进行商业孵化。除芬兰科学院的资助项目外，其他资助项目要求研究机构拥有知识产权或者保证可以对研究结果进行商业开发。而公共实验室为提高相关产业的竞争力，和奥卢大学、园区内的企业紧密联系，促进知识创新与技术转化，培养更多的适用性人才。大学从事基础研究，培养一流的高技术专家。新技术在公共实验室进行开发，以满足科技园区内企业发展的需要。由此形成良性的知识创新与技术开发体系[①]。

二、高度的产城融合

基于第三代科学园兴起的现代科技综合城，强调城市本身就是新兴的知识创新社区，鼓励融能力建设、新技术开发，创造工作、生活、学习为一体的环境，重视科技、经济、社会人文、资源环境的系统融合与和谐发展，把自身融合视为整个区域的重要组成部分。尤其是突出高品质生活质量和文化氛围，如有吸引力的居住环境、多元化的文化机构、一流的医院和国际学校等。韩国大德所属的大田广域市市长曾强调，只有通过加强大德研发特区与城市之间的关系，才能将大德创新城建设成为区域增长引擎[②]。

专栏 3－5：产城融合

产城融合是现代经济社会发展的新理念、新趋势，指一定区域范围内产业与城市功能协调发展、相辅相成、良性互动的发展格局或状态。其本质是以人为核心要素，实现多元要素的均衡协调发展。其具体含义主要包括以下两点：

第一，产城融合是产城协调发展、相辅相成、联动发展的动态过程。一方面，产业结构的不断升级和服务业比重的不断提升，催生了城市多功能的需求，从而促进了各类生产性服务业、生活性服务业的发展和城市配套设施的完善。另一方面，城市功能的提升将进一步集聚人气，为产业发

① Clive Collis，Tom Donnelly，Martti Hyry. Sectoral Change and Regional Economic Development in the Oulu Region of Northern Finland：the Role of the High－Tech Industrial Cluster［C］. Regional Studies Association International Conference，May 2005. 9.

② http：//www. koreaittimes. com/story/10822/daejeon－foster－daedeok－innopolis－future－growth－engine.

展提供多层次人才保障，强化产业创新发展的动力。

第二，产城融合凸显以人为本，实现以人为核心的生产要素与生活要素的均衡发展。生产要素包括资金、技术、人才、创新能力等，其中技术创新是硬支撑，人才是软实力。生活要素包括基础设施、公共服务、居住休闲、商务商业、文化娱乐、医疗教育等。各类要素围绕人的需求，并结合人的结构、人的素质等动态变化，相互支撑、相互配套、有机耦合，在合理的空间结构中优化配置资源要素，实现人人口、产业、城市功能、生态环境等均衡协调发展。

现代产城融合主要模式一览表

分类依据	产城融合模式		基本特征	典型案例
融合动力	被动型		发展中遇到不协调、不平衡的问题，以问题为导向，开始重视产业与城市功能的协调	伦敦
	主动型		制定战略和规划时重视并主动谋划产城协调共生发展	苏州工业园区
产城区位关系	共生型	平面延展	产业用地与生活用地在平面布局上交错布局	新加坡裕廊工业区
		立体拓展	产业用地和城市功能在立体维度混合布局	新加坡纬壹科技城
	伴生型		产业区和生活区相对独立，总体上为统一整体	上海临港地区
产城关联地位	产业主导型		产业区先于城市功能发展，而后促进城市化水平的提高	美国底特律汽车城
	城市功能主导型		现有城市基础，而后吸引产业要素集聚发展	香港沙田新市镇

［资料来源：肖林等．产城融合引领上海新城和产业转型发展［J］．上海综合经济，2012（8）］

科技驱动的现代综合城的生成路径，同时内在决定了高校校区、生活社区、产业园区之间的有机融合互动。发达国家科技驱动的现代综合城产城融合实践对于中国新型城镇化具有重要的启示意义。经过几十年的发展，一大批国家级高新区已经成为推动技术创新、加速知识转移、加快经济发展的重要方式，是全球知识经济中企业和研究机构创新、创业的良好栖息地，是研发活动与产业化的关键节点，也是地区和城市经济发展和竞争力的重要保障。但是高新区不能一直是孤立存在的产业区域，而要充分利用其所在城市、区域的资源优势，与外部科研、经济体进行合理的分工协作，整合技术、智力资源，实现集聚功能、示范功能、扩散功能和改革功能，在提供技术产业化基础外，围绕“人”的需要搭建健全的社会服务体系，使高新区从物理空间上由一个单一的“园”升华为一座综合的“城”。国内产城融合的理念就是基于园区内生活空间滞后于生产空间、城市功能滞后于产业功能、社会事业滞后于经济发展的现实而提出来的。所谓高新区的产城融合，就是通过过程整合、形态融合和功能耦合，将高新区与所在城市社区融为一体，转变只注重生产要素聚集而忽略生活要素配套的单一发展模式，破除产业与城市相互脱节的“两张皮”现象，不断完善园区的城市功能，改善园区形象，集聚人气，增强活力，形成复合多元的城市功能区，从而实现产业发展与城市发展相互依托、相互促进的良好局面。

三、强大的辐射服务能力

科技驱动的现代综合城在发展之初，主要基于本地的优势要素组合而得以快速发展。社会经济主体间基于信任的频繁互动形成了本地知识网络，发展成为富有竞争力的创新集群，由此成为区域发展的增长极。

伴随着集群的发展，企业和其他机构的知识来源日益多元化，需要从区域外部获取新知识，由此编织或嵌入跨越本地之外的创新网络，在技术与产业多元性上呈现出从创新集群的专一化向相关多样化方向发展趋势。

从地方性的增长极转化为全球创新网络中心是建设科技驱动的现代综合城的必要条件。通过离岸外包等途径，科技驱动的现代综合城在全球范围内催生了众多的新兴创新集群，构建起全球创新网络，并将自身建设成为该网络的核心。通过保持同世界其他创新区域的联系不断整合、利用全球资源，巩固自身竞争优势。这一核心地位的确立，尤其有利于持续获取全球优秀创新创业人才。这些人才的涌入，扩大和提升了自身人才规模和质量，满足了高科技产业发展对人才的需求，也促进了其与各国在知识、科技、贸易和投资等方面的联系。

以大德创新城为例，通过与外国联合建立研究机构、主动在国外设立研究机构和吸引外国在韩国建立研究机构这三种方式，加强与国际的技术交流和合作。美国中介制药公司的ISIS新药研究开发中心、加拿大防卫产业体Norsat International、芬兰世界性公共机关VTT的R&D中心分别于2007年、2008年、2009年在大德创新城设立。此外，大德还积极引进外资企业和聘用国外人员等其他各种方式与国外其他国家建立密切的联系。目前，大德创新城已与15个海外研究机构开展创新集群战略合作。从2005年法国的索菲亚—安提波利斯开始，大德还与中国的中关村科技园、武汉东湖开发区，英国的曼彻斯特科学园，土耳其的安卡拉数码城，迪拜的迪拜科技产业区等签订了人力及技术交流和投资协定。

四、健全的城市综合功能

科技驱动的现代综合城拥有健全的城市综合功能，并且在诸多领域具有先导性。这主要是因为，科学园发展过程中吸引了众多的高科技企业、研发机构、中介服务机构的入驻以及大量的高科技人才。随着园区创新能级、产业能级的提升，其城市功能也获得了相应的发展。首先是高学历、高技能、高收入就业群体催生高品位的商业功能，而不是简单的零售商业活动，由此营造出便利优质的生活环境，使园区和城市更具吸引力。其次是园区的发展推动居住区功能的完善，形成由白领阶层和中上富裕人群为主体的高档社区，引导健康、时尚、富有想象力的生活方式。与此同时，这些新型市民、新型产业对城市的内外交通条件、综合配套服务与专业服务能力、公共治理方式等均提出了新的要求，成为推动现代科技综合城城市综合功能持续升级完善的强大动力。大德创新城在发展过程中就始终把为研究人员创造优越的工作生活环境放在首位，营造了良好的生活、科研环境，集商业服务、教育、医疗功能于一身，形成了新一代创新综合城。

作为科技驱动型新型城镇化的主要类型，现代科技综合城、科学城、智造城有许多相似之处。一是高度集聚的创新要素是科技驱动城镇化的基本要求。只有区域内存在大量的创新要素，科技驱动才有发挥作用的原动力，城镇化才能得以实现。二是需要有一套完整高效的产业创新体系，因为科技驱动的必然结果是高新技术产业的高度聚集，而产业的发展最终也推动城镇化的发展。三是科技驱动型城镇的形成和发展还需要有利的支持环境。政策引导、法律法规约束、生态环境改善、基础设施支持都是创新环境的必由之路。

但同时，不同类型的科技驱动新型城镇化的发展过程中也表现出一些独特之处：科学城集聚有大量的大学和科研院所，强调基础研究的重要；智造城以高科技产业驱动和科技成果转化能力为重要标志；现代科技综合城则强调产城融合，生产生活美好。现代科技综合城是在前两种类型基础上的最高发展形态，代表着科技驱动新型城镇化的最终实现形式。张江经过20余年的建设，已取得巨大成就，正逐步从智造城向现代科技综合城演进，但其最终实现仍需一个较长过程。

专栏3－6：亚洲硅谷——韩国大德创新城

大德创新城总面积达70.4平方千米，包括了大德科学园与大学城、大德科技谷、产业综合区、国防发展局和大德北部的绿化区五大地带。目前，大德创新城形成了围绕大学、研究机构、政府、政府资助的研究机构、企业研究机构、创业企业6类机构的区域创新体系。

一、高效的知识生产能力

大德创新城具有极强的知识生产和应用转化能力从而成为各区域创新体系的领跑者。大德创新城主要聚焦于生命科学、信息通信、新材料、精细化学、能源、机械航空等国家战略产业技术、大型复合技术和基础科技，其中IT占40%、生命科学占14%、新材料9%、精细化学8%、能源8%。据统计，截至2008年年底，在大德创新城注册的企业数达898家，其中具有尖端技术的企业为63家，拥有35个政府公立研究机构，6所大学和15个公共机构，39家私有研究机构，21个拥有世界先进水准的企业研究所，9家海外研发中心，148家风险公司。大德城内多重创新主体的聚集因地理邻近性，促进了企业研发中心、高等教育机构等主体间的密集学习，缩短了创新的更新周期。

二、强大的创新成果应用转化能力

截至2009年年底，大德创新城专利累计达32664项，平均每年增加10%，技术转让数910项，平均年增长达11%。2010年，园内高科技企业达到了1500家，专利数为1500件，实现了30亿美元的总收入。预计到2015年，园区一年海外专利登记达到16000件，技术转让费收入5000亿韩元（约合2670亿元人民币），销售额达30万亿韩元（约合16万亿元人民币）。园区内的一些大学和科研机构等下设中小企业孵化器，以尖端领域为中心，使风险投资创业和中小高科技企业得到发展，推动了科研成果的市场转化。这些孵化器包括了韩国高级科学研究院（KAIST）设立的技术创新中心（Technology Innovation Center，TIC）和技术商业孵化器（Technology Business Incubator，TBI）。经过30多年的持续发展，大德创新城已成为与美国硅谷、日本筑波相媲美的科学城，是韩国最大的产、学、研综合园区，被誉为韩国科技的摇篮和21世纪韩国经济增长的发动机，引领亚洲和全球的技术创新。

三、循序渐进的现代科技综合城发展路径

创造基于科技发展连接发达国家的基地、建立一个无污染的文化科学花园城是大德的战略目标。根据发展规划，园区由最初的科研功能到科研及生产的科学园，提高园区创新及科研成果转化的能力，到最后建成世界一流的创新集群。在这个发展过程中，在政府的推动和市场经济的拉动下，园区先后吸引集聚了包括科研机构、产业机构、孵化器、中介机构等各种创新参与主体，促进了创新主体之间的交互作用，形成了以创新产业集群为中心的创新网络，构成了大德创新城的发展模式。在这个发展模式中，除了创新行为主体外，还有一个重要因素，那就是园区与所在城市、区域、国家及全球相互联系、相互作用形成的网络支持。可见，园区在发展过程中，实现了园区的内外部产城融合问题，促进了园区的发展。

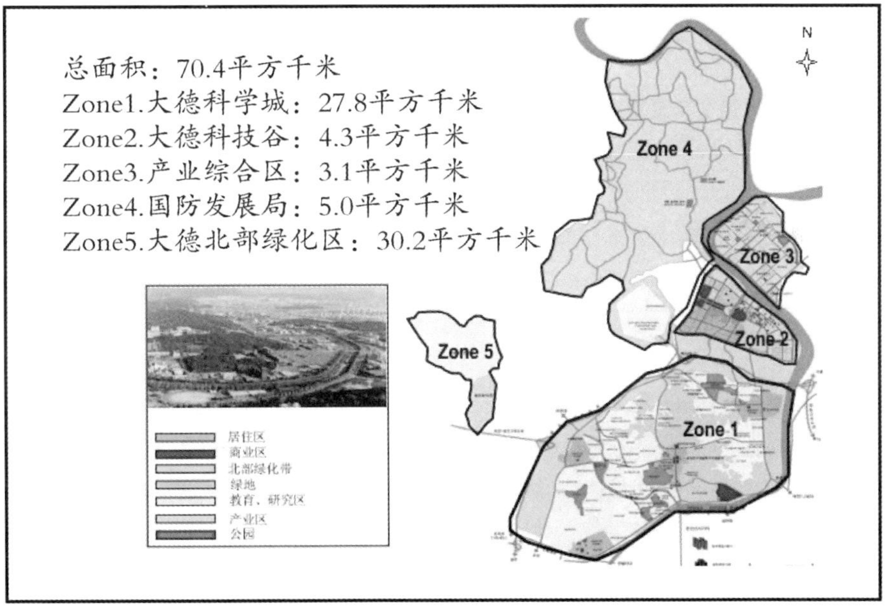

第二篇

科技驱动新型城镇化的实践探索

张江崛起的背景条件

张江科技驱动新型城镇化的主要做法

张江科技驱动新型城镇化的成功经验和发展展望

张江，从一个以农业生产为主的传统的小乡村，经过短短20多年的发展，成为具有全国代表性的科技新城。上海张江在学习理论的基础上进行理论的创新，在借鉴国内外发展经验的基础之上进行大胆尝试，摸索出了一条“张江道路”，成功实现了科技驱动新型城镇化。

本篇主要介绍张江科技驱动新型城镇化的实践探索。第四章介绍张江的背景条件，以及张江通过对城市的前瞻性定位，抓住时代机遇，促进科技驱动新型城镇化发展；第五章总结张江科技驱动新型城镇化的主要做法；第六章介绍上海张江科技驱动新型城镇化的成功经验和发展展望。对实践探索的梳理有助于我们更深入、更透彻地了解上海张江科技驱动新型城镇化的发展脉络，对进一步推进上海张江科技驱动新型城镇化发展具有积极意义。

第四章

张江崛起的背景条件

上海张江作为科技驱动新型城镇化的典型代表，利用其良好的资源禀赋，抓住时代机遇，实现了科技驱动新型城镇化的发展。本章主要介绍张江在发展过程中面临的时代机遇、具有的历史背景，以及科技驱动新型城镇化发展过程中的几个阶段，详细说明张江是如何从一个以农业生产为主的传统农村，经过短短的 20 多年，一步一步发展成为在全国具有代表性的高科技城。

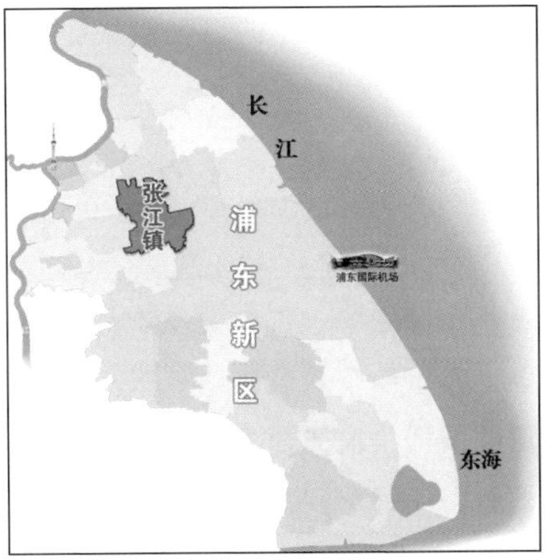

图 4－1　张江镇区位图

张江镇域面积 42.1 平方千米，户籍人口 7.26 万人，外来登记人口 8.64 万人；张江核心区和张江南区规划面积 35.33 平方千米，占张江镇区域面积的 80％以上，园区现有从业人员 20 余万人。张江镇从社会管理、生态环境保护、公共服务等方面为城镇化提供要素支持与制度保障，张江高科技园区则从产业支撑、就业供给、创新功能等方面为城镇化提供动力源，两者协调统一、分工协作，组成经济、社会、生态、文化、科技和谐发展的国际化高科技新城区。

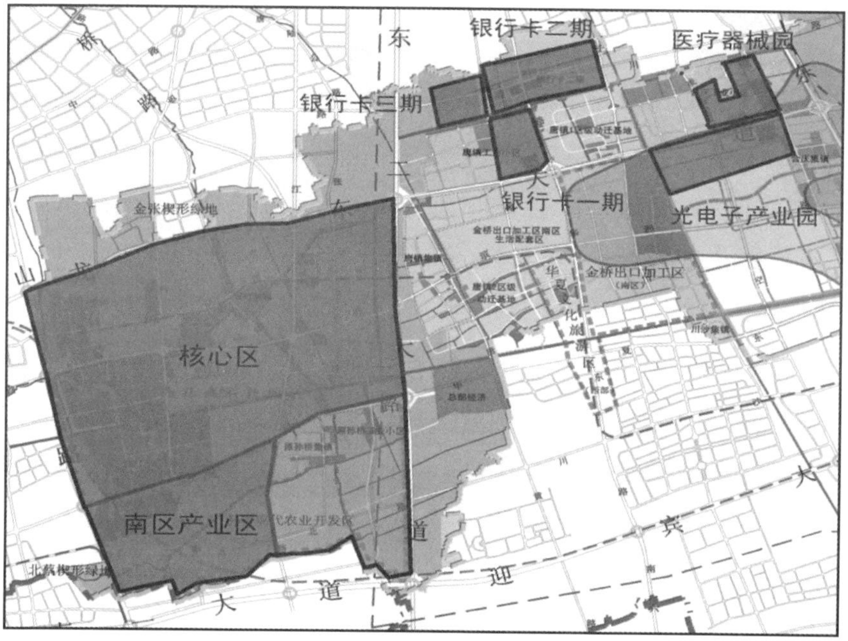

图 4－2 张江核心区和张江南区范围示意图

第一节
张江崛起的历史背景

东海之滨，长江之头，张江地处长江三角洲剑突东缘、长江口南岸，踞上海市浦东新区腹地。张江得名于 800 年前的一个美丽传说。相传吕家浜畔两棵梧桐树冠丰茂，泽被乡里。缘着这个福荫，人们把这里称作“古桐里”。一位名叫张江的商贾为这块风水宝地所动，在此建楼经商，“作栅为防”，张江栅便从此得名。

根据《浦东史志——张江镇志》记载，张江的私营工业、手工业历史悠久①。所谓“两刀一针”即纺纱织布、刺绣编结，泥水木匠、裁缝制衣，曾在浦东地区乃至整个上海滩闻名遐迩。18 世纪，孙小桥、张江栅两地都已开设有糟坊，有了制酒、制糖、制酱业。清末民初，境内各个集镇上，轧花厂、碾米厂、铁匠铺、竹木行、漂染店、毛巾厂等纷纷开办，集镇上商贾云集、生意兴隆。民国初期，张江栅已成为汇北重镇，在奉、南、川（浦东）地区颇有名气。

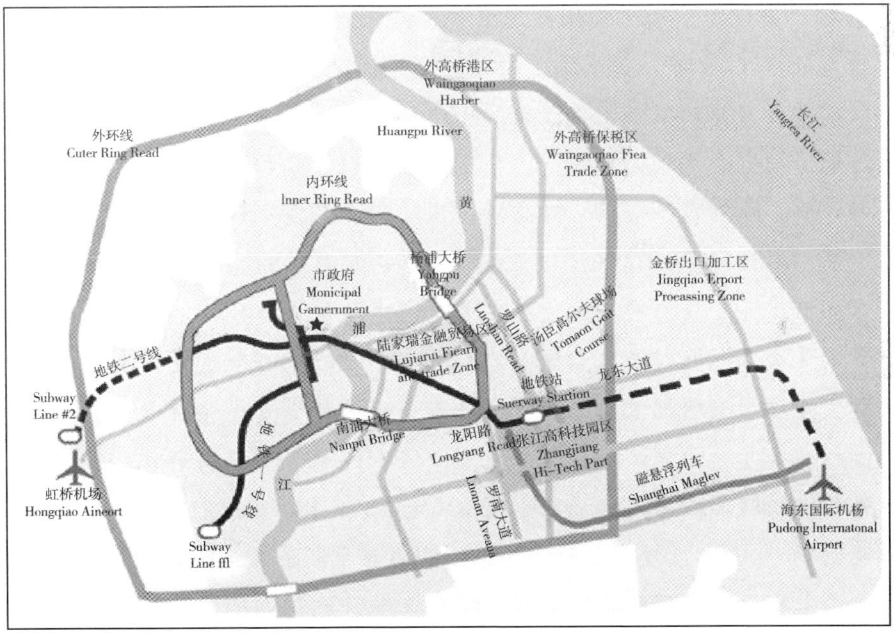

图 4-3 张江高科技园区地理位置

（图片来源：张江高科技园区网站）

新中国成立以后到浦东开发开放之前，张江一直为上海市郊的农村地

---

① 张江境内早年较有影响的私营企业，有光绪六年（1880 年）由著名士绅钱锦南创办的“钱万隆”酱园，有民国六年（1917 年）居家陈推官桥的金鸿翔在上海开设的鸿翔时装公司，还有民国二十三年（1934 年）由孙照明兄弟开设的鼎新织布厂。“钱万隆”酱园成为百年品牌老店、名店，自 1984 年起，不但全县的酱油都集中在“钱万隆”生产，而且还占上海口岸酱油出口量的四分之三，年产量超过 1.5 万吨，有 16 个系列产品。

区，境域内河道纵横交错，土壤肥沃，气候温和湿润，农民是镇域人口的主要组成部分。1958年以前，张江、孙小桥两地有可耕地4万余亩。长期以来，镇区是以粮棉油种植业为主的单一经济结构，农业生产世代相传。张江西甜瓜的种植历史有上百年，以香菇、蘑菇为代表的食用菌栽培也经历了一个辉煌时期。20世纪80年代中后期至90年代初，张江乡的食用菌，无论是种植面积还是产量产值都占据川沙县半壁江山，鲜菇产量一度占全县60%以上，有“食用菌之乡”之誉。另外，红菱、雪里蕻咸菜、荸荠曾是“张江三宝”，是誉满上海滩的浦东地区有名的土特产品。

浦东开发开放赋予了张江新的历史使命，一跃成为参与国际竞争的前沿阵地。根据“基础设施先行、金融贸易先行、高科技产业先行”的功能开发导向，陆家嘴、金桥、外高桥、张江四大开发小区先后圈定。张江定位发展高科技产业，在张江镇域设立25平方千米的张江高科技园区。从此，张江进入了高科技产业化和城镇化快速发展的新阶段。

为什么会把高科技产业园放在张江？20世纪90年代初，劳动密集型产业大发展，出口加工贸易盛行的背景下，为什么要把张江产业园定位发展高科技产业？首先，除具有开发开放浦东的重大战略机遇优势外，张江区位条件较好，西靠内环线，距离市中心12千米，东靠航空港，距离浦东国际机场10千米，处在上海连通国际的重要空间节点上。其次，与当时国际国内形势、上海产业结构转型、浦东开发开放初期的经济社会环境有着紧密的联系。

一、20世纪90年代初期中国亟须突破国际技术封锁

20世纪80年代末，信息技术革命进入新的发展阶段，电子计算机逐渐普及，并对其他产业表现出了很强的渗透力。电子信息产业成为世界各国竞相争夺的先导产业之一。同时，中国经过20世纪80年代末的风波之后，世界各国对中国继续深化改革、扩大开放的决心产生了怀疑，并在一定时期内加大了对中国的技术封锁。

1990年浦东开发开放，向世界显示了中国深化改革开发的坚定决心。

按照浦东开发“面向世界、面向未来、面向现代化”和“振兴上海、开发浦东、服务全国、面向世界”的战略思想，浦东提出要建设具有世界一流水平的外向型、多功能、现代化的新区，为上海建设成为国际经济、金融、贸易中心和全球城市奠定基础。全球城市，除了金融、贸易功能之外，更要有创新功能作为持续发展的动力源。作为国家战略的浦东开发，一定要在世界前沿的高新技术领域争夺话语权。张江无论从所处地理位置，还是土地空间，都有承载这一重任的较好条件。按照金融贸易、科技创新、出口加工等功能合理布局陆家嘴、外高桥、张江、金桥四大开发小区是浦东开发开放的重大创新。

张江虽然定位发展高科技产业，但在当时的形势下，发展步履维艰。从1990—1993年浦东各重点开发小区的开发进度来看，具有出口加工功能的金桥发展最快，具有金融和贸易功能的陆家嘴和外高桥次之，具有高新技术开发功能的张江开放和发展相对缓慢。

表4－1　1990—1993年浦东重点开发小区基本情况

开发小区名称	规划面积（平方千米）	累计开发面积（平方千米）	吸引项目（个）	协议资金（亿美元）
陆家嘴金融贸易区	16.82	2		
金桥出口加工区	19	4	201	26.6
外高桥保税区	10	4	800	22
张江高科技园区	17	1	12	1

（资料来源：《1994上海浦东新区统计年鉴》）

这主要与当时的国际国内环境紧密相关。20世纪90年代初，中国虽然向世界显示了深化改革、扩大开放的决心，打出了开发浦东这张王牌，但世界各国在进行国际资本投资和产业技术转移时，仍然把中国作为一个拥有廉价劳动力的出口加工基地，很少在高新技术领域进行投资与合作。这也从一个侧面表明，设立自己的高科技园区，发展自己的高科技产业，特别是信息技术产业和生物医药产业等领域的重要性。张江正是在这样的大背景下应运而生。

二、20 世纪 90 年代后期上海产业结构转型迫在眉睫

在 20 世纪 80 年代，从我国沿海经济发展带来看，以上海为中心，形成了“南方崛起、两翼隆起、中间凹陷”的格局。“南方崛起”是指广东、福建等地随着经济特区的设立，经济突飞猛进。从 1978—1990 年，广东省 GDP 年均增长 12.57%，高出全国经济平均增速 3.55 个百分点，高出上海经济增速 5.12 个百分点。“两翼隆起”是指江、浙两省利用农村改革的宽松环境，大力发展乡镇企业，经济发展也十分迅猛。1978—1990 年两省 GDP 年均增速 10.28%、11.79%，分别高出全国平均水平 1.56 个和 3.07 个百分点，比上海高出 2.83 个和 4.34 个百分点。“中间凹陷”是指上海经济增长速度和综合经济实力在全国地位大大下降。1978—1990 年上海 GDP 年均增速 7.45%，比全国平均水平低 1.27 个百分点。在这 12 年间，上海有 9 年的时间低于全国平均水平。

表 4－2　1978 年、1990 年上海主要经济指标占全国的比重（%）

年份	GDP	社会总产值	国民收入	工业总产值
1978	7.60	8.65	8.16	13.0
1990	4.12	5.37	4.29	4.85

注：根据姚锡棠．上海经济 15 年［M］.1994 年 10 月，第 13 页相关内容整理。

新中国成立以后，上海经济走了一条以发展工业为主体的道路，这使上海从 19 世纪末期一个远东地区的金融中心、贸易中心和经济中心的多功能城市转变为单一功能城市。整个 20 世纪 80 年代，产业结构调整成为上海经济发展的主题。1978 年三次产业构成比为4.0∶77.4∶18.6，到 1987 年调整为 4.0∶66.8∶29.2，第二产业比重下降了 10.6 个百分点，第三产业比重则提升了 10.6 个百分点。但是，1988—1990 年，上海的产业处于结构凝固期。[①] 受 1988 年我国宏观经济“治理整顿”措施的影响，1989 年

① 姚锡棠．上海经济 15 年［M］．上海：上海社会科学院出版社，1994.

以后全社会消费品市场出现长期疲软状态，经济增长放缓，作为上海第三产业支柱的商业遭到重创。1988 年上海商业对 GDP 的贡献值为 67.57 亿元，1989 年大幅下跌至 43.31 亿元，占第三产业的比重从 36%下降到了 21.6%，1990 年进一步下降到了 19%。

从工业结构来看，经过 20 世纪 80 年代的调整与发展，上海工业的技术和知识的密集度虽有提高，但总体还属于高耗能、高污染的重化工业，高新技术产业发展并不快，上海仅在汽车制造、电信器材行业有明显优势，但竞争也很激烈。在当时的高新技术产业——电子信息产业领域，上海在全国只占第三位，位于江苏省和广东省后面。特别是在电子计算机行业，当时软、硬件技术最强的城市是广东和北京，上海劣势十分明显。而许多国家和地区都把电子信息、生物医药产业作为迈入 21 世纪的先导产业来培育，特别是在芯片加工、封装、设计和生物医药研发、制造方面。上海要想在下一轮的产业竞争中抢占有利地位，就必须在电子信息、生物医药方面培育龙头企业，加快技术创新。

所以，借助浦东开发开放的政策东风，大力发展高新技术产业，以技术创新促进产业转型，是当时上海产业结构调整的重大战略。张江高科技园区正是高新技术产业先行战略的重要部署。

三、20 世纪 90 年代现实要求浦东“城乡一体”推进开发开放

1990 年浦东开发初期，浦东的城镇化地区仅限于沿黄浦江南北长约 25 千米、东西宽约 2 千米的地带，实际面积约 38 平方千米，为浦东总面积的 7.3%。农村地区面积 479.2 平方千米，占总面积 522.7 平方千米的 91.7%；农业人口 52.3 万人，占总人口 134 万人的 39%；农村社会总产值 63.22 亿元，占新区社会总产值 205.39 亿元的 30.8%。可见，农村、农民和农业在当时占有举足轻重的地位。在浦东这片人口稠密的农村地区进行大规模的城市开发，如何处置农业和农民，选择什么样的城镇化方式是一个重大的战略问题。

浦东在推动大规模的城镇化进程中，一直秉承了“城乡一体、区镇并举、共同繁荣”的重要原则。一是在城市规划和产业规划中，农业农地仍占有一定的比例。二是滚动开发的各重点小区，要在产业、技术、服务、管理等各个方面带动周边农村地区的发展。三是强化并扩大原有集镇功能。四是让农民充分参与开发开放进程，成为开发的受益者和支持者。

浦东开发开放一开始也是从两个层面同时推进的：第一个层面是以四大重点开发小区为载体，以若干项重大基础设施项目建设为支撑，通过大规模房地产开发和引进内外商投资项目，在短期内构建起现代化新城区的基本框架以及与其相适应的产业结构体系。第二个层面是以各个乡镇为载体，通过充分发挥广大农民和乡镇干部的积极性，推进集镇的改造建设，发展乡镇经济、集体经济，推进农村地区的现代化和城镇化，进而从整体上推进城乡一体化。同时，四大开发小区的设立，被寄予带动周边集镇地区发展的厚望，实现产业化促进城镇化的良好循环。所以，张江高科技园区除了承担大力发展高科技产业的重任以外，还肩负着带动浦东中部、南部地区快速工业化、城镇化的使命。

第二节 张江新型城镇化的发展阶段

一、张江新型城镇化阶段划分的标准与依据

浦东新区自1990年实行开发开放和2009年实施“两区合并”以来的二十余年间，主要经历的是高速城镇化的发展阶段，表现为城域经济（含各类开发区经济）的持续高速增长和人口的大规模集聚。

根据姚锡棠等人的研究，浦东开发开放进程，其本质是以新区开发的

形式，以产业化驱动城市化的过程，大体可以分为城市化能量集聚前期、城市化能量集聚后期和城市化能量释放期三个阶段，并且每个阶段都具有各自的特征、条件和政策手段（见表4—3）。

表4－3 浦东城市化阶段划分的标准、特征与条件

阶段	主要特征		主要内容	推进手段	外部条件
城市化能量集聚期	前期	城市基础设施建设和工业产业群形成	大规模基础设施建设；房地产投资热潮；工业投资	城市规划、城市建设	国际国内环境稳定；大量长期投资资金
	后期	城市人口急速集聚和城市功能多样化	人口向中心城区加速集聚，第三产业投资增加，投资与产业并重，服务业比重上升	产业政策、产业培育	国内产业结构调整；国际产业分工深化和国际产业转移
城市化能量释放期	带动周边地区人口集聚和产业集群形成		产业结构高端化、高效化趋势加快；金融、贸易等资源配置中心功能显现；居民文化层次和专业结构迅速提升；人力资本投资成为主要形式	城市管理体制改革	经济市场化贸易自由化

注：根据姚锡棠等《迈向21世纪的浦东新区》（上海人民出版社，1994年）相关理论整理。

张江城镇化进程基本符合浦东城镇化的一般规律，并且表现出高科技产业和创新要素驱动城镇化的具体特征。

二、张江城镇化发展历程

1. 乡镇工业化自发带动城镇化阶段（1978—1991年）

自20世纪70年代后期起，上海郊区依托对外开放的政策优势和依临

我国最大经济中心的区位优势，大力兴办乡镇工业。村办、乡办、镇办、县办企业如雨后春笋般破土而出，形成村村点火、户户冒烟的兴旺景象。乡镇工业的崛起带来两大剧变，一是郊县经济结构迅速优化，从以农业为主变成以工业经济为主，工业产值占比迅速攀升，并占国民经济主导地位。二是大批面朝黄土背朝天的农民纷纷进厂务工，成为离土不离乡的小厂工人，拥有工资和工分双重收入，农民变为工人成为一大社会变革。浦东开发开放之前，当时的经济基础很薄弱，主要由一块沿江的城域经济和一块布局在川沙县域及各镇的镇域经济组成。原来的川沙县位居全国百强县之前列，县属工业、乡镇企业相对发达，属镇域经济的佼佼者。而当时位于沿江市区的城市地区则主要是造船、炼钢、化工、纺织等粗放和劳动密集型行业。在这个阶段，浦东的城镇化进程比较缓慢，城乡差异不是很明显，乡镇与城市发展的关系相对和谐。

张江的乡镇（社队）工业于20世纪50年代后期起步，70年代得到迅速发展，80年代成为该地区工业的主体，成为农村劳力就业的首要场所、财政收入的重要来源和农民脱贫致富的主要途径。当时服装（包括羊毛衫）、皮革制品、机电、化工、电线电缆和建筑（装饰）材料等成为镇域的支柱产业。张江电机厂、张江丝绸绣衣厂、新盛墙纸厂、张江混凝土构件厂、华生化工厂浦东分厂、开捷门窗厂等都是县内年产值超千万元、利润超百万元的知名企业。浦东开发开放之前，张江乡镇工业的综合竞争力已经在浦东地区位居前列。

1991年年末，张江乡的农村劳动力总数为11195人，其中从事第一产业的为2469人，从事第二产业的为6302人，从事第三产业的为2424人。从三次产业的劳动力比例来看，近80%的劳动力已经从事非农产业。①

2. 高科技产业起步发展和新型城镇化启动阶段（1992—1999年）

到了20世纪80年代后期，乡镇工业产业布局无序以及所引发的生

---

① 1992上海浦东新区统计年报. 上海：上海科学技术出版社，1992.83.

态环境恶化等种种弊端显现，上海在全国率先提出“三集中”政策，其中之一是工业向园区集中。随着浦东开发开放轰轰烈烈的推进，特别是金桥、外高桥、张江、陆家嘴等产业园区的迅速崛起，原来的乡镇工业相形见绌，发展的速度和步伐相对滞后，陷入慢增长的历史进程之中。一部分低效污染乡镇企业自行退出历史舞台，一部分有成长空间的乡镇企业迁入工业园区。工业园区优化了各镇的投资环境，吸引了一批质量较高的企业入驻，促进了镇域经济发展。工业园区设定入园企业资金门槛和环保门槛，优化了产业空间布局，使镇域经济走上良性、健康发展之路。

在不断促进乡镇企业转型的同时，张江园区的“七通一平”等形态基础设施开发也逐步推进；园区招商引资工作积极展开，各类产业要素开始向张江集聚，高科技产业项目、研发机构、孵化基地等科技要素不断实现“零的突破”。尽管这些企业和项目，现在看来微不足道，但对张江科技驱动新型城镇化道路的实质性启动和突破性发展，具有重要的象征意义及历史意义。

专栏 4—1：张江高科技园区的数个第一

1992 年 10 月 24 日，第一个土地预约协议——张江高科技园区与浙江永嘉楠江工业公司正式签订。

1994 年 5 月 16 日，第一家外资企业引进项目——上海罗氏制药有限公司在园区落户。

1995 年 1 月 10 日，第一个孵化基地建成，建筑面积 1.2 万平方米。

1995 年 10 月 23 日，第一个研发机构——上海新药研究开发中心进驻张江高科技园区。

与此同时，张江也不断培育主导产业，特别是在生物医药和软件产业方面，相关要素集聚达到一定规模，产业集群的雏形逐渐显现。

专栏 4—2：张江生物医药和软件产业初具雏形

通过部市合作战略平台，自 1996 年“国家上海生物医药科技产业基地”成立以来，国家新药筛选中心、国家人类基因组南方研究中心和新药安全评价研究中心等陆续入驻张江，奠定了生物医药创新链的初步发展。

与此同时，无线通信设备制造和软件产业开始起步。1996 年 3 月，美国摩托罗拉公司和上海无线通信设备制造有限公司共同出资成立上海摩托罗拉寻呼产品有限公司。1997 年博达数据通信发展公司、复旦金仕达公司、JAVA 研究开发中心相继入驻。

至 1999 年，张江高科技园区共引进合同项目 88 个，吸收中外合资企业投资额 8.5 亿美元，内资企业投资额 14.5 亿元人民币。世界 500 强中的瑞士罗氏、比利时史克必成、美国联信、摩托罗拉、日本松下等 7 家跨国公司在张江高科技园区投资了 11 家企业。

3. 产业集群打造和创新能量集聚促进城镇化加速提质阶段（1999—2009 年）

进入 21 世纪，科技进步突飞猛进，知识和智力资源的占有、配置、生产和运用成为世界各国发展的重要依托。加快科技创新，成了浦东进一步发展的必然选择。强化创新功能，成为张江高科技园区的重大使命。以上海市委市政府作出“聚焦张江”战略为标志，张江高科技园区进入发展的快车道，高新技术创新、产业集群发展、园区功能辐射效应得到充分发挥。

1999 年 8 月 26 日，时任上海市市长徐匡迪在全国技术创新大会上提出，上海将集中力量把张江高科技园区建设成全市技术创新的示范基地。这一加快张江高科技园区建设的决定，是上海面向 21 世纪浦东开发的重大举措，标志着“聚焦张江”战略的启动。这一时期，上海市委市政府对张江的功能定位是“研发创新、孵化创业、转化辐射、机制创新”。作为

“聚焦张江”的重要内容，2000 年 1 月，《上海市促进张江高科技园区发展的若干规定》（简称“张江 19 条”）发布，成立张江高科技园区领导小组及办公室，建立重心下移、集中受理、高效便捷的行政审批和管理服务平台，实行“张江事张江办”，提出重点支持发展的产业，建立张江高科技园区发展专项基金等财力保障机制，出台鼓励企业设立研发中心、人才引进和激励等政策。张江高科技园区由此成为“政策特区”。此后，“张江 19 条”分别在 2001 年和 2007 年又进行了两次修改完善，扩大园区自身的审批、认定权力，为园区的发展不断排除制度障碍。与此同时，张江园区的规划面积也从 17 平方千米扩展至 25 平方千米，旨在拓展园区的研发创新、孵化创新、转化辐射和机制创新功能，使张江高科技园区真正成为上海发展创新经济的重要载体。

在“聚焦张江”战略的推动下，张江高科技园区获得了快速发展，园区综合能级显著提升。2000 年，全年受理新设企业 645 家，其中中外合资企业 191 家，注册资本 6.5 亿美元；内资企业 137 家，注册资本 37.03 亿元；私营企业 317 家，注册资本 9.95 亿元。引进合同项目 140 个，合同项目总投资折合 34.38 亿美元（其中中外合资企业投资 31.67 亿美元），是 1992 年至 1999 年投资额的 3 倍多。在“聚焦张江”10 周年的 2009 年，张江高科技园区工业总产值、营业收入、税收收入分别比 10 年前增长了 14 倍、27 倍和 51 倍；张江高科技园区累计注册企业 6495 家，其中外资项目 2392 家，累计吸引外资投资总额 203.57 亿美元；内资项目 4103 家，累计吸引内资注册资本 218.65 亿元。

在实施“聚焦张江”战略后，张江高科技园区逐步形成了集成电路、生物医药、软件和文化科技创意等主导产业，以及光电子、新能源、现代农业等衍生产业。截至 2009 年，集成电路全球 10 大芯片设计企业中有 4 家、“福布斯”全球软件企业前 30 强中有 11 家、全球制药企业 12 强中有 7 家在张江设立了研发中心；全国 10 大芯片设计企业中有 5 家在张江设立了总部或者分部，中国软件企业百强中有 11 家在张江设立了研发中心。园区累计引进国内外研发机构 140 家，经认定的国家级和市级研发机构 65

家。国际国内创新创业人才不断在此汇聚。2009 年张江园区从业人员突破 12 万，超过半数有本科以上学历，其中两院院士 22 名，博士 3414 名，硕士 19093 名，海外留学人员 6000 多人。截至 2009 年年底，园区经认定的高新技术企业有 226 家。“聚焦张江”战略实施后的 10 年，张江已从农田阡陌发展成高科技产业高地、创新创业高地和国际化人才高地。

4. **创新能量释放促进产城融合、区域联动新阶段（2009 年以来）**

2009 年两区合并以来，特别是 2011 年张江获批国家自主创新示范区，张江的产业进入一个新的发展阶段，其最主要的特征是产业融合、产业服务化、产城融合、区域联动不断加速。

第一，产业体系更加丰富。围绕“ICT”（信息通信技术）、“BT”（生物技术）等技术方向，张江进一步在形成信息技术（包括集成电路、软件和信息服务业、光电子等）、生物医药、文化科技创意和新能源等主导产业的基础上，不断扩充产业细分领域。例如，在移动通信芯片、互联网服务、金融信息服务、抗体药物、介入器械、数字出版、网络游戏等产业细

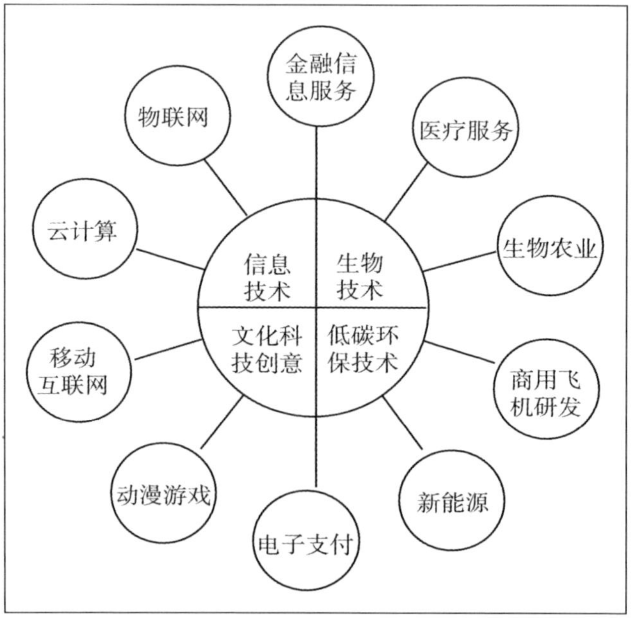

图 4－4　张江高科技园区产业类型

分领域确立国内引领地位。同时，最重要的是张江具有产业融合特征的战略新兴产业快速发展，包括移动互联网、医疗服务、物联网、云计算、商用飞机设计研发等。

第二，产业的服务化及服务高端化凸显。经过第一、第二阶段产业从小到大、从制造到研发的转型，随着新一轮国际服务业转移，以及新兴产业的发展，张江园区加快产业结构调整转型：以生物医药研发外包服务（CRO 服务）、文化科技创意为代表的高技术服务业快速发展，大量跨国企业区域研发中心、区域总部加速向园区集聚；以 1 号店、沪江网、春宇供应链等为代表的平台经济快速发展。2012 年，以高技术服务为核心的第三产业已成为推动张江园区经济增长的主动力。全年实现第三产业经营收入 1409.7 亿元，同比增长 19.9%，占园区总营收比重达到 64.9%，实现 2009 年以来平均每年 4.1 个百分点的快速提升。在服务经济占比不断提升的同时，服务业高端化成为园区服务经济发展的核心特征。园区 CRO 逐步改变以价值比较低端的化学合成服务为主的局面，向临床研究、创新药物开发等高端领域拓展，提供“一站式”新药研发服务。集成电路设计改变单一芯片研发设计服务功能，逐步向产业链上、下游延伸、向软硬件结合领域拓展，重点打造提供集成解决方案能力，提高增值服务竞争力。网络游戏、数字出版、影视动漫等产业不断向产业链前后端延伸，从内容延伸至设备终端，从单一产品升级到服务平台，逐步抢占价值高端。

第三，创新能力持续提升。近几年，张江围绕建设“国家自主创新示范区”，充分发挥在技术创新和产业集聚等方面的综合优势，深入实施创新驱动发展战略，各类要素加快汇集，创新基础设施不断完善，自主创新能力有效提升。

表 4－4　2012 年张江园区系列创新指标占上海市比重

序号	创新指标	数量	占上海市比重
1	跨国公司地区总部数量	43	11%
2	经认定的外资研发机构	126	36%

（续表）

序号	创新指标	数量	占上海市比重
3	经认定的技术先进型服务业	125	52.3%
4	经认定的高新技术企业	469	10.9%
5	2012年新认定高新技术成果转化项目	101	16%
6	中央千人计划	83	占上海19.5%；占全国3%
	—创业类	41	占上海70%；占全国7.7%
7	上海千人计划	68	22%
	—创业类	37	60%
8	年度专利申请总量	6102	7.4%
	年度专利授权总量	3049	5.9%

张江园区汇聚了国际国内最前沿的研发机构和大量充满活力的中小创业企业。截至2012年年底，园区累计经认定浦东新区级企业研发机构43家，占浦东新区总量104家的41.3%。

2012年张江的科技活动经费支出213.8亿元，园区科研项目开发15591个，完成科研项目8422个；企业机构申请专利6102件，其中发明专利申请数4942件；专利授权数3049件，其中发明专利授权数2032件；国际专利申请和授权量为855件和253件，充分体现了张江直接面向国际市场的研发创新不断取得新的突破。在2012年度国家科学技术奖励大会上，展讯通信第二次获得国家科学技术进步一等奖；中国医药工业研究总院获得国家科技进步企业技术创新工程奖，是全国获奖的五家创新企业之一。此外，中科院上海药物所获国家自然科学二等奖，上海微电子装备获国家技术发明二等奖。张江在科技创新上获得的一系列殊荣充分彰显了其创新功能。

第四，产城融合不断加速。创新资源的加快集聚、创新能量的逐渐释放对张江地区的“产城融合”、城市功能配套提出了新的要求，这在一定程度上提升了该地区城镇化的质量。

2011年以来，一批产城融合项目加速了园区的蜕变。4万平方米诺贝尔湖公园改造、5 万平方米曙光绿地、张江体育休闲中心改建项目即将完工，2 号线金科路站周边 42 万平方米的长泰广场等城市综合体项目也有序推进。未来几年，张江有望迎来大批品牌入驻，形成商业百花齐放的新局面。作为未来发展的重点，张江中区确立了“三高三汇聚”的功能定位：汇聚高端科研教育机构，体现高水平；汇聚高端总部和研发中心，体现高能级；汇聚高端商务商业和居住区，体现高品位。张江中区的建设推进，将有力推动张江建成一个产城融合的现代综合科技之城。

第五，人口城镇化质量快速提升。在高科技产业的带动下，高端人才大量入驻张江。根据第六次全国人口普查数据，2010 年浦东 25 个镇中，张江镇 6 周岁以上人口平均受教育年限为 11.12 年，位居第一。在除了陆家嘴之外的三个有制造业的开发区中，张江高科技园区人口的平均受教育年限为 13.55 年，高于外高桥 4.5 年，高于金桥 3 年以上（见表4—5）。

表 4—5　2010 年浦东新区各镇（开发区）6 周岁以上人口平均受教育年限情况

单位：年

地区（开发区）	6 周岁以上人口		
		本地人	外省市人
川沙新镇	9.58	9.99	9.12
高桥镇	9.90	10.42	9.36
北蔡镇	10.54	11.10	9.80
合庆镇	9.18	9.20	9.17
唐　镇	9.92	10.01	9.89
曹路镇	9.83	10.45	9.47
金桥镇	10.11	11.29	9.61
高行镇	10.59	11.31	9.98
高东镇	9.64	9.73	9.59
张江镇	11.12	10.99	11.21
三林镇	10.15	11.15	9.23
惠南镇	9.97	10.29	9.15
周浦镇	9.92	10.27	9.38

（续表）

地区（开发区）	6周岁以上人口		
		本地人	外省市人
新场镇	8.77	8.87	8.63
大团镇	8.32	8.32	8.34
芦潮港镇	9.04	8.94	9.16
康桥镇	10.62	10.94	10.33
航头镇	8.83	8.75	8.92
六灶镇	8.60	8.76	8.37
祝桥镇	8.75	8.78	8.70
泥城镇	8.50	8.34	9.09
宣桥镇	8.82	8.74	8.99
书院镇	8.18	8.19	8.14
万祥镇	8.38	8.33	8.66
老港镇	8.47	8.44	8.59
外高桥保税区	9.00	11.45	8.92
金桥出口加工区	10.41	14.43	10.23
张江高科技园区	13.55	16.76	12.51

注：以上为全国第六次人口普查数据，由浦东新区统计局提供。

此外，随着科技研发和科技产业的集聚，张江已逐步成为面向世界的创新创业人才集聚区。国内各类高端人才快速向张江集聚，一批国家级专家、省市级专家，包括十余位两院院士，成为张江的科研中坚力量。大量国际性人才汇聚张江，也使张江成为留学归国人才创新创业的首选之地，涌现出了一大批中央“千人计划”和上海市“千人计划”，以及浦东“百人计划”的优秀创新创业人才。

第六，区域联动不断加快。随着浦东新区和南汇区合并，张江扩大到上海浦东康桥工业园和上海国际医学园区。国务院批复同意建设上海张江国家自主创新示范区，上海市政府批准在原张江高科技园区的基础上扩大范围，创建“上海张江高新技术产业开发区核心园”[①]（简称“张江高新区核心园”，见图 4—5），这标志着张江高科技园区进入能量释放期。张江在带动了周边唐镇、合庆等地之后，将在上海市域范围内发挥创新动力源的功能。

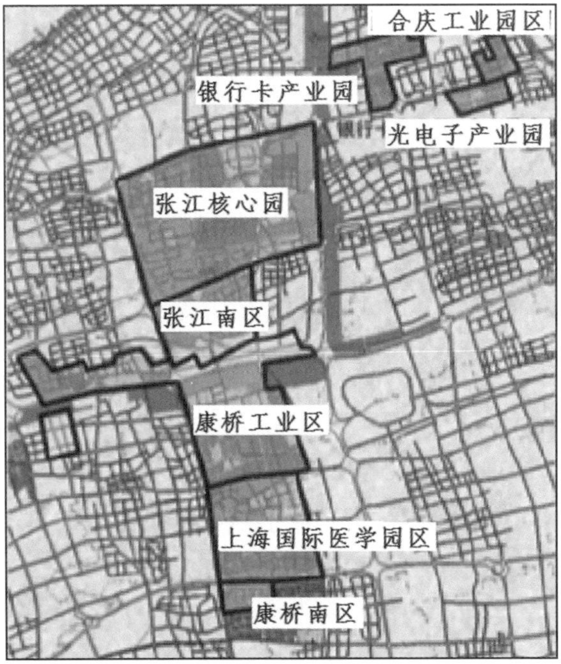

图 4－5　两区合并后张江核心园地域范围

三、张江的战略地位和作用

历经二十余年砥砺前行，张江在科技创新和产业化领域已奠定了举足轻重的重要地位。它正成为全球科技研发和产业资源配置的重要节点和我国参与全球新一轮科技革命的前沿阵地，是我国推进自主创新、建设创新型国家的重要载体和国内高新技术园区发展的一面旗帜，是上海建设国际

① 总面积为 75.9 平方千米，主要包括张江核心区（北区和中区）、张江南区、康桥工业园区、上海国际医学园区、合庆工业园区、张江光电子产业园和银行卡产业园等。

化大都市、产业转型升级的创新动力源，也是浦东发展战略性新兴产业、提升国际竞争力、推进“二次创业”的发动机和先行区。

1. 围绕 ICT 和 BT 两大核心技术，张江已在若干产业领域具备全球竞争力

张江已在集成电路、生物医药等产业的某些领域进入了世界的前沿，这主要体现在两个方面：一是相关产业领域多家全球知名跨国公司已在张江设立研发中心或总部；二是张江本土企业频频入选国外知名机构在国际范围内评选出的各类企业排行榜。

目前，张江集成电路已形成从设计、制造、封装测试及包括设备制造在内的国内最完整的产业链，同时呈现出在国内加工水平和生产能力最高、研发机构实力最强、高端 IC 设计企业最集聚等特点，规模占全国半壁江山。截至 2012 年年底，全球 25 大半导体厂商（包含晶圆代工厂商）中，高通、德州仪器、超威半导体、英飞凌、艾萨华、英伟达、飞思卡尔、马威尔 8 大半导体厂商都在张江设立研发中心或中国总部。中芯国际、宏力半导体、中微半导体等一批本土企业不断追赶国际先进技术水平，国际竞争力不断增强。

在生物医药领域，张江已经成为我国创新药物研发数量最多的区域。据不完全统计，张江企业累计形成药物产品超过 230 个，在研创新药物 127 个，其中进入新药证书和生产批文申报阶段的药物品种 12 个，进入临床Ⅲ期阶段的药物品种 32 个，进入国际多中心临床Ⅱ、Ⅲ期的药物多达 8 个。园区新药审评获批率达到全国平均水平的 3 倍以上。天士力公司研发的新药“普佑克”获得国家生物Ⅰ类新药证书和生产批件，成为国家重大新药创制科技重大专项首个生物 1 类新药，也是我国“十一五”期间唯一的生物Ⅰ类新药。当前，全球前 10 强制药企业中，已有辉瑞、诺华、罗氏、葛兰素史克、雅培、阿斯利康 6 家都在张江设立研发中心，其中诺华的研发中心已经成为其全球三大研发中心之一。

专栏 4—3：张江集成电路产业国际竞争力日渐增强

据有关方面的研究表明，在集成电路产业领域，在从光刻机到清洗抛光共 11 个产业子门类中，除了物理溅射膜、光阻冲洗、生产自动化 3 项国内还是空白之外，我国在 8 大领域实现了突破。其中，化学薄膜是由沈阳自动化突破的，其他 7 项都和浦东张江有关，或是独立突破的，或是与北京等其他地区的单位共同突破的。其中，中微半导体的刻蚀机技术已经达到 22 纳米的工艺精度，产品进入日本东芝、韩国海力士等 5 家亚洲芯片生产企业。盛美半导体抛光设备在速度、散热和提高产品优良率等方面超过美国、日本同行，获得海力士的订单。

2. 围绕技术创新和产业集聚，张江正成为国家自主创新高地

聚焦张江以来，张江结出了丰硕的自主创新成果。园区知识产权专利授权历年累计突破 10000 件，其中 2012 年专利授权数超过 3000 件，其中发明专利授权 2000 余件。

第一，承担多项国家级重大攻关课题。多年以来，共参与《国家中长期科技发展规划纲要》16 个重大专项中的 5 项，其中承担国家极大规模集成电路制造技术及成套工艺专项（02 专项）中的 7 项；承担国家核心电子器件、高端通用芯片及基础软件专项（核高基 01 专项）中的 22 项；获得国家重大新药创制专项支持的项目 99 项，占全国 10.2%；参与国家重大课题 216 项，其中“863 计划”129 项、“973 计划”17 项。

第二，优秀创新成果屡获大奖。张江无论是个人还是机构、企业，科技创新成果迭出。自 2005 年以来，张江园区每年都能斩获国家级大奖，其中有的是独立参与完成，有的是参与合作研究。张江园区荣获如此多的国家级大奖，为一般科技园区所不能及。同时，获奖呈现逐年增多趋势，显示张江的创新能力不断增强，已成为我国重要的科技创新源地。

表 4－6 张江 2005—2013 年国家科技奖励大会获奖情况一览表

年份	奖项	获奖项目
2005	国家科技部征集“百个第一”	6 个申报世界第一；14 个申报国家第一
2006	国家科技进步奖一等奖	芯片 GSM/GPRS 手机核心芯片关键技术的研制和开发
2007	国家自然科学奖二等奖	重要药理作用的靶标动力学行为与功能关系研究及其药物设计
		恶性肿瘤细胞抗原提呈和生物调变机理研究
		水稻第四号染色体测序及功能分析
		Y 染色体多态性与东亚人群的起源、迁徙和遗传结构研究
		治疗类风湿关节炎等疾病的抗体融合蛋白药物
	国家技术发明奖二等奖	黄芪活性产物代谢调控的基因工程关键技术研究
	国家科技进步奖二等奖	万古霉素关键技术研究及产业化
		碘过量对甲状腺疾病影响的流行病学和实验研究
		皮肤病遗传资源的收集与利用
		中国国际网络
2008	国家科技进步一等奖	《第二代居民身份证》项目
	国家科技进步二等奖	90～65 纳米极大规模集成电路大生产关键技术

（续表）

年份	奖项	获奖项目
2009	国家自然科学二等奖	拓扑异构酶Ⅱ新型抑制剂沙尔威辛抗肿瘤分子机制
2009	国家科技部授予“国家自主创新产品”证书（企业自主创新最高奖项）	展讯、奥威科技、中微半导体和微创医疗等企业的自主创新成果
2010	国家科技进步二等奖	中药质量控制综合评价技术创新及其应用
2011	国家技术发明二等奖	新型重组肠激酶的研制及在生物制药中的应用
2011	国家技术发明二等奖	丹参多酚酸盐及其粉针剂
2011	国家科技进步二等奖	药物制剂缓控释技术的开发与产业化
2011	国家科技进步二等奖	融合业务支撑环境关键技术与应用
2011	国家科技进步二等奖	高品质船板高效化制造关键技术研发与集成创新
2012	国家科技进步一等奖	TD—SCDMA关键工程技术研究及产业化应用
2012	国家科技进步二等奖	病证结合动物模型的制备方法与应用
2012	国家技术发明二等奖	纳米精度多自由度运动系统关键技术及其应用
2013	国家科学技术进步一等奖	上海光源工程
2013	国家自然科学二等奖	若干重要中草药的化学与生物活性成分的研究
2013	国家科学技术进步二等奖	药物分子毒理学研究及新药安全性评价关键技术的应用和国际认可
2013	国家科学技术进步二等奖	嵌入式非易失性存储器制造技术

第五章

张江科技驱动新型城镇化的主要做法

改革开放和浦东开发开放创造了张江发展奇迹。一片曾以盛产荸荠闻名的农田阡陌，如今集聚上千家高科技企业、数十万人才、近百家研发机构，被誉为“中国硅谷”。这一翻天覆地、凤凰涅槃般的转变令人感慨和激奋，而探寻这一过程中的“奥秘”和“经验”也成为迫切需要解答的问题。

本章主要介绍张江科技驱动新型城镇化的主要做法：以人才为核心，以政策环境、服务环境和创新创业环境建设为手段，积极吸引国内外的科技人才；以高科技为驱动力，打造新型城镇化发展模式；合理规划空间，促进新型城镇化的有序开发；生态优先，促进和谐宜居、节约集约的新型城镇化发展；注重地区文化建设，塑造创新创业人文氛围，打造文化张江；构建与高科技城区开发建设和发展相适应的管理体制运行机制，为科技驱动新型城镇化提供保障。

第一节 以打造人才高地为重点，推进高水平城镇化

新型城镇化的核心是以人为本，人是城镇化的主体。科技驱动新型城

镇化的一个鲜明特征就是高科技人才和创新创业人才的高度集聚。张江从一个以农业和农村人口为主的小镇，快速发展成为高科技产业和创新创业人才集聚的高地，这与张江长期以来不遗余力打造宜居宜业和创新创业的良好环境，吸引人才近悦远来密不可分。特别是，张江逐步探索走出了一条由政府、开发公司和市场合力营造良好政策环境、服务环境和创新创业环境的“不拼重金拼环境”的聚才之路。根据2011年浦东新区人才发展白皮书数据显示，张江园区从业人员约17万，从业人员中人才率（大专及以上学历占从业人数比重）达到79.1%，境外从业人员和归国留学生比重、人才文化程度、收入水平等四项指标在浦东新区四个国家级开发区中最高，专业技术人才和研发人员比重也明显高于其他开发区。截至2012年年底，园区从业人员已突破20万人。其中，在园区工作的国家级专家有251人，从事科技活动人员达到5.28万人；入选中央“千人计划”共有83人，占全市的16.5%，入选上海“千人计划”68人，占全市的21.7%。张江已成为高端人才集聚高地。

表5－1 主要开发区从业人员结构 单位：%

类别	指标	陆家嘴金融贸易区	金桥出口加工区	张江高科技园区	外高桥保税区
人才率	大专及以上学历占比	63	50.4	79.1	50
国际化人才	境外	1.8	1.5	1.7	1.8
	留学	1.3	0.8	1.8	1
文化程度	研究生	7	8	17.3	8.9
	本科	33.4	24.8	44.6	23.4
	专科	22.6	17.6	15.4	17.7
	高中以下	37	49.6	22.7	50
年收入水平	10万元以下	74.2	74.5	70.4	84.7
	10万～20万元	15.5	17.5	18.8	10.5

（续表）

类　别	指　标	陆家嘴金融贸易区	金桥出口加工区	张江高科技园区	外高桥保税区
年收入水平	20万～50万元	7.9	7	9.5	3.8
	50万元以上	2.3	1	1.3	1
岗位	经营管理	20	18.2	16.5	15.4
	专业技术	39.3	28.4	47.3	34.9
	技能人员	35.4	48.9	30.9	46.9
研发人员		5.1	10.4	23.6	11

（数据来源：2011年浦东新区人才发展白皮书）

一、出台创新性的政策举措

张江在开发建设伊始就一直高度重视人才立区、坚持人才是第一生产力的理念，一直致力于打造良好的人才政策环境，注重人才政策与创新创业政策相结合，注重激励人才与服务人才相结合，注重创新政策与综合环境打造相结合，形成了一系列的政策创新。

1. “张江创新十条”

在张江创新发展的关键时期，旨在鼓励自主创新和吸引人才集聚的“张江创新十条”应运而生。“张江创新十条”开创性地提出设立以国资为主导、总规模5亿元的“代持股专项资金”，对符合股权激励条件，又暂时缺乏资金购买股权的人员，给予“提前垫付”等形式的资金支持，解决股权激励对象的资金障碍；推行聚才计划，改变以往“唯学历论”、“唯职称论”的评价方式，在人才的选拔和培养上引入市场元素，把人才评价的权力留给“企业家评审团”，形成新的人才评价体系；为优秀人才解决蜗居烦恼，建造限价和定向配售的商品房；为满足人才子女入学要求，采取名校托管的方式引进一批优质教育资源，使得张江员工子女拥有与市中心一样甚至更高的学习条件。“张江创新十条”对人才高层次、多方位的支持，进一步推动张江成为吸引人才集聚的巨大“磁场”。

专栏5—1：探索全新人才评价办法，帮助企业吸引和留住关键、骨干人才

作为“张江聚才计划”的创新突破之一，2011年张江出台了《张江核心园以市场为导向的人才奖励试行办法》，设立“张江创新人才奖励资金”，通过评价方式、评价标准和激励方式的创新，帮助企业吸引和留住关键、骨干人才。

2011年12月，首届“张江人才”评选活动正式启动。“张江人才”评选坚持以市场的角度来评选人才，不设学历、资历门槛，倡导“不拘一格留人才”、“英雄不问出处”的张江价值观。评选专家全部由园区企业的第一负责人即董事长或总经理担任，依据他们判断人才的眼光，以个人价值、岗位贡献、创新价值、社会效益四项评价维度，公开、公平和公正选拔。根据评选方案，张江将给予“张江卓越人才”每人价值100万元、“张江人才”每人价值50万元的资助，并在住房、人才引进、户籍、子女教育、医疗健康等方面提供各项扶持政策。

截至目前，“张江人才”评选已连续举办两届，园区各类人才创新活力得到进一步激发，进一步提升了张江对各类人才的吸引力和凝聚力。

2. “两个1000”工程

针对园区人才普遍面临生活居住和创业用房成本高的问题，园区在原有人才公寓和孵化器政策的基础上，又创造性地推出了“两个1000”工程，以降低园区人才的居住成本和创业成本，营造更好的创新创业环境，吸引更多的科技人才向张江集聚。

图 5－1 张江聚才活动启动

（图片来源：张江高科技园区网站图片新闻）

专栏 5－2：“两个 1000”工程

一、“人才公寓 1000”工程

由园区管委会统一包租房源作为人才公寓，进行标准化装修，以优惠价格提供给园区内的创新创业人才。每人每月每房（每间 30～35 平方米）的居住成本控制在 1000 元以内，超出部分由园区管委会予以补贴。为此，管委会专门拟定了《张江人才公寓管理暂行办法》，具体采用“两定”（定楼、定人）“两限”（限价、限期）的办法实施。

二、“创业工坊 1000”工程

按照“指定物业、锁定成本、差额补贴”的原则，由园区管委会统一包租创业孵化场地，以优惠价格提供给园区创新创业人才。创业工坊每月（每间 50～75 平方米）的房租成本控制在 1000 元以内，超出部分由园区管委会予以补贴。对“创业工坊”进行统一的标准化管理，提供专职项目经理、创业导师等系列配套服务。

3. 先行先试七项出入境便利措施

为满足海归投资创业者需求，便利外籍人才出入境，上海市和浦东新区政府千方百计从公安部争取了七项出入境便利措施，并于2009年7月1日在张江出入境接待大厅举行启动仪式，率先在浦东进行了实施。张江的外籍人才和投资者为此首先获益，张江因此也多了一项吸引国际人才和海外投资的特殊政策。此项政策在浦东先行先试取得良好效果，半年后即在全市范围内推行。

专栏5—3：七项出入境便利措施

一、获得上海市“荣誉市民”或“白玉兰纪念奖”或“白玉兰荣誉奖”的外籍人员，可申请5年的居留许可。（专为对本市经济、社会发展有重大贡献的外籍人员而设）

二、省（市）级外籍高层次人才、特殊人才、知名人士，可申请3年至5年居留许可。（系新推行政策）

三、国家、省（部）级科研机构、重点高等院校聘用的外籍学术、科研带头人以及副高职称以上科研人员、教学人员，可申请3年至5年居留许可。（上述人员原来只能申请4年期居留许可）

四、高新技术企业、鼓励类外商投资企业、外商投资先进技术企业或外商投资产品出口企业的外籍法定代表人、总经理、副总经理、财务总监，可申请3年至5年居留许可。（上述人员原来只能申请1年至2年期居留许可）

五、跨国公司上海地区总部、研发中心、投资性公司的外籍法定代表人，以及高层次管理人才和科研人员，可申请3年至5年居留许可。（上述人员原来只能申请1年至3年期居留许可）

六、注册资金在300万美元以上的企业和个人投资企业的外籍法定代表人、总经理、副总经理、财务总监以及高级管理人员，可申请3年至5

年居留许可。（原注册资金认定标准为 3000 万美元）

七、上述六大类外籍高层次人才如不需要长期在沪工作或居留，但需多次临时入境的，可申请 3 年至 5 年的多次入境有效“F”（访问类）签证。（系新推行政策）

这些含金量极高的政策创新，都源自于园区企业和创业者的实际需求，包括国家、上海市和浦东新区层面的人才政策，为各类创新创业人才在张江创新创业构建了一个良好的政策环境。据不完全统计，仅浦东新区层面已出台的人才专项政策和涉及人才的相关政策超过 30 项，如《浦东新区引进海外高层次人才意见》（简称“浦东百人计划”）等。这些吸引高端人才和创新创业人才的政策，与张江的产业和功能定位高度契合，由此张江也成为政策受益最大的区域之一。

二、创新营造人才服务环境

1. 首创“人在彼地，才在此地”的人才“柔性流动”模式

为了适应高科技人群，特别是高端领军人物“候鸟式”、“兼职式”、“咨询式”、“项目式”等“柔性流动”的发展趋势，张江及时创新了高端人才的柔性引进方式。通过请首席科学家参与、请学科带头人入园、请海外华人学者参与张江的创新创业，多途径引进国内外专家、学者，创新性地形成了由首席科学家领衔承担国际性课题、科技顾问创办开放型研发机构、海外创业团队管理孵化基地、国际知名学者组建公共实验室等多种人才柔性流动的模式，为张江创新发展带来了更多的技术和人才支持。如中科院陈竺院士领衔的国家南方人类基因组研究中心，张江科技顾问委员会主任、原科技部副部长惠永正创办的中药创新中心，华人学者马启元博士创办的海外创新园区等。张江凭借这种“不求所有，但求所用”的开放务实的用人理念，首创“人在彼地，才在此地”的“柔性流动”新模式，不仅赢得了广大科技人才的青睐，而且大大促进了对国际人才、智力的汇集和利用，吸引国内外各类人才纷至沓来。

2. 创新人才培养模式

在国内首创建立张江创新学院。针对高校培养与产业需求脱节问题，2005年7月张江开始探索企业与高校研究生联合培养模式，建立张江研究生联合培养基地，包括北京大学、清华大学在内的15所国内外高校先后加盟张江园区。为进一步解决高科技产业发展的人才瓶颈问题和企业招聘难、培训成本高、用人成本高等问题，2006年10月19日，经上海市政府批准，张江集团出资建设的上海张江创新学院揭牌。经过多年建设，张江创新学院已经成为各类职业教育和技能培训的整合平台、国家服务外包人才的培训基地、大学教育和企业用工的联系桥梁，成为张江人才的“加油站”、“蓄水池”和“输送线”。由此，张江形成了由高等院校、科研院所、人才培养基地等组成的多层次人才培养体系，为张江高科技产业发展源源不断地输送各类所需人才。

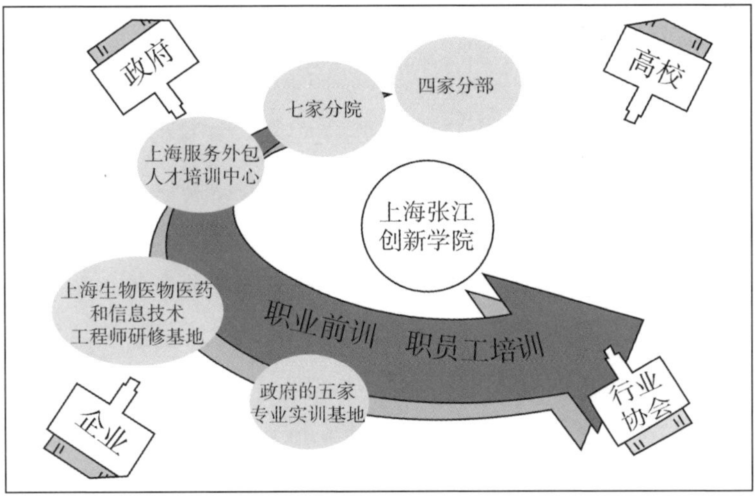

图 5－2　张江创新学院的组织格局

同时，张江园区内企业与人才培养机构不断加强合作，探索人才培养新模式。如盛大文学与上海视觉艺术学院达成战略合作，共同打造国内高校中第一个小说创作艺术类专业，预计2014年起开始面向全国招生。上海电影职业艺术学院通过“自主投资＋行业参与＋人才实践”的形式，开创自主性产学合作实践模式。

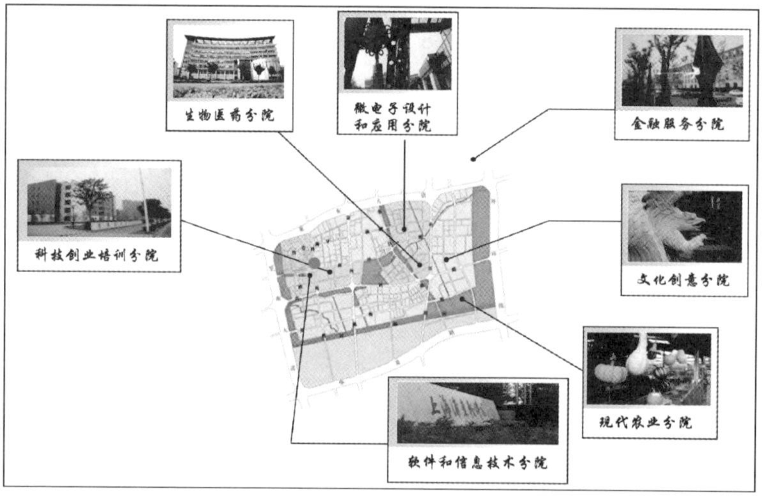

图 5－3 张江创新学院七家专业分院

3. **创新解决人才住房难题**

持续攀升的住房成本对人才集聚已产生较大影响，特别是对初始创业、新毕业或新引进的外地户籍人才影响尤甚。在张江绝大部分人才来自外地，其中相当一部分人才首先就遇到了住房的问题。对此，张江多措并举，努力缓解人才的住房问题。

第一，公司自建宿舍。在张江的很多大型企业都有员工宿舍，配备有完备的生活设施，如游泳池、健身中心、超市、饭馆、面包坊等。这让员工不用离开公司，就可以就近生活娱乐。

第二，人才定向产权配套房。在浦东临港新城主城区建造限价商品房，限交易、限房价，定向配售给核心园的引进人才、专业技术骨干、管理人员自住。

第三，创新市场租赁模式。政府提供一定的政策支持或补贴，由租赁中介服务公司收集区域内房源，签订一定年限的租赁合同，经简单装修后出租给各类人才，并提供专业的物业服务。

第四，建设人才公寓。2006 年以来，园区先后推出了浦东唐城人才公寓、张江紫薇公寓、张江科技公寓、张江创业公寓等人才公寓。2009 年“全方位配套”的张江东区人才公寓正式启用，书店、洗衣机房、超市、数十种的餐饮选择以及各种生活休闲娱乐设施一应俱全。此外，为了使人才公寓资源能公平惠及张江园区企业，并保证为入住人才提供高质量、高效率、高水准的配套服务，张江集团专门设立了人才公寓服务平台办公室，负责日常咨询、入住申请及人才公寓各项配套资源组织和服务，并推出在线受理系统，实时公开房源和入住情况，便于园区人才查询和申请。同时，为每套公寓配备家具和网络，提供家电选配租赁服务，并将根据入住者需求，逐步提供各类生活用品、餐饮配送、快递、交通等服务的渠道链接。

三、打造成为创业者“梦工场”

1. 首创留学专业人员回国服务的“张江模式”

张江在聚集人才工作上，抓住国际人才这一重点，大胆探索全新道路。2002 年 7 月，全国首家委托留学人员专业团队管理的政府孵化器“张江海外科技创新园”开园，开创了留学生创业园的新模式。创新园利用创新观念、专业技术、海外资金及国际管理的优势，通过创业风险投资与科技产业孵化器管理相结合，以及国际化、专业化和规范化的运作，创立新的吸引海内外人才机制，吸引了一大批海外科技界的留学生回国创业。创新园，包括张江国家留学人员创业园建设，成为张江吸引海外留学生创新创业的一个缩影。同时，张江还健全海外高层次人才的联络机制、引才机制，发挥高层次人才服务中心、留学生联合会等机构和社团的作用，打造“海外华人精英浦东行”、“华侨华人回国创业培训班”等品牌引才活动。截至 2011 年年末，张江园区共有海归 5083 人，境外人员 3206 人，国际性人才共 7083 人，国际性人才比例[①]为 4.6%，高于浦东新区 3%的比例。尤其是海归人员占大专以上人才比率达到 3.2%，远高于新区 1.1%和中关

---

① 国际型人才比例是指海归和境外人员总数占大专以上学历人数的比例。

村 2010 年年底 1.6%的比例（见表 5—2）。

表 5－2　园区与其他区域国际性人才的比例情况表　　单位：%

区域	海归人员数占大专及以上人员数比例	境外人员数占大专及以上人员数比例	国际性人才比例
张江园区	3.2	2.1	4.6
浦东新区	1.1	1.9	3.0
北京中关村	1.6	——	——

注：北京中关村为 2010 年年底数据。

2. 创建浦东国际人才城

为更好地服务国际人才落户浦东、落户张江，浦东不断加强各种服务要素的集聚和整合，投资建设了招贤纳才的国际人才城。浦东国际人才城是一座涵盖创新创业、政策支持和生活配套服务等元素的“人才之城”，专门为人才提供“枢纽式”综合服务、一体化创业发展、温馨交流活动的场所，它是浦东近年来深化对人才引进“不拼重金拼环境”思路的产物。浦东国际人才城网站是全国首个为国际人才提供一站式服务、首个为国际人才提供全方位政策查询服务和首个为国际人才提供商机、高端职位、服务机构智能匹配

图 5－4　浦东国际人才城

（图片资料：浦东国际人才城网站）

服务的网站。国际人才想要落户浦东、落户张江，只要登录人才网站，只要来到国际人才城，就可获得一站式、全方位、综合性的服务。

专栏5—4：建设浦东国际人才城，打造人才高地新地标

2012年9月26日，坐落于“国家海外高层次人才创新创业基地”——张江高科技园区的浦东国际人才城正式开门纳贤。项目占地面积2.4万平方米，建筑面积4.1万平方米，包括行政办公、公共服务、创业孵化、酒店、商业等设施。浦东国际人才城地理位置优越，周边集聚了一批科研院所和配套机构，以及大量高科技创新创业人才。人才城集人才成果展示、人才服务、创业支持和活动交流等功能于一体，是集聚各种服务要素的空间载体、服务人才各类需求的综合窗口、畅通国际人才合作交流的温馨家园、构建浦东人才高地的地标象征。

在人才城管理架构上，建立了由政府代表、企业负责人、社会专家和人才代表共同组成的“浦东国际人才城理事会”，作为人才城的管理主体，统筹协调人才城重大事务。理事会向区人才工作领导小组负责，在区人才工作领导小组办公室的领导下开展工作；探索建立了各方共同参与的“共建共治共享”模式，初步形成“政企社才”合作的人才工作机制。

立足人才需求，注重在人才城的运营主体上突出“人才治理”要素，突出“人才城人才建、人才城人才管”，设立了由张江集团和浦东留学生联合会发起成立的民办非企业机构“浦东国际人才发展中心”，作为人才城的市场运营主体，进行市场拓展，加速供需对接和服务集聚。同时建立“社团之家”，吸引集聚各类人才社团组织。

构建了“线上线下”互联互通的“共治”平台，打造“浦东人才工作在线联盟”，设立Talent1000俱乐部、政企社才联盟、引才地图、服务网络、人才轮值、人才活动、人才城共治平台、人才项目管理、学习社区等功能板块，将人才城的日常接待、活动和项目任务等流程化、规范化，激

发每一个工作主体的积极性和自主性。

浦东国际人才城将建设成为“人才服务之城、人才创业之城和人才交流之城”，成为宣传上海人才工作理念、人才发展环境的一张“城市名片”。据统计，开城9个月来，活动交流方面，举办“国际人才嘉年华”等人才活动120余次，接待各地区参观考察团150批次，参与人数逾6000人次；服务对接方面，服务窗口为7000余人次提供“千人计划”申报、人才政策和科技项目咨询等服务；宣传推广方面，全球35个国家和地区的1.5万余人才访问人才城网站，人才城还通过《Talent》杂志、电视台《创业故事汇》栏目、《政策信息专递》以及微博、短信、邮件等载体，加强政府、企业、社会和人才之间的信息沟通。人才城已成为各方活动交流、服务对接、宣传推广的共享平台。

3. 打造创新者实现梦想的热土

“假如一个穷学生，没有钱，只有一个创业梦想和创意，他该怎么办?”那就来张江！这里有孵化创业的最佳环境，有专业团队评估创业者的创意，有政府引导的担保贷款和各类风险资本，也有职业化的职业经理，有高明的策划师、设计师和工程师，更有大量的技术工人。创业梦想和创意能在这里最大限度、最快速度地得以实现。1998年，常兆华带着30万美元回国创业，在张江创立微创医疗。2012年公司实现净利润3.5亿元。如今全球每98秒就有一名病人在用微创的产品。2008年，当“1号店”的创始人于刚、刘峻岭带着一纸计划书回国创业时，他们的资源除了自己，就是在张江租下的一间小办公室。如今，“1号店”的营业收入已突破百亿元，成为中国最大的网上超市之一。在张江，“每天被梦想而不是闹钟唤醒”，不断吸引着各式创业者，带着热切的期望和美好的憧憬奔向这里。

四、人才化提升城镇化品质

经过二十多年的开发建设，张江现代化科技城区的发展已具规模，是高科技园区带动城镇化的成功范例。它通过科技驱动新型城镇化的发展模式，大力推进人口城镇化集聚创新人才，形成了以高素质人才为主体的人口城镇化。随着人才的高端化、产业和技术的高端化，也倒逼城镇化的硬环境建设和软环境建设加快向品质化的方向迈进。

1. 高品质城镇化的硬环境建设：着力营造高端化的生活环境

在推进科技驱动新型城镇化的过程中，张江始终坚持科技发展、人才优先，人口发展、人才为主，城镇发展、人才为重，坚持满足人才高品质城镇化的发展需求，坚持基础设施建设品质化、功能配套标准高端化，努力打造适应各类人才宜居宜业、具有幸福感的优质生活环境。

张江的科技园区在空间布局上吸取了世界著名科学园区的设计和建设经验，强调超前的设计标准和良好的生态环境，实行“成片开发，规划先行”的开发策略。按照“没有国际化城市，就没有国际标准人才”的理念，建设具有国际水准的配套设施。例如，上海张江留学人员创业园自然环境优美，配套设施完备，文化娱乐设施、卫生医疗机构、各类学校、商业中心等一应齐全，堪比国外一些著名的高科技园区。坚持“没有高端化的环境，就留不住高端人才”的观念，完善以高端人才为主的宜居环境，高标准的住宅小区与高雅的别墅区掩映在绿荫丛中。良好的工作和生活环境形成了张江吸引人才的比较优势。

2. 知识经济时代的软环境建设：着力打造栖息地式创业环境

知识经济时代，人才已成为促进经济发展和社会进步的决定因素。在知识经济时代要保持科技竞争优势，首先要保持人才优先、创新发展的优势，要打造以人才引领、创新创业为主导的软环境，形成具有栖息地特色的创业条件。栖息地式创业，简单地说就是一种创业精神转换成科技创新的环境条件。例如，美国的硅谷就因为率先具备了这一特征，因而成为世界上公认的创新创业最佳栖息地。

张江科技园区作为中国国家级高新技术园区，是上海贯彻落实创新型国家战略的核心基地，承担着国家自主创新示范的重任，引领着知识经济时代创新创业的风潮。为建设成为国际一流高科技产业园区、参与世界科技竞争现代综合城，张江目前也正在努力创造更加有利于创新创业的栖息地条件，全力营造适宜人才集聚的创新创业生态环境，打造一个平等、自由、开放、包容、合作和富有活力的创新创业文化环境，着力提高人才的归属感和向心力。

第二节
以高新技术为驱动力，促进产业转型和升级

自硅谷革命性的成功实现高技术应用和商业化以来，全球范围内掀起了高技术产业及高科技园区发展的大潮。各国纷纷选择微电子技术、生物技术、信息技术、激光技术、新材料技术、智能自动化技术、航天技术、海洋技术等高技术的产业化发展作为推进产业升级、打造经济强国的重要路径。张江正是选择并坚持了以高科技产业作为驱动力，使得张江在城镇化特点上很好地体现了新型城镇化的要求。当然，在实现走科技型新型城镇化道路的过程中，最为艰难的是如何坚持产业的高科技属性，并能在坚持中不断拓展产业规模、衍生产业类型，打造城镇化的持续驱动力。对此，张江进行了诸多实践探索。

一、抢抓重大契机，精心制定规划，坚持产业选择

在前文张江发展背景的分析中介绍了张江科技园区为何走上高科技发展道路，在这一部分，将从产业角度介绍张江科技园区在产业选择和产业定位上的做法。

1. 耐住寂寞与抢抓机遇的统一

张江在发展道路上选择了高科技，但由于高科技产业具有起点高、技术新、要求多的特点，在寻求产业——城镇的良性双向促进发展中，容易偏离初衷，出现引进一些见效快、易发展但层次低的伪高科技产业。在发展高科技产业初期，容易在实际发展中因高科技产业发展难度高，而往往难以坚守下来。对于从一片农田起家，选择高科技创新创业为主题的张江，坚守更为不易。张江早期也曾试图引进一些集装箱制造和传统家电制造等企业，但随后相关领导清醒地认识到这一问题，随即纠正，提出张江在招商引资上如无高科技项目，情愿慢发展、缓发展，甚至不发展。这一坚守防止了张江在城镇化进程中可能出现的布局散乱、生态环境破坏、发展不可持续、改造成本高等城镇化弊端。

在耐住寂寞的同时，张江也积极寻求国内外高科技产业发展的契机。在 20 世纪 90 年代中后期，随着旨在限制发达国家高科技技术和产品出口的巴黎统筹会解散，发达国家为寻求低成本、大市场，纷纷加快了高科技产业的全球扩散转移步伐。顺应国际高科技产业转移大潮，上海市委市政府适时推出了“聚焦张江”的重大战略举措，以最大的发展力度迎接这一重大契机。在与国际大势一拍即合的情势下，张江由此进入快速发展阶段。目前占据上海半壁以上江山，被誉为在全国产业链最为完整、自主创新能力最强之一的张江集成电路产业就是在 2000 年起步打造而成的。

专栏 5—5：巴黎统筹会的终结

巴黎统筹会 1949 年 11 月在美国的提议下秘密成立，因其总部设在巴黎，通常被称为“巴黎统筹委员会”。巴黎统筹委员会有美国、英国、法国、德国、意大利、荷兰、日本和澳大利亚等 17 个成员国。它是第二次世界大战后西方发达工业国家在国际贸易领域中纠集起来的一个非官方的国际机构，其宗旨是限制成员国向社会主义国家出口战略物资和高技术。列入禁运清单的有军事武器装备、尖端技术产品和稀有物资三大类上万种产品。被巴黎统筹委员会列为禁运对象的不仅有社会主义国家，还包括一些民族主义国家，总共约 30 个。

随着国际政治经济形势的变化和科技水平的提高，西方国家为了自身的经济利益，不断突破巴黎统筹委员会的禁运限制，巴黎统筹委员会不得不缩小其管制范围。1990 年，巴黎统筹委员会大幅度放宽对前苏联和东欧国家的高技术产品出口限制，禁运项目由成立初期的 400 个减少到 120 个，1991 年中又减少三分之二，受其禁运的国家也越来越少。随着世界格局的重大变化，加上巴黎统筹委员会的禁运措施与世界经济科技领域的激烈竞争形势也不相适应，一些西方国家又把巴黎统筹委员会作为相互进行贸易战的工具。巴黎统筹委员会会员国的高级官员 1993 年 11 月在荷兰举行会议，一致认为巴黎统筹委员会“已经失去继续存在的理由”。1994 年 4 月 1 日，巴黎统筹委员会正式宣告解散。

2. 做好产业选择确立主导产业

尽管张江抓住了高科技产业发展重大契机，但是如何根据自身条件和产业发展趋势确立主导产业，仍是需要研究的难题。对于这一点，张江在充分分析自身区域特点和国内外形势下，提出了发展电子信息产业和生物医药产业的定位。张江园区在最早的高科技产业选择上，主要是以打造“药谷”为目标，充分发挥上海医药、医疗资源丰富的优势。同时，张江也抓住电子信息产业（技术相对成熟、应用非常普遍，也是全球诸多高新区选择的产业类型，特别是作为科技园区鼻祖的硅谷，即是电子信息产业蓬勃发展所推动的）转移和发展的趋势，选择其中最为核心的集成电路作为重点突破口。集成电路作为电子信息产业的核心，也是当前国际高新技术产业竞争的焦点之一。它是现代制造业最具投资收益率的行业之一，具有全面的渗透性、高度的增值性，其产品毛利率在国内一般在30%左右，高的可达40%～50%，这是其他现代制造业难以企及的。尽管张江在集成电路产业上是从所谓“微笑曲线”的下端，即制造环节起家，但由于抓住了重大契机，并在之后的发展中围绕产业链，不断扩充上、下游产业，不断集聚研发平台和人才，使得张江已成为国内集成电路产业集聚度最高、产业能级最优、技术水平最先进的产业园区，成为国内名副其实的集成电路龙头园区。张江集成电路产业获得的发展成就，与当初准确的产业选择和定位密不可分。

3. **借力外脑精心制定产业发展规划并进行产业辅导**

张江虽然选择了生物医药和电子信息技术作为产业发展的突破口，但由于高科技产业技术复杂、生产难度大、研发配套多，这对于无大学、缺人才、少经验的张江而言，在实现机遇快速转化为生产力上制造了一个大难题。对此，在起步阶段，张江就采取开通与浦西复旦、交大等高校的专线班车、完善基础设施环境等若干措施。其中，借助外脑进行产业规划和辅导，对张江的高科技产业集群打造起到了重要的推动作用。

台湾地区是我国集成电路产业发展较早且取得重大成就的区域。特别是新竹高科技园区，通过吸引海归创新创业等方式较早确立了在集成电路产业上的全球影响力。张江在选择信息产业中的集成电路产业作为主导产业后，为快速启动产业发展，在经费紧张的情况下，拿出百万元人民币，聘请台湾咨询专家团队进行产业规划和辅导，找准突破路径。由此，根据张江实际制定了集成电路产业的发展规划，并在规划的实施过程中，由这一团队为政府、为企业、为相关技术人员进行有针对性的业务辅导和培训，尽快掌握产业知识和技术动态。这大大加速了政府招商引资的速度和准度，也加速提升了入驻企业的生产和研发能力，为抢抓国际集成电路产业转移契机、打造集成电路产业集群打下了坚实的基础。

4. **始终围绕已确立的主导产业拓展产业类型**

在发展过程中，除产业引进过程中容易偏离高科技外，还容易出现主导产业不聚焦的问题，也就难以坚持“一张蓝图干到底”。张江在产业发展过程中，首先确立主导产业，一旦确立则不遗余力地打造。在张江二十余年的产业引入和培育上，始终围绕规划确立的ICT、BT两大核心关键共性技术，展开招商引资、产业扶持、人才吸引等政策服务。例如，张江在发展文化创意产业上，紧紧围绕信息技术产业，大力推进文化科技创意产业发展。园区目前集聚了以动漫、游戏、数字出版和创意设计为主的近400家企业。这些企业大多掌握电子信息领域的技术优势，体现了张江在信息科技与文化融合上推进文创产业发展的特色。2012年，张江文化创意产业实现营业收入100.8亿元，实现利润11.4亿元；初步统计，其中70%左右的产值可归入信息技术产业的统计范畴。

二、坚持龙头先行，实施战略招商，打造基地公司

张江园区积极倡导以产业链招商和平台招商为特征的战略招商思路。一方面千方百计引进行业龙头企业，以龙头企业的示范效应和产业关联效应带动招商引资；另一方面注意上、下游配套企业的产业链招商和围绕重大研发平台的招商，有效加快了产业的集聚，实现了招商引资的跨越式发展。

1. 引进“三剑客”，加速产业集聚

龙头带动、以大引小是张江高科技产业规模拓展的一个重要做法。张江集成电路和生物医药之所以能有今天的成就，与当年引进的三家龙头型企业：中芯国际、宏力半导体和罗氏制药密不可分。

以中芯国际和宏力半导体为龙头，集成电路产业链快速成型。随着“聚焦张江”战略的实施，2000年张江先后引进了一期投资14.76亿美元的中芯国际和投资16.3亿美元的宏力半导体两大龙头企业。随后，国家首家产—学—研结合、企业化运作的集成电路研发中心——上海集成电路研发中心、上海微电子装备公司等知名设备制造商、华虹等知名系统厂商纷纷落户张江。从2000年起步，仅用短短的10年左右时间就把张江园区建设成为全国最大的集成电路产业园区之一。

专栏5—6：张江集成电路产业的龙头带动

2000年可谓张江集成电路产业发展的元年。随着中芯国际和宏力半导体两家晶圆代工企业相继开工建设，开启了大陆晶圆代工产业发展先河。

2000年8月24日，中芯国际落户张江园区，一期项目投资14.76亿美元，建立一厂、二厂和3B工厂。2001年11月22日，中芯国际第一条8英寸生产线正式投产，创造了中国芯片项目从建厂到生产的最短纪录。2002年7月，中芯国际二厂、三厂8英寸晶圆生产线投产，三厂成为大陆首家提供铜制程服务的芯片代工厂。中芯国际成为大陆第一家能提供0.18微米逻辑制程技术与服务的芯片代工厂，使中国大陆集成电路制造技术与国际主流技术的差距从三代以上缩小至一代到两代之间。

2000年11月18日，宏力半导体投资16.3亿美元在张江微电子产业基地开工建设。一期工程建成两座完全按照12英寸芯片规格来设计和建造的厂房，其中晶圆一厂的A生产线引进了当时世界上最先进的半导体制造机械设备，于2003年4月投入生产。正式投产的8英寸硅片采用了0.25微米以下工艺技术，品种涵盖了应用于计算机、通信设备、消费类电子产品、IC卡、各种逻辑电路等主流产品。宏力半导体自主开发出0.15微米的逻辑与存储器集成电路制造技术，使大陆集成电路产业技术能级提升到一个新台阶。

在两大晶圆制造企业的带动下，大量集成电路相关企业纷至沓来，迅速集聚，仅仅在三年后，张江就引进和组建了130多家集成电路企业。其中芯片设计企业72家，一举使张江成为国内集成电路设计企业的集聚区。这些集成电路设计企业中既有展讯通信、华亚微电子和格科微电子等留学归国学生创办的公司，也有英飞凌科技等国际领先企业在张江园区内成立的上海分公司。上海华岭和上海微电子装备、日月光集团等封装测试及设备材料企业也纷纷落户张江园区。在此期间，张江园区依靠上海的国际化优势和大型代工企业的跨国公司性质，大力发展跨越国界的产品流、资金流、信息流和人才流，使以代工企业为核心的张江集成电路产业群与国外同行、全球产业的脉搏紧密相连，充分便捷地利用全球技术平台，并积累了产业优势、技术优势。

在生物医药产业发展上，罗氏制药是当时世界第三大的制药公司、世界500强企业之一，也是张江园区招商的第一个国际大客户。当时，罗氏公司的项目负责人威廉·凯乐到张江实地考察，眼前一片农田让他心生疑虑。罗氏公司总部副董事长看到张江的现状也非常担心。罗氏方面提出条件：6个月完成基本建设交付使用。做事严谨的瑞士人认为6个月的时间张江不太可能实现他们的需求。在市、区各部门支持和开发公司的努力下，半年后张江实现了承诺，龙东大道当年建成，水和电通到地块边上。这个项目最终在1994年1月签订土地批租合同，1994年12月9日奠基开工，成为张江园区吸引外资的一个标志性项目。在罗氏制药的带动下，奈科明、美敦力、史克必成等一批跨国生物医药企业落户，中医药大学迁入，上海新药研发中心等医药检测研发机构入驻，快速形成生物医药产业集群。经过十余年的发展，张江已建设成为闻名中外“药谷”。

2. **推进战略招商，加速形成产业集群**

从一片农田基础上打造高科技城区，一个必不可少且非常重要的环节就是招商引资和招才引智。传统的拼地价、拼优惠的招商机制显然难以形成高起点、持续性、系统性的高科技产业集群。为此，浦东张江在不断总结开发开放经验的基础上，积极践行战略招商的创新举措。凭借这一科学招商理念，张江高科技产业集群迅速形成并持续扩展。

专栏5—7：浦东创造性的率先推进战略招商

战略招商是指围绕浦东开发国家战略的定位要求，把握国际科技、产业发展趋势以及经济结构深刻变化的战略机遇，瞄准国内外处于发展前沿的战略性产业以及具有带动力、引领性的战略性企业，集中政策和资源优势，有针对性地吸引战略性产业、机构、项目和人才在浦东集聚。

战略招商有别于传统招商，其特点主要体现在四个方面。

（一）从目标上看，更加注重功能打造。战略招商要紧紧围绕“四个中心”核心功能区这一定位要求，明确产业重点、细分行业和龙头企业，有目的、有针对性地培育壮大主导产业集群，专注提高国际竞争力。而传统招商是漫天撒网，更加注重招商引资的规模和数量。

（二）从方向上看，更加注重产业领先。战略招商更加注重产业发展的长远性、先导性和可持续性。在成熟产业领域，体现在不断向产业链的高端、核心、关键环节延伸，推动产业高端、高新、高效发展；在新兴产业领域，体现在敏锐把握产业发展趋势，高度重视集聚创新人才，注重培育新技术、新业态、新模式，提前谋篇布局，抢占发展先机，形成先发优势，实现产业的可持续发展。传统招商往往重大项目轻小企业、重外资轻内资、重引进轻培育，更加注重企业的规模和产出而不是技术的先进性。

（三）从方式上看，更加注重环境营造。传统招商往往是延续初级发展阶段的做法，采取低价竞争的方式，依靠土地、楼宇、财税政策等资源优势招商。战略招商更加注重通过制度创新、优化服务、完善配套等，营造良好的发展环境和多功能的综合优势，以环境优势、功能优势招商；更加注重通过扩大开放、提升国际化水平，集聚国际领先企业、项目以及高端人才，善用全球资源提升国际竞争力。

（四）从措施上看，更加注重重点聚焦。战略招商的目标明确、重点突出，在一段时期内，需要集中空间、财力、政策等资源，全力聚焦重点产业，迅速形成产业发展的领先效应和集聚效应。传统招商的目标比较分散，因此资源缺乏有效整合，各方平均用力，难以形成竞争优势。

综上所述，战略招商是一种创新理念，是区委、区政府根据新时期浦东开发开放面临的形势任务、定位要求和阶段特征，作出的一项重大部署，要贯穿于经济发展各个领域和各项工作；战略招商是一个发展过程，要逐步实现从粗放型招商向精细化招商转变，从微观角度招商向宏观角度招商转变，从注重引进成熟企业向引进外来企业和培育本土企业并重转变；战略招商是一项系统工程，从产业发展的目标方向、任务重点、规划布局，到与之相适应的工作机制、考核办法、扶持政策等保障支持措施，都要通盘考虑、顶层设计，才能确保战略招商在全区上下形成共识、落到实处。

第一，实施垂直一体化的产业链招商。为迅速打造产业集群，推动产业在高端高效环节形成控制和影响力，张江率先实施产业链“垂直一体化”战略，通过大力引进、培育处于产业链核心、关键环节的龙头企业，带动上、下游配套企业集聚。同时，同步引进企业总部、研发中心、销售中心、结算中心等功能机构，不断促进产业向产业链高端、价值链高效环节延伸。其中，集成电路产业就是抓住全球信息技术兴起并向发展中国家转移的战略机遇，围绕产业链关键环节和重点领域，引进中芯国际等一批龙头企业，引入科技领军人物、创新创业人才等关键要素，在浦东逐步形成了产业链上、下游互动发展、互为支撑的集成电路产业生态体系。

第二，推进平台招商。平台招商作为战略招商的一个重要模式，其做法主要是针对产业特征，抓住产业链中成本占比高、风险收益高的关键环节，搭建公共服务平台，建立企业资源共享与风险分担机制，降低制造、研发、应用等关键环节的成本，吸引企业集聚。例如，张江针对生物医药产业研发周期长、风险大、成本高的特点，通过建设国际标准的专业性、功能性公共服务平台，提供从先导化合物筛选、临床前研究、临床实验到产业化的全过程服务，降低新药研发成本，吸引生物医药集聚。目前，张江已有近40个生物医药公共服务平台，集聚了国内外400多家生物医药企业、科研机构和高等院校，成为国内研发机构最集中、创新实力最强、新药创制成果最突出的生物医药基地之一。

第三，基地式布局，提升产业内聚力和土地利用效率。不同于一般的产业园区，高科技园区的产业相关度通常较高，往往围绕某个产业领域形成较为完整的产业体系或链条，配套企业会呈现金字塔型的集聚。为了更好地抓住全球高科技产业更替和梯度转移机会，加快相关产业领域的产业链集聚形成，张江采取了多产业基地“齐头并进”的开发模式，充分调动和集中各方资源，搭建产业发展平台，形成见效快、效率高的优势，快速出形象、出功能。为了适应基地开发模式和基地产业集群打造的需要，张江集团公司通过设立基地公司，作为基地专业的空间方案和集成服务的提供商，专门负责基地运营，完善基地发展环境，为入驻基地企业提供全方位的服务。

专栏5—8：创新建设上海张江国家数字出版基地

上海张江国家数字出版基地成立于2008年7月16日。这是新闻出版总署授牌的第一家国家级数字出版基地，也是第一家在高科技园区设立的国家级数字出版基地。通过短短几年的发展，已聚集了盛大集团、上海方正、中文在线、聚力传媒、世纪创荣等一批具有代表性的数字出版龙头企业和其他中小数字出版企业400家左右，年产值达200亿元左右，已成为我国数字出版领域最具影响力的品牌聚集区域之一。

创新开发运营模式，采用“管理三分离”制度。改变以政府部门直接推动基地建设的传统模式，成立独立法人公司上海张江数字出版有限公司，通过市场化运作，为政府和企事业单位提供第三方服务。管理上，由新闻出版总署、上海市新闻出版局和浦东区政府担任管理主体，上海张江数字出版有限公司为开发运营和服务主体。张江数字出版有限公司作为基地服务的运营主体——企业服务商、产业育苗人，积极搭建上海版权服务平台等服务设施，集聚公共产业服务资源为企业成长、产业发展营造良好环境。

创新机制，营造环境。一方面由新闻出版总署和上海市政府形成了联席会议的“部市合作”机制。在此基础上，由上海市新闻出版局牵头，形成了上海市相关委办局共同参与、与浦东新区政府联动的“市区联动”机制，为数字出版产业发展提供政策和机制保障。上海市制定《关于促进本市数字出版产业发展的若干意见》，浦东新区出台《“张江国家数字出版基地建设专项资金”扶持政策》、市新闻出版局与交通银行签署战略合作协议为数字出版企业提供资金支持，一系列的产业扶持政策和举措，为数字出版基地提供全方位的支持。

目前，张江园区已建有国家上海生物医药科技产业基地、国家信息产业基地、国家集成电路产业基地等 20 多个国家级产业化基地（见表 5－3），为集聚发展资源、产业集群化发展，创造了有利的条件和良好的空间载体。同时，通过相对集中的布局产业集群，张江的土地利用效率也大大提升。张江园区在 2012 年度上海市开发区综合评价中，综合发展指数、经济规模指数、发展质量指数、科技创新指数等均位列首位，土地高效集约利用的特点非常明显，这也使得张江的城镇化质量大为提高。

表 5－3　张江高科技园区国家级产业化基地

领域	基地名称	颁发部门及时间
生物医药	国家上海生物医药科技产业基地	科技部、卫生部、食品药品监督局、中科院与上海市人民政府 1996 年
	国家生物产业基地	国家发改委　2006 年
	国家科技兴贸创新基地	商务部、科技部　2007 年
	国家医药出口创新基地	商务部　2005 年
集成电路	上海国家微电子产业基地	国家发改委　2004 年
	国家电子信息产业基地	信息产业部　2004 年

（续表）

领域	基地名称	颁发部门及时间
集成电路	国家电子信息产业园、国家（上海）集成电路产业园	信息产业部 2005年
	国家半导体照明工程产业化基地	科技部高新技术产业化司 2004年
	国家射频识别产业化（上海）基地	科技部高新技术产业化司 2006年
软件	上海国家软件出口基地	国家发改委、信息产业部、商务部 2003年
	国家软件产业基地	国家发展计划委员会、信息产业部 2001年
	国家高技术研究发展计划成果产业化基地（软件）	科技部 2000年
	国家高技术研究发展计划信息安全成果产业化（东部）基地	科技部 2000年
文化科技创意	国家文化产业示范基地	文化部 2004年
	国家网络游戏动漫产业发展基地	新闻出版总署 2005年
	国家数字媒体技术产业化（上海）基地	科技部 2005年
	国家数字出版基地	新闻出版总署 2008年
农业	上海浦东国家农业科技园	科技部 2001年
	国家引进国外智力成果示范推广基地	国家外国专家局 2001年
	国家级农业标准化示范区	国家标准化管理委员会 2004年

（资料来源：张江集团，2009年度张江高科技园区产业发展报告）

三、坚持集聚集群，推进高端高效，提升产业能级

高科技园区在产业发展中易于出现产业集合不集群、高端不高效的阶段性问题，因此，如何加快构筑起真正的产业集群、拓展产业价值链、提升产业能级是获得高质量产业驱动力的关键。

1. 避免产业集合不集群，不断提升产业持续增长力

由于张江高科技产业以引进为主，尽管发展初期也采取了龙头企业先行、产业链招商、集中布局等措施努力打造产业集群，但囿于产业基础薄弱、产业生态周期等主客观原因，张江也出现了产业集群“貌合神离”的阶段性问题。产业集合而并非产业集群造成了内部相关企业、研发机构、平台、人才等要素未能有机整合，大大降低了资源的融合集聚效应。招商引资式的高科技产业发展只能是阶段性产物，如何形成具有内聚力、自我成长力、自我创新力的产业集群是张江高科技产业持续、快速、高质量增长的关键，而产业的良性循环发展也为新型城镇化提供不竭的驱动力。对此，张江在打造产业联盟、促进创新创业、强化园区非正式交流的软硬件建设上狠下功夫。

第一，推动建设多种形式的产业联盟。产业联盟是企业、研发机构、行业协会等产业要素通过采取自我管理方式解决产业外部共性问题的组织。由于高科技产业具有较强的外部性，因此高科技企业之间需要相应的机构使外部性内部化，以提高效率。与此同时，高科技产业又具有技术专业性高、技术周期短等特点，如果完全由政府解决这种外部性也有不足，因此组建产业联盟无疑成为促进高科技产业各要素柔性、自发、平等沟通、协调和组织的最好方式。要破解打造产业集群中出现产业组合的先天不足问题，更加迫切需要加快产业联盟的建设，以推动各产业要素间的相互协作、整合资源，迸发内生性的创新动力和发展动力。

从2008年开始，张江高新区一区多园有了一个专项资金——张江专项发展资金，对园区开展国内外科技合作交流、产业创新联盟和产业集群予以补贴。鼓励园区重点骨干企业牵头，通过市场机制建立R&D联合体、

技术联盟、产业化联盟、市场联盟等多种形式的产业联盟，共同投资搭建科技资源条件平台，共同推进核心技术研发以及标准创制和产业化工作，营造园区开放、协同创新的新局面。2007年，桑迪亚联手联友药业和华大天源生物科技有限公司，成立首个涉及不同医学领域的服务外包联盟。联盟为客户提供从先导化合物合成、优化，直至临床用药中间体和原料药开发的有机完整的新药研发“一门式”服务。近年来，上海动漫产业促进会、中国射频识别（RFID）产业技术创新联盟、张江药谷的生物医药产业研发外包联盟、上海首家“物联网产业联盟”等纷纷在张江成立。

第二，促进形成多元化主体的创新创业生态。创新创业是高科技产业持续发展的生命线。也是形成产业内在集聚力和地域根植性的重要路径。由于从一片农田起家打造高科技产业集群的“先天不足”，张江更加重视创新创业力量的培育。可以说，张江可持续的发展动力就在于其营造了完善成熟的创新创业“土壤”和环境。一批批有使命、荣誉、责任和能力的创新创业者，在市场化和资本化的环境里逐步成长为“参天大树”，进而带动并吸引更多的创新创业者从世界各地汇聚到张江。一是注重留学生及留学生团队的创新创业。通过建立上海张江国家留学人员创业园，组织开展每年一度的海外留学生创新创业大赛等形式推进归国留学生的创新创业。二是注重本土创业团队及企业人才溢出创业。随着园区产业的发展以及创业环境的变化，园区本土再创业者不断涌现，如展讯的武平离开展讯创立武岳峰资本等。三是注重中小企业的创新生力军作用。在张江，近80%是营收不过千万的中小企业，主要包括技术创新型、商业模式创新型和技术移植型三类中小创新型企业。

在具体做法上，张江首先构筑起“让市场检验创新，让资本推动创新”的创新驱动力准则，不断完善以政策环境体系、产业平台体系、产业孵化体系、投融资体系、人才服务体系以及基础配套体系六大体系为内容的产业创新服务系统，持续增强张江“开放式创新力”。

2. 避免产业高端不高效，不断拓展产业价值链

在高科技产业发展中，易出现高端不高效的问题，特别对于张江这样

主要以外引作为初期发展动力的产业模式，这一问题更加凸显。对于一片空地而言，制造环节是最易植入的产业环节，但是制造环节的利润往往也很低，而且不可持续。因为对于制造这样的低端环节，往往是“来得快去得也快”。为此，张江强化了对“微笑曲线”两端的拓展：一是注重研发创新，包括技术创新、商业模式创新等；二是注重技术转化和产品推广，提高产品的市场占有率并形成品牌效应。从具体做法而言，包括大力发展科技服务业，科技型总部经济，平台经济以及建设知识产权交易中心，高科技产品的销售、展示和交易中心等。从新型城镇化角度而言，高科技产业的价值链拓展，特别是结构的服务化和“软”化很好地促进了城镇配套环境和空间结构的综合化和人本化。

第一，推进产业链向高附加值环节拓展。如何避免在高科技产业发展领域出现诸如手机产量超全球半数但利润不到1%的尴尬，重要的是积极拓展产业向高端环节延伸，而不是仅仅停留在制造环节。张江在产业发展中非常注重产业价值链的高端拓展（见图5—5）。

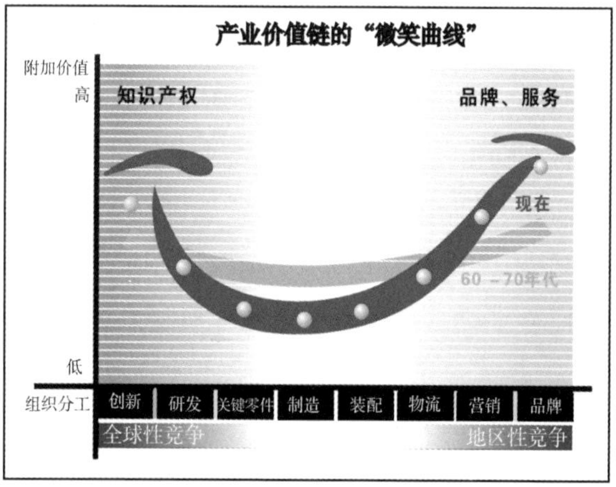

图5—5　产业价值链的“微笑曲线”

以集成电路产业链为例。集成电路产业有四个细分行业，即设计业、芯片制造业、封装测试业和设备材料业。张江早期在集成电路产业各细分行业中主要以制造环节为主，随后通过龙头企业的带动，产业要素不断汇聚后，其他细分行业也开始发展。为推动集成电路产业链的结构转型和升级，张江主要采取了以下做法：一是推动集成电路产业链全程保税监管模式创新；二是加大对设计业和设备材料业的专项资金政策扶持；三是强化园区与台湾企业和行业协会的对接等。这些做法加快了张江集成电路产业链的升级步伐。近几年，张江集成电路四个细分行业比重呈现“两升两降”的发展态势。2008—2012 年，设计业和设备材料业比重持续上升，芯片制造业和封装测试业比重持续下降，表明张江集成电路产业链的结构持续优化，向技术含量更高的方向推进。从分行业来看，设计业发展迅速，近年来基本保持两位数高速增长，2012 年成为产业链中第一大行业，超过封装测试业和芯片制造业，比重达到 34.4%。

第二，加快产业结构调整，促进服务化和服务高端化。随着新一轮国际服务业转移，以及新兴产业的发展，张江加快了产业结构调整转型。通过营造成熟的城市功能环境、加大对科技型总部引入和培育的支持力度等方式，推进产业结构的服务化和服务高端化，实现高科技产业的高端高效。以生物医药研发外包服务（CRO 服务）、文化科技创意为代表的高技术服务业快速发展，大量跨国企业区域研发中心、区域总部加速向园区集聚，以 1 号店、沪江网、春宇供应链等为代表的平台经济迅猛发展。2012 年，以高技术服务为核心的第三产业已成为推动张江园区经济增长的主动力，全年实现第三产业经营收入 1409.7 亿元，同比增长 19.9%，占园区总营收比重达到 64.9%。在服务经济占比不断提升的同时，服务业高端化成为园区服务经济发展的核心特征。（见图 5—6）

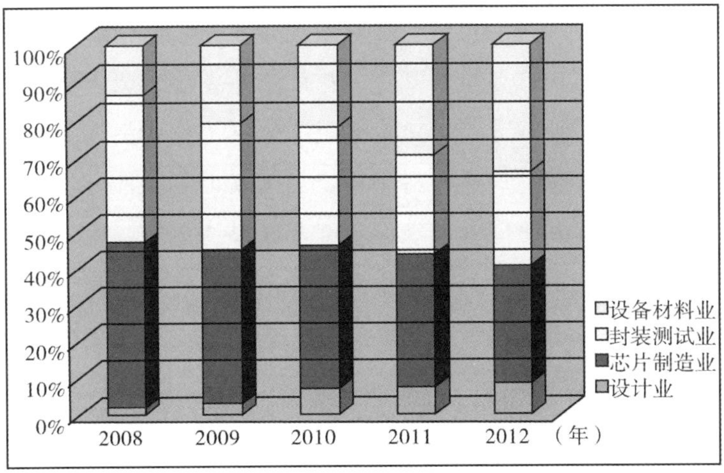

图 5－6　2008—2012 年张江集成电路产业链结构

专栏5—9：张江总部经济持续强化

随着张江区域功能的不断提升以及企业业务版图的不断扩张，园区企业逐步从单一的研发中心功能总部向综合化运营总部升级，逐渐形成地区性总部加速向张江园区集聚的局面。

跨国企业总部加速集聚。2012年，随着爱德万、阿斯利康两家跨国公司地区总部的入驻，张江园区已有跨国公司总部43家（其中投资性总部17家，管理性总部26家），占上海市总量的11%，占浦东新区总量的22%。

国内企业总部或功能总部向园区集聚。一方面园区培育的大批自主创新企业，如迪赛诺、绿谷、美时医疗、睿星基因、惠生等，随着其业务规模和版图扩张，不断强化园区企业总部运营功能；另一方面，以研发中心为代表的国内大企业功能总部也不断向张江园区集聚，如复兴医药、商飞研发中心等。

四、加快业态创新，推进裂变衍生，丰富产业体系

自张江开发建设以来，特别是在“聚焦张江”后，张江就不断通过制定产业发展规划、推出产业投资基金、拓展产业发展空间、突破产业政策瓶颈、集聚和激活产业人才、优化集成服务体系等方式围绕主导产业，促进企业在行业边缘领域、产业前沿领域交叉创新，不断推出新的技术、新的产品和新的商业模式。随着微观创新创业成果的不断涌现，张江的产业也不断裂变衍生，新的产业类型纷纷形成。高科技产业蓬勃、持续、高效的发展态势不断驱动着张江新型城镇化的发展。

1. 推进产业边缘创新，新业态新模式不断涌现

高科技产业之间的边缘创新不断活跃，通过高新技术的渗透融合、产业间的延伸融合以及产业内部的重组融合，一批具有融合特征的新兴产业

领域快速发展。

第一，文化与科技的融合。科技支撑文化产业升级发展，以移动互联网为核心的移动游戏、动漫产业，应用先进数字技术的数字印刷，以网络视听为核心的新媒体产业，采用云计算技术的网络文学等快速发展。2012年，张江园区获批“首批国家级文化和科技融合示范基地”称号。

第二，信息技术与医疗技术融合。信息技术、自动化技术、医疗技术等融合推动高端数字医疗器械产业快速发展，形成了系列创新性技术和产品。如奕瑞影像的非晶硅平板探测器打破国外企业垄断，道生医疗“四诊仪”成为国内唯一获准生产的中医数字化设备，璟和技创的康复医疗机器人实现集多种技术于一体。

第三，金融与信息融合拓展新兴领域。作为上海金融中心的“数据后台”，张江园区以互联网科技为基础的金融信息服务业尤其以第三方支付发展最为迅猛。银联商务、快钱、盛付通等第三方支付企业相继获得牌照，拍拍贷建立国内首个 P2P（个人对个人）小额无担保网络借贷平台。此外，各类电子商务贸易等平台经济也快速发展。

专栏 5—10：张江平台经济快速兴起

张江园区孕育了诸多“平台经济”模式，如门户网站、网络游戏、电子商务、网上社区、第三方支付、网络电视等，涌现了一批代表性新兴企业。平台经济正在成为园区经济发展的动力引擎之一。

商品交易平台迅速做强。商品交易平台是通过开放、即时的撮合交付通为代表的第三方支付平台，以拍拍贷为代表的 P2P 金融信息服务平台，以大智慧为代表的金融信息服务平台，以普兰为代表的金融经纪服务平台。

文化内容平台强势发展。园区文化内容平台利用技术优势和行业影响力，在细分行业或专业领域形成文化产品和服务的信息交流、交易中心。例如，艾米世界（茂碧信息）的移动视频聊天平台，聚力传媒的网络音视频内容平台，车通信息的“SNS视讯互动服务平台”，盛大游戏和九城的手机游戏平台，盛大文学的网络文学平台，沪江网、海知笔记等学习互动平台。

专业服务平台深化发展。园区专业服务平台通过互联网，为各类客户提供信息资讯、平台建设、技术支持、解决方案以及市场营销等专业性服务，涌现了前程无忧的人力资源网络招聘平台，创拓软件的资深人才互助平台（无忧礼贤），火速的营销服务平台（面向中小企业），博彦科技的技术服务平台（提供全方位IT解决方案）等专业服务平台。

由于新的业态创新往往面临一定的监管缺位、多头管理等制度性障碍。为此，张江充分发挥浦东先行先试的优势，以这些企业的需求和问题为导向，创设新的“信号系统”，有效破解这类企业快速发展与制度僵化落后之间的矛盾。

专栏5—11：适应产业新业态发展需求，创新政府管理服务方式

· 春宇供应链管理公司

早在公司2004年注册成立时，“供应链”还是一个工商注册词库中没有的名称。工商部门大胆探索，尊重国际惯例，准予登记了“春宇供应链”的企业名称。成立之后，春宇以互联网数字商务交易平台为基础，整合整个交易业务流程，实行集成化管理，为国际及国内中下游化工企业提供线上供应链管理和线下增值服务。但在具体运作中遇到了新的难题，如企业性质认定、运输资质取得、外汇支付问题、授信担保问题等，影响了企业业务拓展。浦东新区各部门以春宇为典型案例予以解剖，积极争取相关主管部门支持，逐一解决了制约春宇发展的问题，为新业态新模式企业创造发展环境。

· 上海普兰投资管理有限公司

公司落户于张江从事票据中介服务，2012 年撮合交易量达到 6 万亿元，营业收入约 6 亿元。由于国家工商总局对票据经纪业务此类新型业态的注册没有规定，银监部门也未出台任何管理办法，严重影响了公司的业务发展。近年在浦东综合配套改革的框架下，上海市工商局同意普兰以“金融服务公司”名义注册。

· “数字出版”类企业注册

在文化创意行业中，针对工商登记、国民经济代码中没有“数字出版”，许多数字出版企业遇到注册困难。张江国家数字出版基地推动上海市制定出台了《关于本市从事数字出版业务工商登记有关问题的意见》，首次对数字出版经营主体的组织形式、名称以及经营范围等方面做出明确规定，创全国先例。

2. 推进产业裂变衍生，产业体系不断丰富

随着业态创新模式的不断丰富，张江的产业也不断衍生裂变，产业体系不断丰富。张江始终围绕 ICT 和 BT 两大技术方向，瞄准产业价值链“两端”，重点提升研发创新能力，通过高附加值创新产品和先进技术整合控制产业链，推动产业不断融合发展，逐渐形成以集成电路、生物医药、软件和信息服务、文化科技创意产业为核心的产业体系（见图 5—7）。

第一，信息技术产业的产业链拓展与产业关联地图。张江集成电路产业链现状。园区集成电路产业链环节丰富，产业生态系统完善。一是紧跟市场需求，芯片设计领域更加细化。随着高通创锐讯、TI、北车永电等领军企业的发展壮大，MCU、NFC、IGBT 等领域开始迅速成长。二是下游应用领域如移动通信、物联网、数字电视、车联网、笔记本电脑和平板电脑等不断延伸，其横向产业链也不断完善，并形成移动终端、智慧城市等

优势领域，与集成电路设计、制造、封测、设备材料垂直产业链形成网状产业生态系统。三是设计、制造、封测主要环节不断增强，测试、材料、终端等配套产业环节不断完善。2012 年，园区集成电路产业链一些薄弱环

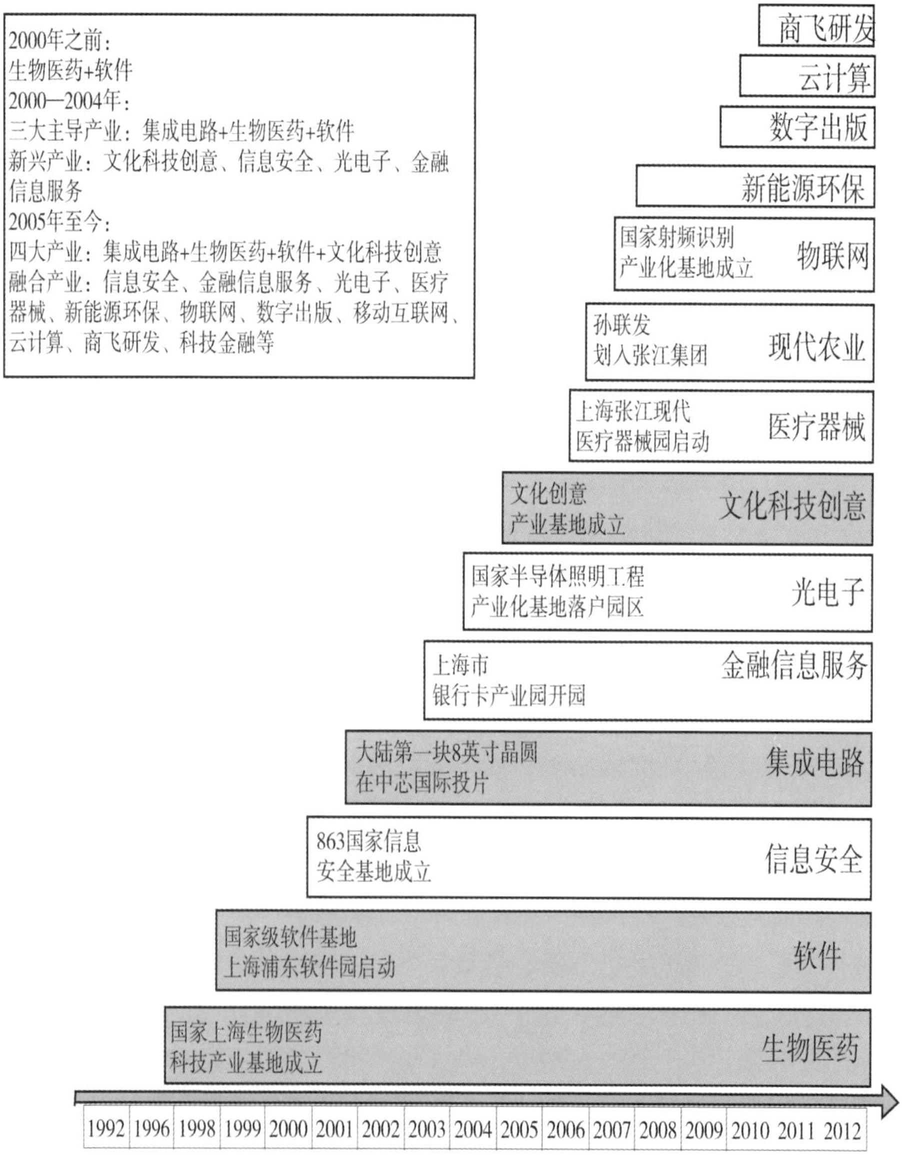

图 5－7 张江产业体系拓展历程

节及延伸领域得到完善。全球最大、最领先的半导体自动测试企业——爱德正式入驻园区，孚赛特新材料成功研发针对手机触摸屏绝缘材料的新型遮光油墨。这些企业进一步丰富了园区集成电路产业链，推进园区集成电路产业向更加高端、更加成熟、更加领先的方向发展。

软件和信息服务业产业链现状。开放式创新、产业链垂直整合、技术与业务深度融合已成园区软件和信息服务业发展的重要特征。园区在成为国家软件产业和出口基地之后，2012 年再获国家新型工业化产业示范基地殊荣，成为中国乃至世界软件企业发展的乐土。目前园区已在电子商务、信息安全、金融后台、嵌入式软件等领域形成多个产业集群，并逐渐构建移动互联网、云计算、地理信息系统等新兴生态产业链。随着软件和信息服务业产品链日益丰富，新业态、新模式不断涌现，自主创新能力快速提升，将进一步加快园区软件产业服务化、融合化进程。

第二，张江生物医药产业链现状。经过 20 年的发展，张江园区生物医药产业从开发初期的注重引进生产线逐步向引技、引智自主创新发展，从产品本地化、应用技术研究发展到新药研发、全球开发，形成了全产业链的医药研发创新体系。张江园区拥有国内最完善的医药研发专业技术服务平台体系，20 个上海市授牌的生物医药专业技术服务平台涵盖了从新药探索、药物筛选、药理评估、临床研究、中试放大、注册认证到量产上市的完整创新链，服务能力已覆盖长三角地区以及部分中西部省市。

张江园区已形成以单克隆抗体药物为特色的生物制药、以小分子药物研发为特色的化学药、以介入器械和诊断试剂为特色的医疗器械、以天然植物药和特色中药为重点的现代中药以及全国服务链最为完善的 CRO 产业集群。园区不仅集聚了大量跨国医药企业研发中心、地区总部，并日益成为国内医药研发创新平台建设的首选地。以复星医药为代表的国内医药巨头开始在园区建立研发平台，同时有大量在园区成长起来的创新企业依托园区完善的医药研发创新环境开展新药、新器械的研发创新尝试。此外，张江园区在抗体药物、介入器械、诊断试剂等优势领域建立了 7 家经浦东新区认定的技术创新联盟，将联合攻关突破生物医药产品研发、工业创新和成果转化的关键瓶颈。

第三，文化科技创意产业链现状。张江文化科技创意产业基地是全国首个在高新技术园区设立的文化创意基地，先后被授予全国首家国家级数字出版基地——张江国家数字出版基地，第三批国家级文化产业示范园区和上海市首批市级文化产业园区——张江动漫谷，聚集了盛大文学、盛大游戏、聚力传媒、第九城市、上海方正、中文在线、世纪创荣、沪江网、河马动画等一批具有代表性的文化科技创意龙头企业和其他中小数字出版企业 300 多家，成为我国数字出版领域最具影响力的品牌聚集区域之一。

园区文化科技创意产业形成了从内容制作、运营、出版、技术提供到内容终端的相对完整的产业链，形成了网络游戏、数字出版、新媒体、数字教育和动漫设计等重点领域，在网络游戏、网络文学、网络视听、在线教育等多个特色细分领域处于国内领先地位。其中，网络游戏是园区的传统优势领域，盛大、九城等领军企业加速转型调整，网页游戏、手机游戏领域快速发展，涌现了江游信息、晨炎信息等一批新兴潜力企业。网络文学依托盛大文学的引领，占据国内网络文学市场半壁江山。盛大文学是中国第一大民营出版公司，是国内三大移动运营商阅读基地最大的内容提供商。新媒体领域是园区近年来发展最为迅速的领域之一，以 PPTV 为代表的网络视听领域，国内剧拥有量第一，垄断韩国、我国台湾地区等优势内容。网络教育产业是园区近年来加速集聚的领域，以沪江网为引领的产业集群，在多语种数字教育领域处于国内领先地位，并加速平台化、移动互联网等布局。目前沪江网在国内外语言学习网站和网校当中市场占有率排名第一。

第四，低碳环保技术产业链现状。2012 年，园区低碳环保技术产业集聚了 108 家相关企业，实现营业收入 25.1 亿元。在以光伏光热、储能和清洁煤技术为核心的新能源领域实现了一批重大技术、装备、产品的创新突破。以半导体照明为核心的节能技术领域也不断拓展新的应用。

第三节
循序渐进，有序实施空间开发

改革开放以来，我国经济突飞猛进，在经济总量上相继赶超世界众多发达国家，一跃成为仅次于美国的全球第二大经济体。中国经济腾飞的重要原因之一，就是在全国各地兴建了数以万计的开发区。开发区作为改革开放后新兴的产业空间载体，对我国吸引外资企业、吸纳先进技术、提高管理水平、促进经济发展，起到举足轻重的作用。从某种程度上说，“开发区经济”已成为全国各省市经济起飞的引擎。

目前，我国的开发区主要有两种类型：一是经济技术开发区，二是高新技术开发区。前者是开发区的普适版，遍及全国各地，绝大部分为综合性制造业集聚空间，也有少量现代服务业集聚空间，如上海虹桥经济技术开发区。后者为开发区的升级版，大多设立在经济比较发达、产业基础雄厚、研发能力较强的大中城市。因其设置了产业入驻门槛、技术含量门槛、生态环保门槛、投资强度门槛等各种限制性指标，从而确保导入产业、入驻企业、终端产品等具有先进性、引领性和高效性。

据中国开发区协会统计，我国现有国家级经济技术开发区 198 个，国家级高新技术开发区 88 个。上海现有漕河泾开发区、紫竹园区、张江高新技术园区 3 个高新技术开发区。从科技驱动新型城镇化视角看，张江高科技园区更具独特性、更有代表性。本节着重介绍张江园区空间开发的几种做法。

一、土地滚动开发，夯实空间开发基础

1990 年中央批准浦东开发开放，划定了覆盖原杨浦、黄浦、南市三区

黄浦江东岸沿江狭长的城市地区和原川沙县全境，以及原上海县三林地区，面积达540平方千米的浦东新区。浦东新区绝大部分为上海近郊农业地区，经济基础比较薄弱、基础设施陈旧落后、社会服务设施严重短缺，与浦西的中心城区形成巨大反差。新区管委会成立伊始，千头万绪、百废待兴。一方面要把基础设施、社会服务设施搞上去，尽快缩小与浦西的差距；另一方面要振兴浦东经济，为新区的后续发展奠定坚实的基础。从1990年起，新区逐年启动了南浦大桥、煤气厂、水厂、干线公路等十大工程，使浦东面貌“一年一个样，三年大变样”。在发展经济方面，重点建设陆家嘴金融贸易区、金桥出口加工区、外高桥保税区和张江高新技术园区4个国家级开发区。然而，众多重大工程和园区建设项目集中在浦东开发开放初期启动，给浦东带来巨大压力，其中尤以资金短缺为最大压力。

在巨大的资金压力面前，上海市和浦东新区没有“等、靠、要”，而是积极进取、锐意创新，走出了一条既解决资金压力，又加速推进四大开发区建设的自力更生之路。事后，将浦东四大开发区的经验总结为“土地滚动开发”模式。土地滚动开发是包括张江园区在内的浦东四大开发区创造的一种有效的开发模式，这既是浦东的成功经验，也是张江的具体实践。

1. 土地滚动开发的基本含义

土地开发是空间开发的基础。土地开发是由“生地”变成“熟地”的全过程。所谓“生地”是指刚被征用时的原生态土地资源。由于“生地”无法进行土地有偿使用的市场交易，即不能招商引资，必须由“生地”变成“熟地”，即达到“七通一平”的标准才能用以招商。期间，需进行包括工厂、学校、农居等一切地上物的动拆迁、青苗的折价补偿、土地平整、主要道路建设、水电气管网的铺设等一系列繁杂事务与工程建设，所需费用十分浩大。

土地滚动开发是指浦东新区开发开放初期在四大开发区普遍使用的土地开发模式，即政府以“空转”方式把土地使用权一次性转让给四大开发区的开发公司。各开发公司再以土地抵押贷款、折价合资等多种筹资形式，先把部分“生地”开发成“熟地”，然后以“熟地”转让的收入开发新的“生地”，不断“滚动”，形成土地滚动开发模式。

2. 土地滚动开发的基本做法

土地滚动开发是土地资本与金融资本、社会资本经市场化运作后形成的一种区域开发模式。拥有土地资本的四大开发区的国有开发公司为实现自我积累、自我发展，创新了支撑土地滚动开发的四种筹资方式。

第一，以地合资。陆家嘴、金桥、外高桥、张江等国有开发公司，以其土地作为注册资本，与中外银行合资，通过土地资本和金融资本的结合，从而获得启动开发资金。1991 年起，浦东新区的四大开发区公司相继与中外金融机构组建成联合开发公司。

第二，土地集股。四大开发区公司以拥有的土地资本以及合资单位注入的资金，再组建股份公司，大量吸收社会资金，用于开发区建设。陆家嘴、金桥、外高桥、张江四大开发公司从 1992 年起相继成立了股份公司，并陆续上市。张江开发公司于 1996 年 4 月以张江高科为上市公司在上交所挂牌上市，在募集大量社会资本的同时，通过资本运作，使资产不断增值。

第三，土地抵押。土地抵押是张江开发公司为获取“生地”变“熟地”的资金，从银行获得贷款的常用方式。当“熟地”向投资商转让，获取土地转让金后，再偿还银行借贷，弥补了投资开发和土地转让之间的时间差。

第四，土地招商。在土地资本与金融资本、社会资本彼此结合的过程中，建立了土地开发资金的良性平衡，使规划范围内的土地相继成为可以招商引资的“熟地”。招商引资着重引入产业资本，将土地开发推进到项目开发的新阶段。

总之，张江与陆家嘴、金桥、外高桥等开发区的土地开发，就是建立在规范的土地市场框架下，将土地资本与金融资本、社会资本、产业资本大规模、深层次地结合，形成了“以土地吸附资金→以资金提升土地价值→土地更大规模吸附资金→园区不动产迅速升值→土地开发快速推进”

的滚动开发机制。

二、重视规划调控，优化产业空间结构

张江园区成立的初衷，是打造一个以高新技术产业为主体的现代化工业区。二十余年后，张江园区成为一个以高科技服务业占优势的科技园区，服务经济占园区的比重已超过60%，服务业用地也大大超过制造业用地，形成空间结构和产业结构高端化的高科技园区。其中的关键是规划对产业空间的调控作用。

1. 设置两个门槛，避免工业用地失控

张江高科技园区成立初期，我国尚未处于高新技术产业最佳发展时期。从国际层面看，发达国家对发展中国家的产业转移，基本遵循劳动密集型产业→资本密集型产业→技术密集型产业的递进规律。20世纪八九十年代，发达国家主要着眼于我国廉价劳动力、低廉的土地价格，以及环保意识相对薄弱的现状，对我国的产业转移主要集中于劳动密集型的代工企业、以通适技术为主的加工制造业，以及部分资本密集型的污染企业。由于产业转移规律和对我国技术封锁等因素的综合影响，发达国家尚未把向我国转移技术密集型产业提到议事日程。因此，张江虽然筑起了吸引高新技术产业的巢，却难以引到真正的凤凰。从国内层面看，一方面，张江创建时我国正处于外向型经济发展的低迷期，高新产业的招商引资渠道尚未畅通；另一方面，我国对接纳高新技术产业的准备尚不充分，特别是相关产业基础薄弱和高端技术人才严重缺乏。

面对这种形势，我国的高新技术园区采用了不同的方法。一种方法是追求开发进度和经济效益，引进一些非高新技术企业，把园区土地分散、无序地承让给投资者；张江采用另一种方法，强调功能区开发原则，并坚守了两个基本门槛。

第一，宁小勿大，启动两个开发小区。开发初期，针对高新技术产业招商形势不理想的实际情况，张江园区采取了宁小勿大，小区块启动的空间开发模式。张江园区初期的规划面积为17平方千米，与金桥出口加工区

的面积相差无几。截至20世纪末，金桥的规划用地大多名花有主，引进了一批以家用电器、办公自动化、制药与食品为主要门类的加工企业。张江与金桥近在咫尺，但空间开发的进度远比金桥滞后。

由于张江、金桥的产业发展目标不同，张江在空间开发上不以数量论英雄，重视开发质量，严格掌控空间开发的节律。20世纪90年代，张江仅规划了两小块产业用地：一是微电子产业区块（集电港一期），由龙东大道、张江路、祖冲之路、金科路所包围，占地约1.5平方千米；二是生物医药产业区块，由龙东大道、金科路、祖冲之路、科苑路所包围，占地约1.5平方千米。由于采用区块启动的方法，防止了工业用地无序扩张，为后期的深化发展留足了空间。

宁小勿大，小区块启动，却留出了广阔的回旋余地，为后续大手笔开发保留了宝贵的大空间。进入21世纪，全球技术密集型产业大举向中国转移，张江正张开双臂迎接高新技术产业的落户。那些早期就追求开发进度的高科技园区，此时可开发的空间已所剩无几，面临转型重任。因此，有时候坚守也是一种进取，“以守为攻”可能取得预想不到的效益。

第二，宁缺勿滥，坚持高科技产业方向。根据产品市场生命周期理论，任何一个产品都可以分为创新发展、传播扩散和老化衰退等不同的阶段。因此，高新技术产业具有很强的时代性。由于所处的生命周期不同，在某一时段被认可的高新技术，过了一个时段就变成通用技术。为此，严格掌握高新技术标准，对高科技园区尤为重要。高科技园区能否坚持姓“高”，是防止园区功能异化的关键。

张江建园初期，在招商引资十分不利的形势下，也曾出现过病急乱投医现象，引进了松下微波炉企业。对此，市领导明确指出，微波炉不属于高新技术产品。此后，园区一方面严格坚持宁缺勿滥原则，防止引进“伪高新技术产业”。另一方面，坚守信息技术（初期以集成电路产业为主）和生物医药两个高新技术主导产业，打造名副其实的高新技术产业基地。中芯国际、宏力、华虹NEC三大芯片制造商相继落户张江，建成我国最重要的芯片生产基地；罗氏、诺华、葛兰素史克等跨国公司的生物医药研发中心纷纷入驻，张江又成为我国生物医药的重要产业基地。

宁缺勿滥，坚守高新产业发展方向，看似影响空间开发进度，但却提升了园区产业品位，对后续的高端产业和研发中心的大批涌入奠定了坚实的产业基础。

由此可见，大与小、快与慢之间充满着辩证法。张江园区开发初期，把握了大与小的空间尺度、快与慢的开发节奏，为后期产业发展和空间开发的高端化和高效化创造了条件。

2. 狠抓发展机遇，优化产业空间格局

世纪之交，张江迎来了重大发展机遇。首先，国际经济形势处于上升通道，发达国家经济发展平稳有序，发展中国家，特别是东亚国家摆脱了1997年金融风暴影响，经济企稳回升，为我国营造了有利的发展环境。其次，自邓小平同志视察南方谈话以后，我国经济形势越来越好，成为国际投资热点，积蓄了巨大的经济能量，为新世纪经济腾飞奠定了坚实基础。最后，对张江发展尤为重要的是，上海实施了“聚焦张江”战略，加大园区开发力度，加速园区开发步伐，使一度较为沉寂的张江，成为开发开放的亮点。在空间开发层面上，张江狠抓大好发展机遇，着重做了两件大事：一是编制了有利于服务经济发展的总体规划；二是进行了两次助推服务经济发展的空间扩容，优化了产业空间格局，促进了园区经济优化发展。

第一，两次空间扩容，构成三大产业区块。张江园区开发初期，园区范围东至辅环线，南临川杨河，西止罗山路，北抵龙东大道，规划面积为17平方千米。此后，园区范围逐渐向南进行两次空间扩容，原有区块被称为北区。首次南扩的地块称为中区，位于川杨河以南、华夏路以北，是北区的自然延伸。两者共同组成张江的核心区，是张江近期产业开发和城区建设的主要空间载体。2009年完成扩区并编制规划的为南区。南区是指申江路以东、华夏路以南、罗山路以西、原浦东新区区界以北的区块。这一区块原为产业发展备用地，现规划为现代农业和航空产业集聚区。

“聚焦张江”以来，园区的空间范围不断南扩，形成产业功能错位发展的三个板块：北区为高新技术制造业和高新技术服务业双轮驱动的产业

板块；中区为教育研发和科技金融商务为主的高端科技服务经济区块；南区是为商用大飞机研发和现代农业配套的新兴科技服务区块。服务经济在产业空间结构中占主要地位。其中，北区与中区为张江的核心区，规划面积25.9平方千米；南区刚启动开发，规划面积为7.19平方千米。张江园区的总规划面积为33平方千米。

第二，利用规划导向，优化产业空间结构。张江核心区的规划演化是一个因势利导、循序渐进的发展过程，也是把握时空变化节奏，不断进取、日趋优化的过程。园区成立之初，在发展前景不十分明朗的大背景下，只编制了《1992年张江高科技园区结构规划》，目的在于控制园区土地利用的基本框架。而对两个重点开发的产业区块——生物医药区和电子信息工业区进行了详控规划。因此，该规划的基本思路还没有对传统的工业开发区规划有本质性突破。

张江园区第一个总体规划编制于2000年，即实施“聚焦张江”战略的第二年。当时，张江的发展前景日渐清晰，对开发区城区化的发展理念渐趋明朗。编制的25.9平方千米（包括北区和中区）的总体规划有所创新、有所突破。规划的内涵涉及四大功能板块：即高科技研究开发和产业板块、一般科技产业板块、科研教育板块及居住商业综合板块。总体规划在空间布局上体现了研发、教育功能在高科技园区中的特殊重要地位，在土地利用的数量和质量上给予优先保证，这为张江打造成创新型高科技园区奠定了坚实基础。总体规划还把城市功能板块——居住商业综合板块作为园区四大功能板块之一，将产城融合的规划理念有机地渗透到总体规划的编制和实施过程中。上述两大规划理念的创新和突破，体现了高科技园区与现代化城区的相容性，实现了产业园区规划向产城融合规划的转型。

随着“聚焦张江”效应日益彰显，特别是大批国内外一流的研发机构纷纷落户张江、众多学有所长的海归学者扎根张江、不少新型高科技服务企业在张江茁壮成长，张江在国内外的知名度和影响力与日俱增。

为了更清晰地显示该规划对教育、科技研发、中试孵化等产业用地的优先配置和积极引导作用，园区制定了规划的控制引导指标（见表5—4）。

表 5—4　2000 年张江园区结构规划各功能小区控制引导指标

功能区名称	用地面积（平方千米）	容积率（%）	建筑容量（万平方米）	绿地率（%）
科教创业区	1.38	0.85	117	45
科研教育区	2.79	0.55	153	50
高科技中试产业区	2.88	0.85	317	25
科技产业区	1.07	0.85	118	25
张江集镇	2.72	0.90	245	40
中心服务区	0.56	1.00	56	45

（资料来源：张江集团，张江高科技园区规划资料，2010 年）

从表 5—4 资料可见，与科技教育、研发、中试孵化等高科技服务和创新源工程相关的产业用地为 7.05 平方千米，而以制造业为主的科技产业区仅占地 1.07 平方千米。规划指标的引导作用，使张江产业空间结构日趋优化，促进了张江产业经济的升级转型。因发展高科技而设立的张江园区，现已发展成以高科技服务业为主，以研发为特色的现代化科技园区。

为了加快启动南区的开发，于 2009 年编制了张江南区规划，将 7.13 平方千米空间规划成“五主、两辅”七大功能板块。五大主要板块为：商用飞机研发板块、农业研发板块、综合配套服务板块、航空产业延伸板块及综合研发板块。该规划有两大特点：一是集中建设一个以商用大飞机为主的航空产业研发基地；二是将张江的高科技研发实力，特别是生命科学的先进技术向农业领域渗透，带动农业现代化。由此可见，张江园区以高科技研发为主体，将产城融合理念、城乡统筹理念、新型城镇化理念落实在与时俱进的历次规划修编之中。

三、完善城市功能，培育城市特色空间

在我国开发区建设进程中，出现过纯工业区和产城融合两种模式。早期的开发区大多采用前一模式，一个十余平方千米甚至数十平方千米的开发区，布满了大大小小的工厂企业，结果出现职住分离、生活不便、交通

紧张等产城不融合现象。苏州工业园区把开发区建成既有工厂又有住宅，既有商店又有公园绿地和休闲设施的多功能城区，深得大众认可。这一产城融合的模式广受推崇。

在国际上，英国的新城就是一种产城融合的模式。例如，伦敦的凯恩斯新城，是因为伦敦中心城区人口、产业过于集中，于是在离市中心50余千米处新建了一座工业城市。该市总体规划将全市分成几个工业小区，而将居住区镶嵌其间，居民通勤、购物均很方便。

从产城融合的理念，高科技园的生产功能固然重要，但居住功能、生活服务功能、社会服务功能、文化休闲功能均不可或缺。从新型城镇化视角看，要以人为本、优化城市功能，实现人、经济、环境的科学发展、和谐发展。

1. 多元化的居住功能

任何一个城区，居住功能都十分重要。通常，城市土地利用中，居住用地要占40%左右。自从住房市场化以来，居住功能的配置要力求满足购房者的需求。张江的住房需求分成四个层次：一是企业高管，包括三资企业业主、本土企业业主以及企业高级管理人员，属高收入人群；二是海归和高级白领，从事专业技术和经营管理工作，属中高收入人群，年收入大多在一二十万元以上；三是普通技能或熟练工，绝大部分年收入在10万元以下；四是工勤人员，包括保洁员、保安员，几乎都是低收入人群。根据上述情况，园区规划建设了四类居住用房。一是别墅（含联体别墅），主

图5－8　普通商品房

图5－9　人才公寓

要满足少量高收入人群的需要；二是普通商品房，主要满足海归和高级白领的住房需求；三是以人才公寓为主体的公共租赁房，主要满足刚入职的高级白领和高级技工居者有其所的需求；四是征地农民动迁房，除满足农民自住外，其富余住房出租给低收入人群。

据一手房市场不完全统计[①]，园区上交易中心网站的住宅面积约350万平方米，其中别墅和200平方米以上大户型住宅约占25%；累计建成各类公共租赁房二十余万平方米，其中最具高科技园区特色的人才公寓约20万平方米、3500套、可供约9000人入住；在建和建成动迁安置房约280万平方米。

作为现代化城区最基本的功能，居住功能不但要有居住的物理空间，而且要有居住的精神空间。根据“城市让生活更美好”的世博理念，城市人口不但要有地方住，还要住得更节能环保、更有生活情调、更舒适安全。为此，张江正在试行众多先进技术，如节能建筑、生态屋顶、垂直绿化、地源热泵、太阳能薄膜，为园区居民创造优质宜居环境。

2. 综合性生活服务功能

大多数产业园区都有重经济、轻生活，重生产、轻服务的倾向。但是，从园区到城区的转变，生活服务功能是否齐全是重要的标志。在园区建设初期，也出现过生活服务功能严重不足的状况，表现为网点少、档次低等特征。为完善和优化园区的生活服务功能，园区共规划了8个综合性生活服务中心。每个中心都拥有购物、餐饮、宾馆、休闲、娱乐等细分功能。在空间布局上，生活服务功能大多依托交通节点，方便市民购物出行。生活服务中心在规模、档次上有所差异，其中以地铁2号线金科站的规模最大，现已规划了两个大型城市商贸综合体。其一为长泰广场，规划建筑面积为42万平方米。该项目现正有序推进，建成后将引进众多品牌商店，打造张江商业航空母舰。其二为汇智国际商业中心，规划建筑面积为11万平方米，将成为集星级宾馆、大型超市、国际影院、餐饮娱乐、时尚

---

① 根据上海市房地产交易中心网上房地产一手房数据不完全统计。

购物于一体的现代商贸综合体。上述两大项目建成后，金科站大型商业中心将成为浦东新区重要的CCD（Central Commercial District）之一，并彻底扭转张江生活服务功能短板局面，除满足张江地区的约15万居住人口和20多万从业人员的购物需求外，还可为周边的金桥、北蔡、唐镇等地区的50万～60万居民提供生活类消费服务。

3. 优质化社会服务功能

在浦东开发开放初期，坊间曾流传这样一句话："宁要浦西一张床，不要浦东一间房。"浦西人不愿迁居浦东的原因很多，如越江交通不便，不如浦西繁华等，但实质性的问题是浦东的社会服务设施太落后。偌大浦东，没有一家三甲医院，没有优质教育资源。一旦乔迁浦东，看病难、就学难的矛盾就很突出。张江所在的农村地区，社会服务功能更不健全。

引进优质社会资源，是吸引就业人口落户张江、根植张江、建设张江、发展张江的关键。在市、区两级政府的支持下，在张江管委会的积极努力下，从浦西引进了一批优质社会服务资源，在张江新建了一批高质量社会服务机构。目前，张江有高等院校13所，继续教育机构4所，中学23所，小学18所，幼儿园23所，集聚了中芯幼儿园、中芯国际学校、上外附属浦东外国语学校、华师大二附中、上海中学张江校区等一批优质基础教育资源和科技部上海培训中心、上海浦东软件培训中心、张江创新学院等一批专业培训机构。同时，除基础医疗资源外，还拥有一家三甲医院——曙光医院。园区的社会服务设施已呈量多质优特点，可基本满足张江地区的就医、就学、培训教育需求。在体育设施建设方面，正在建设体育休闲公园。以张江现有的居住人口，其优质社会服务资源的人均拥有水平已超过浦东新区平均水平。城市功能越完善，越有利于推进新型城镇化进程和现代化城区建设。

四、彰显张江愿景——打造未来型科技城区

张江中区位于华夏路以北、罗南大道以东、川杨河以南、申江路以西，面积为4.67平方千米。这是张江园区正在大力推进的现代化新型城

区，建成后可为全国提供一个科技驱动新型城镇化的鲜活样板。

1. **展现新空间**

在2000年的张江园区结构规划中，将中区规划成高新新业和科技服务共生发展的板块。2006年编制的张江中区控制性详规中，将原1平方千米左右的制造业空间去功能化，并展现出现代服务经济为主体的后工业化社会新空间。

2. **展望新目标**

张江中区的规划建设基本上围绕两大目标：一是把张江中区打造成上海市的科技副中心。在中区的核心区块建设成集科技金融、科技商务、科技学术交流、科技成果展示和一流商业中心为一体的城市特色副中心。鉴于其与徐家汇、五角场等综合性副中心的差异，称之为科技副中心。二是把张江中区打造成一个智慧城区。在中区的重点区块智慧岛内建成高度信息化和智能化的新兴科技业态养成和展示舞台。

3. **展示新理念**

张江中区集中展示城市规划中的生态优先、产城融合、绿色低碳、以人为本、可持续发展等先进理念，并将其贯穿于空间布局、景观设计、园林绿化、道路网络等规划，以及主要建筑的单体设计之中。

4. **展演新技术**

张江中区将全面推广太阳能发电、地源热泵、集中供热、新风系统等节能技术，雨水采集、中水回用等资源节约技术，空顶绿化、生态廊道、湿地养护等生态技术，最大限度地减少污染、降低城市热岛效应，为居民提供一个空气清新、环境舒适、绿色低碳、生态和谐的宜居宜业城区。

5. **展显新样板**

张江中区随着创新驱动常态化、科技产业高端化、服务经济主导化、高技术应用普及化、环境质量优质化、城市社区生态化和低碳化，必然会成为我国科技驱动新型城镇化的示范区域，成为我国高科技园区走新型城镇化之路的样板地区（见图5—10）。

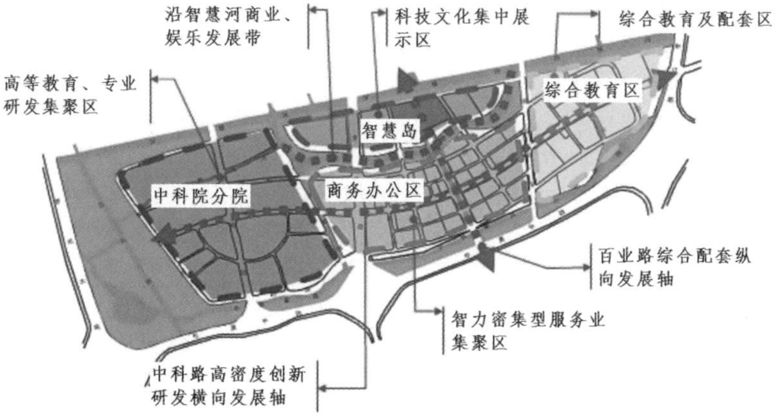

图 5－10 张江中区规划图

综上所述，张江中区将建成一个目标远大、理念新颖、技术先进，以高端科技服务业为主导，以优质生态环境为支撑，以先进建筑技术为抓手的现代化新型城区。这将为我国广大高科技园区提供一个升级版的科技驱动新型城镇化的鲜活样板。

第四节
生态优先，打造环境友好城区

从农业地区转化成高科技产业集聚的新型城区，首先遇到的挑战是生态和环境问题。在我国经济迅猛发展和高速城镇化进程留下的诸多遗憾中，生态、环境问题较为突出。生态环境的优劣，不仅影响人民的日常生活，企业的运营环境，更影响到人才的创新活力和根植性。为此，在推进新型城镇化进程，尤其在开发区的新型城镇化过程中，生态环境问题应放在特别重要的地位。

生态系统的概念是英国学者斯坦利于 1936 年提出的，其时主要指自然生态环境。1953年，美国生态学家奥德姆在其《生态学基础》一书中指出，生态系统的概念既适用于自然界，也适用于人类社会。随着人口增长、经济发展、社会进步，人类的生存环境和生态环境的良性平衡受到严重挑战。直至20世纪90年代在里约热内卢召开的世界环境发展会议上，提出了人口、资源、经济、环境协调发展的理念，“可持续发展”遂成为区域开发的重要指导思想。

根据国内外生态、环境领域的最新观念，针对高科技园区新型城镇化的客观实际，张江园区坚持生态优先原则，实施自然生态、产业生态、人文生态三轮驱动战略，将张江打造成“三生”（自然生态、产业生态、人文生态）和谐、景色秀丽、宜居宜业的环境友好型城区。

据统计，一个成年人一天要吸入2200升氧气，呼出相同体积二氧化碳。植物在制造有机物的过程中吸收二氧化碳，释放氧气。因此，植物茂密的旷野空气清新。张江从建园初期的2万多人口，到目前30万左右的常住人口和流动人口，人口总数扩大了十余倍。如果园区城镇化后变成一片水泥森林，如果没有植物对大气成分的调节功能，在逆温无风的日子里，空气的污浊程度可想而知。加之，工厂的废气、汽车的尾气，会严重污染大气。造林种草、保护水体、立体绿化等生态工程建设对自然生态的修复和自然环境的美化和有效防治污染具有重要作用。

张江地处江南水乡，河道密布。工业化和城镇化对水环境质量的影响也很明显。长三角发达地区，水环境质量下降的案例屡见不鲜，许多工业发达的城镇已见不到蓝天、碧水，甚至有些城镇已被发黑发臭的河道所包围。河道整治和水环境保护也是张江生态优先工程的重要内容。

一、以绿化美化和河道整治为抓手的自然生态工程

自然生态是产业生态和人文生态的基础，也是检验产业生态和人文生态质量的外部标准。自然生态处于良性平衡状态，才能提供宜居宜业的优质环境。

1. 集中与分散相结合的绿化美化工程

从起初的工业区建设目标到现在的现代化的科技综合城愿景，张江对自然生态的修复和保护理解不断深化，对生态建设的重视程度日趋提高。多年来，张江在自然生态修复和自然环境美化方面倾注了大量的人力物力。截至 2011 年年底，建成区绿地总面积已达 6.04 平方千米，人均公共绿地 53.05 平方米，林地面积 743.88 公顷，森林覆盖达到 12.53%，基本建成生态化新型城区。

在生态环境优化美化方面，张江采用集中和分散相结合的方法，使张江人能实现出门见绿，就近到大型生态绿地放松压力、调适心态，以便投入到紧张、繁重的创造性劳动之中。

第一，一带四园重点生态工程。一带四园为张江园区集中建设的重点生态工程。因其绿化面积大，空间范围广，可发挥生态、观光、休闲等多种效益，为建设环境友好型城区奠定基本生态框架。

一带是指川杨河生态景观带。川杨河西起杨思附近的黄浦江，东至三甲港，注入长江口，横贯原川沙县中部。川杨河是一条人工通航运河，河面宽度约 60 米，东西向穿越园区，境内长度约 6 千米，为园区内最重要的河流。园区将通过拓展沿河绿带宽度、建设若干亲水休闲景点，使之成为绿树成荫、碧波荡漾的生态景观带，横贯园区中部的生态廊道。在生态廊道中，布置一些咖啡吧、茶餐厅等休闲娱乐设施，为园区居民提供亲近自然的机会、放松心情的场所，也可为实践硅谷的“咖啡吧创新”模式提供一个仿效平台。

四园是指四个规模较大的开放式生态休闲绿地：一是位于中区的诺贝尔湖公园，占地面积 4 万平方米；二是曙光绿地，占地面积 5 万平方米；三是广兰公园；四是张衡绿地，两者共占地 10.46 万平方米。这些以公园、中心绿地、康体设施为特色的块状生态工程，采用有林有水、花草相间、聚景成园、游憩休闲等有机组合的模式，散落于张江园区各个功能区块，使张江园区的居民和员工可就近游园赏景、嬉戏游乐、强身健体，发挥大型生态工程的生态效益、景观效益和休闲效益。

第二，小型分散多元生态工程。小型分散的生态工程，规模虽小，但能渗透至工厂企业、机关学校、邻里社区，起到调适小环境、改善微生态的功效。张江的小型生态工程主要表现为道路绿化、街心绿地、校园小景、河道林带、社区见绿、小区植树等形式。小型分散的生态工程数量众多，以小见大，在张江的绿地总量中占有重要比例。

小型生态工程不仅包括植树种草、花卉苗木等绿化工程，而且还涵盖湿地保护、河道护岸等水生态和水环境工程。由此可见，自然生态的保护与修复是打造环境友好型城区的基础性建设。

2. **以纳污和治水为重点的水质优化工程**

张江园区创建以来，工业化城镇化进展迅速，对水环境质量形成重大冲击。工业废水通过循环利用和达标排放，缓解了对河道水质的负面影响，但因人口增长 10 倍，生活污水的纳管处理亦颇为棘手。在优化水环境方面，张江地区重点抓了两件实事。

第一，生活污水的集中处理。近年来，张江地区全面推进截污工程，不但在城镇化地区建设了雨污分流的管网系统和集中处理设施，而且已把纳管排放的触角下伸至主要中心村和自然村，使农居的生活污水也纳入城镇污水治理系统，从源头上杜绝生活污水就近排放入河的现象。近三年来，张江地区新建污水管网 21.2 千米，做到新建小区雨污水纳管率达 100%，区域内全部生活污水集中处理率达 93.91%，生活污水集中处理水平已超过大城市的平均水平。

第二，水乡河道的清淤整治。张江地区水网密布，除重要通航河道川杨河以外，还有数以百计的中小河道和园沟宅河。这些河道因久未清淤、人为筑堤、水生植物疯长等原因，造成流水不畅，降低了河道的自净能力。近三年来，以“沟通水系、调活水体”为目标，全面推进治水工程，对 178 条大小河道、园沟宅河进行分批整治，不少河流已呈现“水清、岸绿、景美”的崭新面貌。2012 年，按全国水利普查的标准，完成 8 条河道的整治工作。2013 年上半年完成 5 条河道的清淤疏浚工程，疏浚总长度达 6.22 千米。与此同时，成立了河道保洁服务社，建立了河道保洁制度，规范了工作流程，从制度建设层面强化河道长效管理，使水环境整治工作取得明显成效。

二、以低碳高科技园区为目标的产业生态建设

1. 率先制定“低碳高科技园区标准”

高科技园区是科技和经济生态体系中的高级形态。2007 年，张江启动国家生态工业园区的创建工作，2010 年获科技部、环保部和商务部的批复，同意张江创建国家生态工业示范园区。实际上，从 2008 年以来，张江就率先提出“以低碳经济为核心”，开始探索低碳高科技园区的创建。

低碳高科技园区是指具备领先创新理念，建设国际一流的绿色、低碳园区环境，激励低碳科技自主创新并具有较强核心竞争力，并在低碳研发、低碳生产、低碳服务、减排效应等领域具有引领作用的高科技园区。

张江集团公司于 2010 年编制了低碳高科技园区标准，并以此为目标，努力将张江率先打造成符合标准的低碳高科技园区（见表 5—5）。

表 5－5　张江低碳节能情况

序号	评估项目	评估指标	单位	标准要求
1	科技创新	人均园区增加值（含研发、工业和服务）	万元	≥25
2		园区增加值增长率	%	≥15
3		科技研发和高科技服务业增加值比重	%	≥60
4		专利等知识产权增长率	%	≥10
5	低碳减排	单位增加值碳排放强度	吨/万元	≤0.35
6		单位增加值碳排放弹性系数		≤0.7
7		单位研发与服务增加值碳排放强度	吨/万元	≤0.2
8		单位工业增加值碳排放强度	吨/万元	≤0.4
9		减碳排放高技术服务成效（年均降 CO_2 排放）	吨/万元	≥500

（续表）

序号	评估项目	评估指标	单位	标准要求
10	生态环保	区内环境空气质量（国际）	二级天/年	≥320
11		区内地表水环境质量（GB3838）		Ⅳ类
12		区内绿色能源再生能源比重	%	≥15
13		绿色建筑比率	%	≥85
14		园区绿量密度	绿量/区域	≥100
15		园区绿色交通比重	%	≥65
16		园区研发生产生活废物集中处理系统		完备
17	清洁生产	重点高科技企业清洁生产审核率	%	100%
18		单位工业增加值综合能耗	吨标煤/万元	≤0.3
19		单位工业增加值新鲜水耗	立方米/万元	≤9
20		单位工业增加值 COD 排放量	千克/万元	≤0.5
21		单位工业增加值 SO_2 排放量	千克/万元	≤0.5
22		园区 VOC 排放总量削减率	%	≥6
23		工业固体废弃物综合利用率	%	85
24	园区管理	低碳园区管理体系		完善
25		园区碳中和碳回购与低碳金融交易机制		完备
26		低碳人文氛围（员工行动准则等）		完备
27		公众对低碳园认知率	%	≥90
28		园区编写低碳高科技园区创建报告		1期/年

［资料来源：上海张江集团，低碳高科技园区标准（试行）草案，2010］

2. 优化产业生态的三化工程

张江的高科技企业虽不属重污染行业，但是，凡是制造业都会有污染，只是污染程度不同而已。况且，微电子、生物医药等重点产业，还有其行业特性所具有的特征污染物。张江的高科技制造业和服务业也有节能减排的任务，在培育资源节约型和环境友好型产业园区方面也需要严格管理，率先垂范。

第一，产业集群化。从生态学观点讲，在自然环境中各生态园因素相互影响、相互依存、相互制约，共同构成统一的有机整体。把这个观点延伸至产业生态，要求各生产环节在最小的时空区间内共生对接，以减少人力、产能、原材料、资源在长距离运输和移动中带来的损耗，以及由此造成的环境、生态应激。因此，每一个产业的最佳生态状态是在一个小区域内实现上、下游生产环节的无缝对接，构成产业链或产业集群，实现经济效益和生态效益的最大化。

张江高科技园区在创新驱动、转型发展过程中，形成了四大产业链：最完整的集成电路产业链、最创新的生物医药产业链、最智慧的软件和信息服务产业链以及最活跃的文化创意产业链。以集成电路产业链为例，张江已形成由芯片设计、封装测试、设备材料等十大环节构成的全国最完整的产业链，并产生巨大的生态效益和经济效益，其中对能源利用效率提升的贡献达 32.7％，对水资源利用效率提升的贡献达 24.8％。可见，四大产业链的培育已使张江的产业生态走上良性循环的道路。

第二，"三废"减量化。首先，是特征污染物减排。张江作为我国最重要的集成电路产业基地，在生产过程中最常见的有两种特征污染物，一为温室气体，二为 VOC。针对集成电路的温室气体减排，园区推动中芯国际等企业在全国率先制订 PFCs 减排计划。2009 年中芯国际投入 1260.9 万元建设专项减排工程，使温室气体每年减排 4.3 万吨 CO_2 当量。针对 VOC 排放，园区推动中芯国际、宏力、华虹 NEC 等企业开展化学品的源头替代、过程减量和有机废气的末端控制，使园区 VOC 排放量比 2007 年下降 60.43％。

其次，是大气污染物减排。园区积极推动企业节能降耗、清洁生产，并有效实施能量系统优化工程、绿色照明工程、燃煤工业锅炉改造工程、电机系统节能改造工程、集中供热和分散锅炉集中管理等五大工程，使 18 家企业于 2011 年年底前完成清洁生产审核报告的编制并通过审核验收，重点企业清洁生产审核率达 100％。

还有就是水污染物减排。一方面通过循环利用和减少单位 GDP 水耗节约用水。2011年园区工业水重复利用率高达94.15%，单位工业增加值新鲜水耗8.01立方米/万元，比2008年下降29.8%。另一方面减排废水和水污染物。2011年园区单位工业增加值废水排放量为6.4吨/万元，比2008年下降37.4%；单位工业增加值COD排放量为0.23千克/万元，比2008年下降76.0%；单位工业增加值氨氮排放量为0.09千克/万元，比2008年下降34.3%。

3. 供能集成化

在能源供应上，园区通过集中供热和集成管理，大大降低能源消耗。仅张江中区一期项目就可减少电力设备6000千瓦年减排CO_2 6022吨，节约标煤2910吨，与此同时降低了CO、CO_2、NO_X的排放量。

三、以节能建筑和绿色出行为重点的人文生态

在人文生态方面，张江在绿色交通、节能建筑、绿色社区、公众参与等方面都开展了卓有成效的尝试，在生态园区建设和低碳生活方面发挥了示范效应。其中，尤以节能建筑和绿色出行方面成效最为显著。

1. 节能建筑和低碳办公

众所周知，现代办公楼宇是耗能大户，中央空调、电梯、照明耗费大量二次能源。在可持续发展理念影响下，张江园区坚持理念创新和发挥先进技术的优势，在探索节能建筑方面迈开了可喜的一步。张江集电港办公中心的总建筑面积23937平方米，是一组节约土地、节省能源、节约水源的绿色环保建筑。

第一，充分利用地下空间，提高土地利用效率。张江集电港办公中心虽楼层不高，地上建筑均为三层楼，但地下空间的开发却十分充分，建有建筑面积为5076平方米的地下空间，可泊停127辆机动车和240辆非机动车。

第二，充分利用可再生能源。包括建有太阳能光伏发电、太阳能热水系统和地源热泵系统，可保证办公室的供热供冷，厨房、卫生间的热水供水，大大降低了热源消耗（见表5—6）。

表 5－6　张江集电港办公中心的节能效应

类别	节电量（万千瓦时/年）	节约标煤（吨/年）
地源热泵空调系统	26	106
太阳能光伏发电	4.16	16.8
太阳能热水系统	14.1	57
合　计	44.26	178.8

（资料来源：紫之清等．“创新之家”——上海张江集电港办公室，《工程案例》，2010 年，第 88～97 页）

第三，千方百计节约水资源。该组建筑采用了多项节水技术，包括变频供水、雨水收集、中水回用、节水器具等，大大节省新鲜水消费量。

第四，采用节能建筑技术。办公中心采用了生态屋面、遮阳隔热、新风系统等节能建筑技术，大大节省能源和水资源消耗。

2. 绿色出行和环保通勤

随着人们生活水平的日益提高，城市人口中的汽车拥有量迅速上升。交通工具对能源，特别是对石油产品的消费量居高不下，我国已成为世界石油进口大国，对石油进口的依存度日趋增加。这种状态不仅影响国家的能源安全，而且汽车尾气是造成大气污染的重要原因。近年来，我国发达地区雾霾现象日趋加剧，已成为百姓心病之一。为了维护良好生态环境，降低能源，提倡绿色出行已成为当务之急。张江在提出绿色出行和环保通勤采用了以下值得推广的做法。

第一，对外交通地铁化。张江园区建设初期，对外交通十分不便，主要靠公共汽车一种交通工具，载客量少，又不环保。交通设施滞后，一度影响了园区建设进程。为此，市、区联手将地铁 2 号线延伸至张江园区，使绿色交通成为张江园区主要通勤干线。随着上海地铁网系统建设的不断完善，目前地铁 11 号线又延伸至园区的罗山路。在上海地铁规划方案全部完成时，将有 3 条地铁线路通达园区，园区对外公交通勤基本实现地铁化。

第二，区内启用有轨电车。上海是我国最早拥有有轨电车的城市，

1908年就开通有轨电车。老式的有轨电车车身窄、行速慢、噪声大，且容易产生交通干扰，因此原有的几条有轨电车线路相继拆除。随着节能环保意识日益深入人心，世界不少发达国家又重视有轨和无轨电车的公交功能。作为一个生态工业示范区，张江园区也顺应世界先进国家的公交电车化潮流，率先规划有轨电车公交系统。2009年张江1路有轨电车正式运行，全线覆盖产业、科研、教学和生活四大功能区块，全长9.8千米，共设15个车站。这种新式有轨电车外观类似“和谐号”列车，具有运量大、速度快、低噪声、无污染等优点，是未来城区公共交通的一个发展方向。临港新城等地也将启动有轨电车的规划。

第三，自助公共自行车。自行车是最低碳的绿色交通工具，既不排放污染物，又有利身体健康，曾经是我国最重要的大众交通工具。鼎盛时期，上班、购物都靠自行车代步，城市中的自行车流蔚为壮观。曾几何时，助动车日渐风行，因其有汽油和电等能源助力，省时省力，颇受欢迎，成为非机动车大军中的主力。这几年，随着人民生活水平的不断提高，私家车拥有量直线上升。上海是对汽车增量控制较严的城市，每年仍新增10万辆左右的私家车。汽车日增，交通越堵、事故越多、污染越严重。

鉴于汽车出行有利有弊，利在自己而弊在他人，西方发达国家已有反思，绿色出行的理念深入人心。丹麦、荷兰等国，越来越多环保人士坚持自行车出行，把自行车当作主要代步工具。有些城市为助推绿色出行，还修建了自行车专用道。

张江园区已将绿色出行作为建设低碳高科技园区的重要指标，并力争把自行车出行的比重提高到65%。为了助推低碳环保的自行车出行，也为了方便职工园区内短途交通的自行车化以及满足园区大量归国留学生、境外人士对自行车使用的需求，张江于2008年在国内率先试点自助公共自行车。截至2011年，园区已形成100个网点、2000个锁桩、1900辆自行车的规模，改善了交通末端微循环。

综上所述，无论从自然生态的修复和优化、产业生态的节能减排、人文生态的绿色低碳，都充分证明张江园区坚持“三生”和谐的生态优先原则。张江园区正努力打造一个以高科技产业和高素质人才高度集聚为特色的环境友好型城区。

第五节 塑造创新创业人文氛围，打造文化张江

新型城镇化的基本出发点和最终落脚点是人的城镇化，根本目的是促进人的全面发展。作为人们居住和活动的重要空间和基本载体，新型城镇化区域必须同时具备生产、生活、生态等多方面的要素和功能。文化作为其中重要的一项发展要素和功能要件，渗透在人们日常生活的方方面面，须臾不可或缺。张江的发展经验表明，在科技驱动新型城镇化发展过程中，文化与科技的耦合关联，具有鲜明特点和丰富内涵，塑造出独特的文化形态和城市文化氛围。

一、弥补先天不足，培育特色科技文化

张江开发建设起步于郊野阡陌之中，城镇化发展基础薄弱，科技、文化等要素先天不足，能够取得今天的成就，经历了一段从无到有、跨越式发展的历程：通过不断集聚科技、产业、人才等要素，张江在形态、功能以及文化环境建设等方面逐步成长壮大，形成了以科技为核心的特色文化类型，为张江增添了一抹绚烂的色彩。

张江特色科技文化的形成主要是吸收、整合和利用了两个方面的文化要素资源。一方面对当代西方文明进行了大胆吸收和利用。张江是在借鉴国外先进高科技园区成功经验的背景下诞生的，自创建以来就始终以积极开放的心态，拥抱高度现代化的西方科技文化，直面国际竞争和时代发展

的挑战。另一方面则深入挖掘本土传统文化资源。正是深厚的传统文化积淀，为张江文化发展提供了强大的后劲支撑，并赋予其鲜明的本土特色，在张江处处可以看到本土传统文化的印记。整合两方面的要素资源，发挥西方科技文明的导引功能和传统文化的支撑作用，是张江文化不断发展进步的不竭动力，也是张江吐故纳新、创意涌现的关键所在。

在文化环境营造方面，张江城市景观的塑造成效尤为显著。张江通过道路命名、城市雕塑等方式展现科技文化特色，营造出独特的人文环境。“牛顿路”、“居里路”、“华佗路”等具有鲜明科技人文色彩的路名随处可见，诺贝尔湖前智慧广场上爱因斯坦等中外科学家深邃的目光里传递着科技文化的薪火和希望。毋庸置疑，张江之所以能够成为广大科技工作者的精神家园和创业乐土，离不开这种文化环境带来的强烈暗示和激励作用。

在文化主体培育和集聚方面，张江高度重视基础性文化力量的集聚和共生。随着大量机构和企业的集聚，一股强大的文化能量在张江快速崛起。中国美术学院上海设计艺术分院、上海电影艺术学院、上海戏剧学院、盛大网络、第九城市等众多创意设计院校、企业相继落户张江，张江不再仅仅是集成电路、软件和生物医药的天下。在这片充满创造力的土地上，一个崭新的文化科技创意产业孕育发展、成长壮大。业态的转变必然催生文化的提升与发展，科技、文化、产业交融互动，共同构成了张江全新的社会文化生态体系。

在具体文化内容建设方面，《张江报》和《张江新经济》一报一刊在上海乃至全国的开发区中早已颇具影响，成为张江品牌文化推广的一张名片。作为文化内容的表现载体，张江也形成了大量特色鲜明的群体文化活动。自 2000 年起迎新年撞钟活动已成为传统，“张江杯”龙舟赛，企业之间的篮球赛、网球赛、摄影赛及各类艺术讲座等活动已经连续举办多年；大量科技、文化名人应邀到张江讲演，各类科技文化、艺术展演活动蓬勃开展；昆曲、歌剧、美术、雕塑等文化艺术活动陆续呈现，受到张江人的热烈欢迎，促进了科技与文化艺术交流，也充分展现了科技、文化相互激荡的魅力与激情。

经过多年的培育和积累，通过融合东西方先进文化，结合多种形式的文化载体建设和文化内容的深度挖掘，如今的张江已经初步呈现出文化繁荣发展的景象，文化与科技相互融合，形成了巨大的发展推动力。可以预见，在科技文化的持续推动作用下，各类资源、要素的集聚效应将被充分激发，创新创业氛围、生产生活环境得以全面优化，新型城镇化的步伐也将进一步加快，从而促进张江更优、更快发展。

回顾20年的发展历程，张江高科技园区始终是张江建设发展的核心载体。在多年的发展过程中，张江建设者日益清晰地认识到“创建自主创新示范区，核心竞争力是文化”。近年来，文化的凝聚力和号召力在张江更是得到了生动的体现，文化环境营造、文化产业发展和文化内容建设呈现出一派繁荣兴旺的景象。

二、打造张江文化，营造创新创业氛围

1. 勇于创新、不怕失败的价值观

自初建伊始，上海市委、市政府就多次要求张江要营造创新文化氛围，形成一种勇于创新、敢为人先、鼓励竞争、容忍失败的创新文化和宽松环境，形成崇尚知识、尊重人才的社会风尚，使海纳百川、追求卓越的城市精神融入科技进步之中。而这一切，早已被张江的创业者和企业家身体力行、付诸实践——“勇于创新，不怕失败”的信条成为每一个张江人共同拥有的价值观。“每天早晨，叫醒你的不是闹钟，而是你的梦想。”这样一句话在张江口口相传，激励着每一个创新创业者努力拼搏、直面挑战、勇于创新、不怕失败。在张江，英雄不问出处：“我们对创新更包容、对失败更宽容，而市场是检验成功的标准。”

创新创业需要一个开放包容的政策环境和公平竞争的市场环境，同样也离不开一个共同成长、携手并进的文化氛围。张江之所以被视为创新创业的乐土，关键就在于形成了一种积极向上的价值观和创新创业文化，并在区域内建立了一个文化共同体，其中论坛就是构建文化共同体的主要载体之一。由园区创业中心主办的“创业论坛”是定期性论坛，免费向整个

园区企业开放。从2003年7月开创以来，张江每年举办各类常规性论坛数十场，同时还举办各类非常规性论坛，论坛早已成为张江最具传统与特色的文化项目。同时，张江各产业基地及一些企业也自发组织相关论坛，使园区形成不断学习、奋发有为的人文环境。在此过程中，政府部门往往给予企业适当的扶持和补贴，取得了显著成效。而共同的价值观和奋斗精神，吸引了大量留学生企业和外资公司入驻张江，进一步强化了张江创业文化环境。在多种因素的共同作用下，张江创新创业文化呈现出鲜明特色，不少人认为张江的创业文化和氛围是最接近硅谷的，称之为“东方硅谷”。

专栏5—12：创新创业文化，张江20年发展最为宝贵的精神财富

20年的发展，张江将“海纳百川、追求卓越”的上海精神与“鼓励成功、宽容失败”的创业精神相融合，形成了一种“创新创业、汇聚集成，鼓励成功、宽容失败”的张江文化。让文化助推科技的发展，碰撞出创新的火花；让科技插上文化的翅膀，飞得更高更远。

这种文化是开放的，有人评价“张江是中国离世界最近的地方”，因为有趋近国际的规则和惯例。

这种文化是自由的，因为张江不唯学历、不唯职称、不唯资历、不唯身份，以市场化标尺、企业家眼光来评价人才；因为张江不唯企业规模大小、贡献大小、性质差异，让市场来检验创新，让资本来推动创新。

这种文化是融合的，因为不同肤色、不同价值观、不同领域的创新主体，可以在张江开放、自由的环境中成长，彼此核心价值的融合与创造，时刻催生创新的动力。

这种文化是包容的，因为张江能以宽容的心态，接受改变世界的种种可能。

这种文化需要挖掘，更值得弘扬，它是张江的瑰宝，更是激发张江持续创新、原生态创业的不竭动力源泉。

2. 鼓励创新、宽容失败，政府主动帮助企业渡过难关

早在2000年，上海市出台了《上海市促进张江高科技园区发展的若干规定》（简称“张江十九条”），使张江成为“政策特区”。凡是适应世界经济特别是科技园区发展潮流，有利于技术创新和高科技产业化的做法，凡是法律、法规没有明令限制的事情，在张江都可以大胆地试、大胆地闯，营造一种企业和创业者的各类问题都能得到解决、得到服务的宽松环境，形成一种有利于创新创业的生态氛围。

2010年，浦东人大在上海市人大的授权下，出台了《关于推进浦东新区高新技术产业化的决定》（以下简称《决定》）。这是浦东第一次制定的带有立法元素的权威性文件，也是上海市首次将“鼓励创新、宽容失败”的理念体现在制度安排和法律保障的框架内，鼓励企业创新的胆子更大一点，脚步更快一些。《决定》明确“对社会资金为浦东科技中小企业提供融资的，视情况给予一定比例的风险补偿或支持；对国资支持科技中小企业的，允许发生源于非主观故意造成的失败或失误，减轻或免予追究相关人员的责任，由此产生的风险损失给予风险补偿”。这无疑是政府对张江创新创业文化的政策支持、制度鼓励和法律护航。如今，通过多年对创业文化的精心打造，张江已逐步成为创新创业的栖息地、创业人才的“梦工厂”、创新发展的动力源。

3. 企业品牌的打造也成为张江创新创业文化的重要内容

企业品牌的涌现是科技成果产业化的具体体现，也是创新创业文化的重要实现形式之一。品牌文化的形成进一步丰富了张江创新创业文化的内涵和外延，对营造张江创新创业文化氛围具有全面深远的影响。超越单纯的经济效益追求，而更加注重品牌文化建设，无论是对创新创业主体而言，还是对张江来说，都是更具长远价值的理性选择。

2012年9月，张江高科技园区顺利通过国家质检总局考核验收，成为首批“全国知名品牌创建示范区”。通过品牌文化的孕育和品牌示范区的创建，张江园区的各主导产业也涌现出一批自主创新的明星企业和品牌，

如集成电路行业的中芯国际（芯片制造）、展讯（芯片设计）等，软件及文化创意产业的宝信、盛大网络、第九城市等。生物医药产业方面，张江已成为国内外生物医药领域专业CRO机构集聚度最高、承接研发外包业务最活跃和国内创新药物研发数量最多的区域，涌现出了如微创医疗、中信国健、复旦张江等一批自主创新的明星企业。新能源、新材料等战略性新兴产业，在生物燃料、水处理、生物脱硫、环保设备、环保服务等细分领域形成了一定的产业基础，集聚了如凯能、林洋电子、理想能源和益科博等新能源企业。

三、创新发展思路，繁荣文化事业与产业

1. 文化事业全面发展

张江建设者从一开始非常重视文化建设。但是，要在一片文化沙漠上，实现文化事业的全面发展，为高科技产业发展和城镇化建设奠定良好基础，必然面临巨大的压力和挑战。为此，张江建设者们白手起家、艰苦创业，坚持硬件建设、软件建设两手抓，取得了巨大成绩。在硬件建设方面，有张江艺术公园、张江当代艺术馆等文化艺术载体，以及点缀在园区中的各种景观艺术雕塑。结合文化基础设施建设和是城市景观设计的需要，张江甚至还发起过“路灯也可以请艺术家来设计，每一盏都可以不同”、“请艺术家到张江园来参与大地艺术，让张江园一草一木都成为艺术”等创意文化活动。在软件建设和文化内涵培育方面，张江拥有自己的一刊一报，还打造出“张江龙舟赛”、“张江德国啤酒节”、“张江科技文化节”等一系列文化品牌节庆活动。这些活动开展多年来深受广大张江人的喜爱，已经成为凝聚园区文化认同感的核心载体。浓浓的文化底蕴早已成为张江高科技园区的一张闪耀名片。

随着高科技园区向现代新型城镇转型，文化事业发展逐步超越园区范围，向社区文化、城市文化拓展，其中最为关键的一点就是“人居文化”的培育和发展。最近几年，张江产城融合发展加快步伐，使过去“工作在张江，生活在别处”的境况大大改善。特别是第三代人才公寓“天之骄

子”，入驻公寓的人才不出远门就能聚餐会友，也能打球、游泳、参加各类培训，“人才社区”概念逐步显现。而在综合环境方面，随着诺贝尔湖公园改造、曙光绿地、张江体育休闲中心改建、长泰广场等一大批项目推进完成，将得到极大改善。通过居住、消费和生态等全方位的宜居环境的建设，实现了文化事业发展在日常生活中的全面渗透，也使张江“人居文化”得以显现，成为推动新型城镇化更好更快发展的重要文化资源。

2. **文化产业大放异彩**

文化产业相对于其他传统产业，是一个比较新的领域，发展时间不长、产业基础也相对薄弱。但近年来，在国家加快推动文化大发展大繁荣的要求下，文化产业发展迅猛，势头良好。在文化产业发展方面，张江也走在了全国的前列。与其他地区的“文化产业化”路径不同，张江根据自身优势对张江文化创意产业进行定位，以科技为核心竞争力，选取“产业的文化化”路径，激活文化科技创意产业。

张江的文化创意产业自诞生之日起，就以“文化，让科技插上腾飞的翅膀”为定位和发展目标。根据多年的产业集群培育经验，选取网游、动漫、影视后期制作和数字出版为主攻方向，并根据多年的产业集群培育经验，先行设立专业基地、建立孵化队伍、筹集专项基金、建设公共研发平台、制定扶持政策。这一整套集群要素的先期到位，给张江文化科技创意产业带来了超常规的发展，开创了国内文化产业园机制创新的多项第一，包括第一个动漫研发公共服务平台、第一个有效运作的文化产权交易所（版权交易中心）、国内第一个作为原创产品发布地和展示地的上海动漫博物馆等，一跃成为国家级的文化产业示范园区。

不同于国内众多文化产业园区的发展模式，张江文化产业园区是一个以“科技研发＋金融支持＋创新服务”为特色的文化产业园区。通过搭建多重服务平台，集聚龙头企业以实现规模效应，“张江模式”成为文化产业园区模式创新的一次尝试。首先，顺应全球文化产业向科技含量高、创意含量高、集聚程度高发展的大趋势，园区高度重视科技研发的核心驱动作用，大力构建科研平台，努力打造服务平台、技术平台、投资平台和运营平台等产业服务链，建设科技、文化、创意相融合的文化产业中心，促进文化创意、科技创新工作融合发展。其次，金融支持方面，在上海市和浦东新区政府共同出资设立上海市东方惠金文化产业投资资金，数字出版专项资金等扶持政策先后出台。最后，张江还利用多层次金融市场发育、国际开放度高的优势，搭建了上海动漫研发公共服务平台、上海文化产权交易所、上海动漫产业促进会等功能平台，成立华人文化产业投资基金，大量集聚国内外风险投资，有效解决企业融资难的问题。此外，在创新服务方面，张江更是独具特色，构筑公共服务体系直接支持“内容生产”。在资源服务平台建设方面，张江文化产业园区以专业化、高效率的服务平台体系为支撑，发挥“孵化—集聚—倍增”的效应。园区服务平台提供包括老总沙龙、法律咨询、工商服务、人才招聘等十多项基础服务以及项目筛选、基金申报、专业设备共享、融资担保、孵化空间等十多项专业服务。同时，还建立了版权交易中心、版权纠纷调节中心等知识产业保护平台，形成各具特色的服务模式，大力营造适合产业持续发展的良好产业环境。预计到 2015 年，张江将形成约 120 万平方米的文化产业园区，入驻企业有望到达 800 家，吸纳就业 3000 人，实现年产值 600 亿元以上。

四、强化文化内涵，打造张江品牌

1. 独具特色的张江文化品牌

品牌是文化的符号，文化是品牌的灵魂。从市场经济角度来看，品牌是最值得投入的地方。园区品牌是园区的水平、标准和文化的集中体现。张江深知园区品牌建设的重要性。在多年的品牌建设沉淀基础上，张江园区于 2011 年 7 月 28 日在张江隆重举行“创・未来”品牌发布会，以全新品牌视觉符号为载体，畅想未来发展，表达力争把张江建设成为国际一流的创新科技园区的美好愿景。张江人正用创新激情和创业情感铸就张江品牌。

专栏 5—13：“创·未来”张江品牌

中国的，也是世界的张江

ZJ INNOPARK

张江高科技园区

新品牌标识包含了“张江”两个汉字的象形（张江→）与其首字母，融合了中文特点和英文元素，宣告：张江——中国的，也是世界的。

“Z”“J”两个字母为浅蓝色，代表张江（Zhang Jiang）拼音首字母。

“K”“I”部分可分拆为三个英文字母：

“I”——创新（Innovation）。

“E”——创业（Entrepreneurship）。

“I”——汇聚集成（Integration）。

这些元素体现张江高科技园区品牌内涵：创新创业、汇聚集成。

创新创业：勇于创新、志在领先；鼓励成功、宽容失败。

汇聚集成：汇聚最前沿的科技产业和研发机构。

汇聚最活跃的创新、创业力量。

汇聚最强劲的金融资本、交易力量。

汇聚最创新、最有效的服务体系。

张江高科技园区的定位：国际一流的创新科技园区。

2. 品牌内涵的具体呈现

第一，创新。创新文化已经成为每一个张江人的基本价值追求，融入每一个创新创业者的血液之中。但相对于精神层面的创新意识，在社会层面上，创新文化具有更加具体、直观和丰富的体现。“相约张江”科技文化节等品牌文化活动蓬勃开展，就是张江“创新”文化的精彩呈现。“相约张江”科技文化节创办于 2005 年。从最初的政府主导到现在的多方参与，从探索性组织到主体化推进，从以学术论坛、文化活动为主体内容到形成几大活动块，从仅限于园区的科技文化活动，到集聚上海乃至全国各主要高新区共同参与的科技文化盛会，经过几年的共同努力，“相约张江”已成为最具特色的张江品牌活动，也是张江创新文化的集中展示。

如今的“相约张江”已是集技术交流、学术研讨、文化活动等多种形式的综合性科技文化节。利用上海市和浦东新区的综合优势，张江高科技园区已经成为企业与政府、技术与市场、科技与文化的交流平台。而“相约张江”活动通过主题明确、形式多样、参与面广泛的一系列活动，扩大了张江的品牌效应，展示了园区自主创新成就，催生了一批具有自主知识产权和良好市场前景的技术成果，为创新创业的园区文化赋予了新的内涵，促进了全社会对科技创新形成共识。

经过 20 年岁月的锻造和磨砺，张江已经成为一个充满蓬勃朝气的高新人才集聚地，充满创新的活力。对于成长中的企业，无处不在的创新气息鼓励着怀揣梦想的人们来到张江。科技文化节庆活动的开展，使张江不仅有理性的科技氛围，也增添了更多感性的人文色彩，成为凝聚人心、激励创新的一片热土。

第二，创业。在张江，提起“创业”，总少不了这几个名字——微创的常兆华、展讯的武平、盛大的陈天桥、复旦张江的王海波……他们构筑了张江最初的创业创富“神话”。张江能够成为创业乐土，书写出一个个“创业神话”，既有政府部门的支持，也离不开张江独特的文化氛围和精神气质。鼓励创新和创业的文化，鼓励成功、宽容失败的氛围，使得大量创新创业者、大量的企业愿意进驻张江，以谋求更大的发展；而创业者的集聚和发展也会有力推动整个国家的创新转型发展。

近年来，张江不断加大创业扶持力度。在张江，创业团队除了享受基础孵化服务，还能享受“创业圈子服务”、重量级创业导师服务以及优质金融机构和服务合作伙伴的配套服务。张江创业文化正以这样一种具体可及的形式发扬光大，惠及越来越多的创业群体，书写更多的创业新神话。

图 5－11　张江高科技园区“科技与梦想”展馆

第三，汇聚集成。张江品牌内涵中的汇聚集成具体可以描述为“四个汇聚”：汇聚最前沿的科技产业和研发机构；汇聚最活跃的创新、创业力量；汇聚最强劲的金融资本、交易力量；汇聚最创新、最有效的服务体系。

2011 年以来，围绕“四个汇聚”，惠普、诺华、壳牌、艾萨华、HTC、现代重工、百度、富美实、恒瑞医药、超导科技等一批总部和研发机构先后进驻；上海股权托管交易中心、上海文化产业股权投资基金、华人文化产业投资基金等一批金融、资本、交易力量纷纷聚拢；张江创新学院与美国加州伯克利大学共建的上海张江伯克利工程创新中心项目、哈佛大学医学院合作项目已正式签署或正商讨中，张江创新创业的活力令世人瞩目。

除了大量企业、机构平台的集聚，张江还有各种“开放式的孵化器”，作为汇聚创新创业力量的天然平台，独具特色。一些“创投”味十足的“咖啡店”顾客盈门，进到店里点一杯咖啡就能享用一整天的开放式办公环境。这儿还有会议室，能免费上网，可以打印、传真。“咖啡店”汇聚起形形色色的创业者和投资人，在聊天中相互激发创业灵感。这样一种内生、自发的汇聚集成力量正塑造着张江文化的全新面貌，产生更大的文化吸引力和凝聚力。

3. 品牌内涵的拓展延伸

第一，国际化。张江品牌从一开始就是国际化的，这与其高科技产业园区的发展定位紧密关联。张江高科技园区的定位就是“国际一流的创新科技园区”。其目标不仅是国际化，而且是要求达到国际一流水准。张江要代表世界一流的科研和创新的水平，已成为大家的共识。

打造国际一流的科技园区，就是要把张江建设成为最先进科技、世界顶级企业的摇篮；成为科技创新、创业者向往的热土；成为投资家发现机会的肥沃土壤；同时也是所有成功者心中的精神归属。他们今后可能发展到全世界，但是他们的出发点就是张江。张江文化也正是要起到这样的作用，成为连接物质和精神的纽带，也成为中国创业者、中国企业实现更高国际化水平的精神支撑。

第二，多元化。经过多年的培育和发展，张江品牌越来越具有强大的文化影响力，产生出巨大的凝聚力和吸引力，在新的时代背景下重新书写着“海纳百川，开放包容”的海派文化风范。张江文化的多元化体现在诸多方面，呈现出一幅多姿多彩的文化画卷，蕴含着丰富的创新创业资源与巨大的区域发展潜力。

张江文化的多元化特点首先体现在人才的多元化，既有大量海外留学归国人员汇聚张江，也有很多本土创业英才开拓创新。人才汇聚带来了文化交融，西方文化与中国本土文化在张江激烈碰撞，产生无数创意火花，点燃了一个个创业梦想。在产业发展方面，围绕科技创新，张江形成了丰富多样的业态，信息技术、生物医药等主导产业之外还有大量新兴产业业态不断涌现，共同构成了一个和谐有序的科技产业生态体系。在城镇建设和居住生活方面，不管是西方消费文化元素还是中国传统文化要素都随处可见，既能看到传统民居的身影，也能看到国际社区的崛起。多种元素的汇聚和碰撞，塑造了张江开放包容的胸襟与气度，而多元文化的发展则预示着更多新的希望和可能，使张江始终作为“梦想之地”而存在。

第三，年轻化。在张江工作的人员，多为高学历、高收入的科研人员，大部分是具有良好教育背景的中青年人，平均年薪远高于上海平均工资水平，消费理念和生活方式走在时代前列。年轻人占绝大多数的人口结构，使张江创新、创业、创意文化更加充满朝气与活力。篮球赛、足球赛等园区各类比赛的开展就是这种“年轻”文化的生动体现。

“张江杯”龙舟赛更是这种“年轻”文化的体现。它象征着龙的传人正挥洒着年轻的活力，在国际科技竞争中奋勇拼搏、勇攀高峰。“张江杯”龙舟赛作为最具文化意涵的活动，至今已举办十届。这项活动展现了张江高科技园区广大创业者团结协作、奋勇争先的精神风貌，增进了相互了解和友谊，全面弘扬了创新创业文化。历届龙舟赛都吸引了众多的园区企业、政府科研机构、大学院校等组队参与，呈现出百舸争流、龙舟奋进的壮观场面。

赛龙舟和高科技园区的发展，乍看起来似乎毫无关联。但事实上，龙舟赛展现的是龙的腾飞，张江众多区内企业也正像巨龙一样要参与到国际竞争的大赛中去。赛龙舟所要体现的正是这样一种昂扬向上的精神，从而使张江高科技园区能够在世界高科技发展潮流中力争上游。

如今，张江这块焕发着创新创业、努力拼搏精神的土地，正在吸引越来越多的企业入驻。落户张江的众多企业就像是一条条活力四射的大龙小龙，它们聚集在一起所辐射出的能量，已经把张江打造成一条引领高科技产业发展的巨龙。在全球高科技产业发展、竞争的这场“龙舟赛”中，张江高科技园区正像一艘昂首前行的龙舟，奋勇前进、勇立潮头。

第六节
体制机制创新，构建与张江发展相适应的管理体制和运行机制

伴随着张江的发展变迁，由政府、企事业单位、社会组织和公众等构成的组织网络体系，以及由此基础上形成的区域治理结构，也在发展调整中建立健全，不断适应张江发展的需要，为激活张江发展活力和动力，提供体制机制保障。

一、创新政府管理与服务，不断适应发展新要求

1. 构建多元联动机制

第一，注重部（院）市合作，形成上下合力。资源的稀缺性是一条普遍法则，特别是高科技要素资源更是稀缺。张江发展高科技产业，科技资源要素先天不足，是典型的“三无”，即无高科技产业基础、无科研院所、无高科技人才。同时，高科技要素资源，如大学、科研院所、重大科学设施等，不同于一般的经济性或社会性要素，政府在其中起到了主导的配置作用，这也为在张江这一平地上建设高科技城区提供了可能。如日本的筑波科学城，就是在政府的主导下，从一片农田之上建立起来的。

张江通过二十余年的开发建设，集聚起了科技创新要素，推进形成了区域创新体系，取得了巨大成功。这在很大程度上得益于张江立足服务国家的战略、创新建立部（院）市合作的机制，也与国家部委和相关院校的大力支持是密不可分的。1996 年 8 月，国家科委、卫生部、国家医药管理局、上海市人民政府在北京人民大会堂签订了关于在上海建立“国家上海生物医药科技产业基地的合作协议书”，这是园区设立的第一个国家级产

业基地，由此拉开了部市合作设立国家级产业基地的序幕。1998 年，国家科技部、上海市政府和浦东新区、张江高科技园区以及沪上 6 家研究机构组建了“上海人类基因组研究中心”。当年 10 月，该中心被正式命名为“国家人类基因组南方研究中心”，张江第一个国家级研究中心由此诞生。这些部（院）市合作的功能性项目落地，不仅带动了其他项目的进入，更为张江打造生物医药产业集群和创新链创造了条件。

图 5－12 张江诞生第一个国家级产业基地

1999 年，上海市提出“聚焦张江”战略，随后上海市张江园区领导小组和园区办成立。领导小组下设办公室，组长为时任上海市常务副市长，成员为市府各级领导、各委局办及人行上海分行、浦东海关等单位相关负责人。领导小组的成立，使得部（院）市合作的空间进一步被打开，由此掀起了新一轮部市合作高潮。截至目前，包括科技部在内的 14 个国家部委办分别或联合在张江进行了各类创新试点，先后在张江园区设立了 10 余个国家级产业基地，建立起了包括上海光源中心、上海超算中心在内的由政府主导的高效研发平台近 20 个，结合张江产业定位引进了中科大、交大、复旦、中科院等在园区设立科研院所。2011 年 1 月，张江获批建设国家自主创新示范区。2011 年 3 月，建设上海张江国家自主创新示范区部际协调小组第一次会议在上海召开，国家发改委、财政部、科技部、工信部、国土资源部、人民银行、海关总署、质检总局、银监会、食品药品监管局等

16个部际协调小组成员单位参加，由此掀开了部市合作的新篇章，必将再次为张江注入新的发展动力。

专栏5—14：部（院）市合作重要成果一览

1.2000年3月，国家软件产业基地——上海浦东软件园开园；

2.2004年7月，国家科技部和上海市政府正式签署工作会商制度议定书，建立起全新的“部市合作”机制，这是国家指导地方科技创新、地方服务国家战略的一项重大创新性举措；

3.2004年12月，由中国科学院与上海市人民政府共同向国家申请建造，由中国科学院上海应用物理研究所承建，我国迄今最大的大科学装置“上海同步辐射光源”在张江破土开工；

4.2006年5月，国家知识产权局和上海市人民政府建立部市合作会商制度，上海张江“国家知识产权试点园区”揭牌；

5.2008年7月，由新闻出版总署批准建立、采取部市合作机制的我国第一个国家级数字出版基地——张江国家数字出版基地正式挂牌成立；

6.2010年12月，中国科学院上海高等研究院（筹）正式入驻中国科学院上海浦东科技园；

7.2012年4月，教育部批准上海市政府和中国社科院公共筹建小规模、高水平、国际化的研究型大学——上海科技大学。

第二，园镇联动，促进城乡一体发展。早在1994年，为了加强对张江地区开发建设的领导，贯彻“城乡一体、共同发展”方针，张江率先成立了浦东新区第一个由重点开发小区和周边乡镇党组织组成的联合党委，探索实践园区与乡镇联动发展新的运转机制和工作模式，为地区城乡一体化发展提供组织保证。

张江开发地区联合党委是浦东新区党工委的派出机构，其组织形式和工作任务都有别于一般的地方党组织和基层党组织。联合党委的职责任务是受新区党工委的委托，指导和协调张江高科技园区和周边乡镇在开发建设中重大问题，其作出的决定，开发公司党委和周边乡镇党委都得服从。同时，在张江高科技园区管理机构中专设“一体化联动发展办公室”，张江镇的主要领导等为其中主要成员，以利于相关行政工作的具体落实。这种实践探索，形成了园镇开发的合力，取得了明显的绩效。在开发过程中，无论是拆迁问题、安置问题，农民的诉求都可以在联合党委会上讨论，以取得共识，加快张江地区开发建设的步伐。这种好的做法一直延续至今。

实施“列车工程”，由国家级开发小区作为“火车头”带动周边乡镇（“车厢”）发展。经过几年开发，开发区实现了超常的发展，但这也与周边乡镇发展形成了巨大反差。这当然不是浦东开发想要的结果。浦东的开发，一直强调不只是项目的开发，而是社会和经济的全面进步。为此，1995 年浦东新区提出了实施“列车工程”。通过借助国家级开发小区这一火车头，挂上周边乡镇多节车厢一起走，充分利用开发小区的特点和优惠政策，开发公司的开发和招商经验，推行了开发公司与乡镇联合开发、规划和招商等举措，充分发挥园区和乡镇的两个积极性，激发开发公司、乡镇共同发展的潜力，共同化解动迁、就业和安置等社会问题，加快浦东开发步伐，促进区域经济社会的全面发展。在这一阶段，张江采取了诸多创新举措。如园区在开发地块上留出一定比例的土地反哺乡镇，鼓励镇集体资产入股园区产业项目；资产重组园镇双方生活服务公司，协助引进房地产开发商及第三产业项目入驻集镇；联合招商、税收分享等。在“列车工程”的推动下，张江集镇、集体企业、乡镇企业有了较快发展。

建立了功能区域，推动城郊一体化发展。为进一步适应城市功能区域化发展的趋势，破解城乡分治和二元分割，浦东从打破城乡二元管理体制入手，进行了有益探索。从 2004 年 9 月起，浦东陆续成立了六大功能区，促使城区、开发区、郊区实现“三块合一”、“二元并轨”。六大功能区中，存在两种模式，一种是川沙的区镇合一模式，功能区与川沙新镇合署办公，两块牌子一套人马；另一种是区镇联动模式。张江功能区域属于区镇联动模式，其行政范围包括张江高科技园区、孙桥现代农业开发区、张江镇、唐镇、合庆镇。功能区域成立了党工委、管委会，统筹协调区域经济与社会发展。张江功能区域管理体制，一定程度上满足了张江高科技园区空间拓展需要、园镇联动和城乡一体化发展需要，有利于实现功能区域内的土地资源整合，实现高科技园区与乡镇工业小区的整合，实现园区和周边乡镇城市管理的整合，实现园区和乡镇招商引资的整合。同时，功能区域党工委和管委会的设立，客观上在镇、园区和新区政府之间多了一层管理层级。

专栏 5—15：区镇联动发展

位于张江功能区域的合庆镇，由于离中心城区和开发区较远，合庆经济园区发展相对滞后，产业定位不明确，整体产出效益也不高。功能区域建立以后，合庆经济园区挂牌成为张江高科技产业东区，并建立了现代医疗器械产业园，共享张江的品牌、政策和招商等资源。围绕张江的主导产业——微电子、软件、生物医药，国内外知名的医疗器械和电子信息企业开始聚集。自此，开发公司、街镇各自为政的格局被打破。在功能区域统筹协调下，“一个品牌、统一招商、联合开发、利益共享”的产业联动发展机制得以建立。合庆经济园区则通过“腾笼换鸟”后仅仅一年，集资强度就从 2004 年的每平方千米 24 亿元上升到 2005 年的 40 亿元，土地产出率由每平方千米 19 亿元上升到 31 亿元，分别增长了 65％和 66％。

同时，张江镇环东工业区成为张江微电子及信息产业联动区，唐镇工业区成为张江金融信息服务产业联动区。昔日各自为战的“小舢板”，围绕张江高科技园区组成了主导产业突出、分工定位清晰、组团集群发展的“联合舰队”。2006 年，张江高科技园区的工业总产值同比增长了 26.9％，张江功能区域的工业总产值和地方财政收入分别增长了 22％和 29.6％。

（摘自上海报道，“六大功能区区镇合一或联动”，2007 年 8 月 16 日）

根据开发建设和城市发展不同阶段的不同需求，张江按照新区的统一部署和安排，结合张江实际，积极创新探索园镇联动体制机制，初步实现了区强镇兴、互补共进、协调发展的目标。2009 年南汇并入浦东，“7+1”生产力布局调整，新区新一轮的园镇联动管理体制探索正逐步展开。当前，临港的管政合一、川沙祝桥的大市镇体制、外高桥森兰和世博地区的产城融合发展体制等都已进入实质性的运作，张江园镇联动机制探索也已列入新区 2014 年综改试点一项重点工作，这将为张江园镇一体发展注入新的活力。

2. 打造服务型政府

第一，牢牢抓住行政审批制度改革这一牛鼻子，提速增效。张江建设高科技园区，面向国际吸引高新科技企业、高科技人才，参与全球竞争，深切体会到建设与国际惯例接轨的园区软环境尤为重要，其中推进行政审批制度改革、建设服务性政府是关键。事实上，张江的行政审批改革可以追溯到 2000 年，凝聚各方智慧、体现制度创新的一揽子决策和举措《上海市促进张江高科技园区发展的若干规定》出台，赋予张江一系列先行先试权：在园区内设立企业，实行直接登记；符合企业设立条件的，工商行政管理部门应当在 5 个工作日内办理完毕；法律、法规、国务院部门规章规定前置审批的，实行“工商受理、抄告相关、并联审批、限时完成”的方式，有关部门应当在 10 个工作日内办理完毕；申请设立的企业也可以委托企业登记代理机构代为办理有关手续；取消市政府及所属部门规定的企业设立前置审批等。由此，张江也成为上海市行政审批制度改革的先行区和示范窗口。2001 年，上海市启动第一轮行政审批改革，张江也顺理成章成为全市行政审批制度改革四个试点小区之一。

通过多轮的行政审批制度改革，张江已成为遵循国际惯例、离世界“最近”的地方。张江的科技门槛高，张江的服务水平和办事效率也一样高。张江行政服务中心对于企业运营中涉及的企业设立、基建审批、涉税报税、人才居住、出入境等 89 项业务实现“一口受理、一门办结”。这里注册一个企业最快仅需 1 天，就连门槛很高的外资企业，在张江注册也只要 5 天。这里实行企业直接登记办法，实行告知和承诺制度，允许注册资本分期注入，允许企业以智力和人力资本入股，对科技型企业不再限定具体的经营范围。这些在全国都首开先河。为优化服务，张江园区还陆续实施了“现场服务”、“阳光代理”、“政策诊断”等一系列服务机制，提高服务能级，切实解决了企业发展中的各类瓶颈。体制创新、服务创新成为张江吸引创新创业者、充满创新活力的重要因素之一。

专栏 5—16：张江行政审批制度改革重要突破

2004 年 1 月，张江高科技园区实行行政审批和政府服务项目“零收费”试点，成为全国范围内第一个规范实行行政审批和政府服务项目“零收费”政策的地区。一次性取消和停止行政审批和政府服务收费项目共有 61 项。这样的优惠政策使得张江高科技园区在 2004 年新增企业 700 多家。其中，亚申科技公司总裁权华在考察了国内 10 多个大中城市之后，最后决定落户张江。

2007 年 1 月，张江率先实施“一表制”，行政审批再一次大提速。在审批流程不变，审批资料不变的基础上，将企业登记设立需填写的 15 张表格 400 多项内容进行整合，简化成“张江高科技园区企业开业注册统一登记表”，投资者填表总时间从六七个小时减少至最少只要 20 分钟。

2008 年 10 月，张江行政服务中心成立，打破原有的行政审批机制，将 30 多项行政审批事项从各职能处室剥离出来，集中归并进中心，并通过优化审批流程，力争所有终审环节在中心内完成，变“一门办理”为“一门办结”。

2011 年 6 月，张江海关事务服务中心正式启用，浦东出入境检验检疫局将整体入驻张江，为园区企业提供更便捷高效服务，进一步提升园区企业竞争力。

2012 年 2 月，张江率先开展建设项目综合审批和项目化跟踪服务改革试点。建设项目的立项、规划、环保、建设等主要审批事权下放开发区行政服务中心独立操作，建立“管办分离”和行政服务中心“一门式受理、一门式办理、一门式办结”的建设工程综合审批服务机制，推进园区管理体制改革，提升园区行政效能和发展活力，探索行政管理服务一体化改革，不断优化园区招商引资软环境。

2013 年 6 月，上海试点向张江高新技术开发区下放市级审批权限，涉及土地出让、规划参数调整、外商投资企业设立审批、环境影响评价、企业登记等 13 类 20 项（见表 5—7）。通过这次下放试点工作，力求使张江成为上海乃至全国行政效率最高、服务水平最优、综合环境最好的园区之一。

表 5—7 20 项行政审批权下放张江高新区（涉及 13 类）

下放权限（九类十三项）	土地出让一项 规划参数调整三项 绿地范围控制线划定和调整两项 设计文件审查一项 外商投资企业设立审批一项 环境影响平静一项 预防性卫生审核一项 上海市高新技术成果转化项目认定一项 企业登记注册零首付和企业集中登记两项
赋予资格（一类两项）	经委托，试点分园将具有内资项目备案和外资项目核准资格
简化程序（一类一项）	在一定条件下可免于建设项目的设计方案审查，直接进入后续审批环节
延伸服务（两类四项）	因有关审批权限属国家相关部委，委托试点分园负责软件企业认定和软件产品登记的申请受理和材料初审，负责区域内高新技术企业认定和技术先进性服务企业认定初审的方式延伸服务。

（摘自东方早报，“张江高新区获得 20 项行政审批权”，2013 年 6 月 14 日）

第二，先行先试，努力突破产业发展障碍。随着张江高科技产业国际化程度越来越高，园区企业在深度参与全球竞争、统筹国际国内两个市场和两类资源的过程中，也不断遇到一些羁绊。针对企业发展实际需求，张江充分依托综合配套改革这一平台，坚持问题导向、需求导向，联合海关、检验检疫和财政税务部门，开展项目化改革试点，努力为企业发展扫清障碍，为产业集群打造保驾护航。

为生物研发企业发展打通关键环节。一是开展入境特殊生物材料检验检疫改革试点。张江园区内聚集了许多生物医药研发企业，需要经常性进口生物制剂用于实验。这些进口材料不确定性较强、时间要求紧、保存条件高，现行的入境检验检疫模式难以满足需求，往往入境之后制剂已失效。针对这个问题，从 2008 年起，率先在张江启动入境生物材料检验检疫试点，推进缩短审批时间、缩减审批范围、减少申请材料、许可分批核销等 6 方面改革，大大缩短了生物制药样品通关时间（实验动物的审批期限由原来的 10 个工作日缩短为 7 个工作日，动物的血液的审批期限由 20 个工作日缩短为 7 个工作日），便利了企业根据国内外市场的瞬息变化及时作出反应。现在此项改革已在浦东得到推广，促进了更多跨国研发中心到浦

图 5－13　浦东出入境检验检疫局整体入驻张江

东的落户。二是与海关合作开展生物医药研发外包（CRO）企业便捷通关试点，实施“提前报关、货到放行”、“归类审价备案制”、“担保放行”、“24 小时预约通关”等通关新模式，有效提高了企业研发创新的效率。同时，针对当前生物医药研发成果产业化遇到的政策瓶颈，新区正积极争取生物医药 CMO（合同制造外包）代工模式试点。按我国现行规定，药品上市许可与生产许可采取“捆绑”管理模式，药品批准文号只颁发给具有《药品生产许可证》的生产企业。这就意味着研发企业最后要么自建周期长、成本高昂的厂房，要么选择出让研发成果，这显然既损伤研发企业的积极性，也不利于研发成果的产业化。被美国、欧洲各国、日本和新加坡等国家普遍采用的 CMO 代工模式，则是首选的突破之道。

突破集成电路产业的发展瓶颈。集成电路产业是国家战略性新兴产业，也是张江高科技园区的主导和支柱产业。为解决张江集成电路设计企业不能作为加工贸易主体而只能在国外下订单并在国外营销结算的困境，以及由此在产品设计生产环节产生的额外成本，给企业造成资金压力的问题，从 2008 年开始，浦东积极探索集成电路保税监管新模式。在海关、税务、商务等部门支持下，张江高科技园区集成电路设计企业“自行设计、具有自主知识品牌、委托加工后出口的产品视同自产产品享受免抵退”，

图 5－14　张江海关事务服务中心启用

华亚微电子、展讯通信、昂宝电子等20家集成电路设计企业纳入首批试点企业范围。2011年展讯公司再次作为深化试点单位，取得了商务部门核发的加工贸易能力证明，海关核发加工贸易手册。展讯也由此实现从芯片设计到制造、封装、测试等整个加工经营活动的全程保税。新监管模式使设计企业直接享受全程保税的优惠政策，节省了企业生产运营成本，解决了制约境内下单的瓶颈。这是从产业链发展的实际出发，从根本上解决集成电路产业的发展瓶颈。

专栏5—17：突破政策瓶颈，推动集成电路全程保税监管

一、产业发展政策瓶颈问题

因国家现行的集成电路产业政策制定时间较早，随着产业的高度分工与发展，国内芯片设计企业难以在“国内下单”的问题日益突出，导致设计企业销售额大量流失海外，抑制了芯片设计公司乃至整个集成电路产业的良性发展。张江的芯片设计企业大多由海外留学生团队创办，相对本土团队更熟悉“海外运作”、“海外下单”，所以该问题在张江园区更为集中和凸显。“国内下单”难的主要原因有两点：

1. 不被认定为“生产型企业”。由于财税〔2000〕25号文对“集成电路设计企业”的定义（集成电路设计企业的认定和管理参照软件企业），导致许多设计企业在工商登记后，不被税务机关认可为生产性企业，拿不到加工手册；以致芯片设计企业设计的芯片若在境内加工、再出口，整个委托加工过程中各环节（包括芯片制造、封装测试等若干环节）都要支付增值税。无奈之下，国内大部分设计企业只能通过其海外的分公司或母公司下订单、在国内设计加工、再到国外销售；而其在国内的设计企业只能沦为设计中心、成本中心，无销售收入、无税额上缴。

2. 先征后返造成国内设计企业资金周转困难。国家2005年停止执行财税〔2002〕70号第一条（增值税实际税负超过3%的部分实行即征即退政策）后，产业链上的企业必须先缴17%增值税，出口后才能退税，造成

国内设计企业流动资金被大量占用、周转困难。

二、集成电路全程保税监管模式探索

在各级政府部门的努力与支持下，2008 年集成电路保税监管新模式获得阶段性突破。国家税务总局同意张江高科技园区集成电路设计企业“自行设计、具有自主知识品牌、委托加工后出口的产品视同自产产品享受免抵退”。外汇局突破“收付汇主体不一致”问题，海关突破“进口环节和出口环节主体不一致”问题，商务部门突破设计公司是生产主体认定问题（生产能力证明），税务部门突破“资金流和物流不一致”问题以实现增值税免征免退。华亚微电子、展讯通信、昂宝电子等首批 20 家集成电路设计企业纳入首批试点企业范围，享受免抵退政策。

第三，积极创新，鼓励各方参与园区开发建设和管理。张江一直重视探索园区管理体制创新，推进形成政府、市场和社会合力。在开发初期，张江就组织成立了张江高科技园区顾问委员会和专家委员会，聘请全国 22 所大学校长、15 名中科院院士和工程院院士、22 名教授及 36 名各领域的专家和领导为两委委员，为园区的产业规划、发展战略和未来的开发出谋划策。2000 年，又成立了由中国科技领域卓有建树的科学家所组成的张江科技顾问委员会，为张江的发展规划、产业部署和未来发展提供有专业性的决策咨询。

2006 年 12 月，为在园区的发展建设中，形成市场、社会和政府更加紧密联系、密切配合、共同推进园区发展的新局面，成立了由入驻张江园区、热心于园区发展、从事各行各业的具有代表性的 51 家中外企事业单位组成的园区发展事务协商委员会，群策群力为园区发展贡献聪明才智。这一区域性自治组织，行使民主协商、监督和参事议事职能，共同参与园区规划建设及公共事务管理，改变以往企业单纯被管理的地位，体现企业在园区发展中的主体地位和主导作用，成为我国高新区管理体制创新举措。这一管理体制创新，将民主管理、社会管理和企业管理结合起来，形成一个民主监督、自治合作的长效协商议事机制。2011年8月，张江出台《关于推进张江核心园建设国家自主创新示范区若干配套政策》（简称“张江创新十条”）。鼓励园区企业参与园区管理，积极营造市场化环境，成为“张江创新十条”的重要一条。张江将着力进一步引导和发挥园区发展事务协调委员会、社团组织、行业协会、留学生服务中心、产业联盟等在园区管理中的作用，实现管理者与园区各类主体共同营造市场环境，为张江持续发展提供有力支持。

3. **创新社区管理模式**

第一，“镇管社区”管理探索。张江经过二十余年的开发建设，从人口看，已完成城镇化，本地户籍人口近100%转成城镇户口，享受城镇社保，非农就业率达到95%以上；从城镇形态看，原有的农村、农田风貌被以张江高科技园区和张江集镇为主的新城区取代；从社会管理看，服务已向社区转变，其中已设立居委会29个、村改居7个和村2个，形成了国际化社区、集镇社区、动迁与商品房社区、村改居社区等多类型社区。

同时，在快速城镇化过程中，由于撤村改制等方面的因素制约，张江镇也还尚不具备条件撤镇设立街道。在此情况下，如何缓解人口大量导入和公共服务相对不足、解决城镇化快速推进与社区管理体制相对滞后的矛盾，成为摆在面前的一个现实问题。其中“镇管社区”成为一种选择，即在保持镇建制和镇行政区划基本不变的前提下，以镇为管理主体，参照城市社区管理方式，综合运用各种管理资源，对社区实施管理。

张江“镇管社区”基本组织架构为“两委一中心”，即社区党委（总支）、社区委员会、社区中心，构建以社区党组织为核心，驻区单位、社会组织、市民群众共同参与的社区治理新格局，最大限度统筹各方资源，实现社区事由社区商议、决策、实施、监督。在实践中，张江逐步建立起了适应园区社区管理的机制和体制，积极营造与一流的国际化科技园区相匹配的人与环境和谐、科技文化浓郁、生态环境一流的现代生活园区。

专栏 5—18：服务园区社区化

自 2005 年起，为进一步推动张江园区内社区联动的系统工程，充分发挥政府社会管理和园区开发优势，实现区域内规划一体、发展联动、优势互补、利益共享的目标，园区开发公司逐步将已建成、在建和待开发的社区移交纳入张江镇的社区管理工作，实施一体化管理。截至目前，张江镇在张江园区共建立了 8 个居委会（香楠路、丹桂路、碧波路、晨晖路、汤臣豪庭、藿香路、科苑路、樟盛苑），派出了 40 名社区干事，管理 15 个居住小区（9 个商品房小区和 6 个动迁安置房小区），服务着 1 万余户、近 3 万名社区居民。这些园区社区的居民基本上都是在张江投资创业的白领及家属。

张江镇紧紧围绕如何使张江真正成为创业者的热土、生活的佳园这一主题，以服务为宗旨、以认同为核心、以文化为媒介、以活动为载体、以和谐为目标，积极探索、主动服务。

1. 适应特点，灵活方法。由于园区社区居民对自己的隐私有较高的要求，走百家门、知百家情，解百家难、暖百家心的传统居委会行之有效的工作方法在园区社区不能得到很好的认同。为此，在工作中：一是选准配强社区干部。镇党委、政府十分注重园区社区干部的素质和能力，在人员安排上选派了 40 位学历较高（大专以上）、政治敏锐性强并有一定基层工作实践的中青年干部到园区社区居委会工作。二是实行双休日值班和错时工作制度。根据小区居民早出晚归和休息日不确定的实际情况，实行双休日值班和错时工作制度，这样有利于社区干事进小区与居民沟通和交流，方便小区居民在休息时间来居委会办理相关事务。三是校居共创、居居共联。充分发挥社区内上海电影艺术学院、中国美术学院等高等高校的资源优势，通过结对共创、资源整合的新途径，为社区精神文明建设提供服务，这也是园区社区一体化管理中的重要内容。四是培育社区志愿者队伍。通过走访了解、电话联系、召开座谈会和“七一”上门走访，在园区社区中建立了一支有较强社区意识、热爱小区工作的志愿者队伍，在处理社区中一些急、难、愁问题上，发动志愿者，主动上门服务，主动和居民沟通，为社区工作打下了很好的基础。

2. 主动服务，跟进管理。在工作中，从满足居民的生活需求入手，寓管理于服务之中，在服务中增强沟通，在沟通中获取信息，把社区管理工作融入到服务之中。针对园区内居民就医难的问题，一方面积极协调卫生局，组织名医进小区开展义诊、专家咨询活动；另一方面，邀请张江卫生院骨干医生定期为社区居民开展义诊、健康咨询；同时，居委会充分利用小区资源，组织小区医生志愿者为小区居民开展健康咨询。

3. 活动引领，认同社区。通过开展丰富多彩的文体活动，搭建居民沟通和交流的桥梁，提高居民对居委会的认同感和信任感。园区社区居民对社区生活、社区文化方面有多元需求，提供良好的文化服务，是赢得他们认同和吸引他们融入社区大家庭的重要途径。为此，每年都组织中外家庭文化节、元宵联欢晚会、社区亲子活动、中秋广场文艺晚会、重阳节关爱活动。通过这些活动，居委和居民增加了交流沟通，居民参与社区的意识得到了提高。居民关心社区事务的多了，对待社区冷漠的少了。特别是园区内的碧波路居委会“相约九号”活动还成功创建了上海市居委会自治家园示范观摩点，成为全市居委会开展居民民主自治的一个成功范例。

4. 整合资源，完善制度。园区居委会主动发挥统筹协调作用，建立健全由居委会、物业公司、业委会、社区民警等参加的议事协调机制，共同研究解决问题，发挥居委会在社区管理中的主导作用。

第二，“人才社区”管理探索。一直以来，张江的居住和生活配套功能滞后，商业设施匮乏，生活和城市气息不浓，成为其一大短板。针对这一问题，围绕张江创新创业人才群体的特点和需求，近年来张江花大力气打造人才公寓，不断改善人才居住及周边环境的硬环境。截至目前，已先行打造了创业公寓、高科苑、微电子港、天之骄子人才公寓共 20 万平方米，3500 套可供 9000 人入住的人才公寓。如今的人才公寓，餐饮、休闲、运动、零售、培训等综合配套服务设施齐全。随着公寓硬件设施和周边环境的日趋完善，一个优质的人才生活聚集区正逐步成型。在 2013“相约张江”第九届科技文化节的分项文化活动上，张江园区人才公寓正式启动了“创领天地”社区人才服务站及园区人才公寓信息化服务平台两大平台项目。“创领天地”针对入驻人才需求，定期开展特色活动，通过企业参与、政府支持、社会资源支撑等方式，营造社区化的人才公寓氛围。

信息化服务平台发布人才公寓政策信息及受理规则，收集入驻人才信息，通过线下服务与线上管理相结合的方式，提高服务效率。张江特色的“人才社区”管理模式呼之欲出。

如今，张江高科园区已经不再是一个单纯的办公之所，商业配套、生态环境、精神文化也已日益形成。对于张江人来说，这里已经更像一个生活、工作的大社区。

图 5－15　张江“天之骄子”人才公寓

未来，作为整个张江园区的中心和重心，以“科技内涵、产城融合”为定位的张江中区、南区开发，将汇聚高端科研教育机构、汇聚高端总部和研发中心、汇聚高端商务商业和居住，以“科技荟萃、创业天堂、品质生活、互动商业、生态智能”为特征，打造一个“创业在此、生活在此、学习在此”的智慧型科技社区。

第三，转型打造科技园区城市功能商。张江集团作为张江园区的开发主体，积极顺应园区向科技社区和城区转变需要，加快向“科技园区城市功能商”转型，已从原来的集团公司、上市公司和各基地及子公司在同一平面的扁平式叠加架构，调整为以集团为整个架构的底层、各基地及子公司承上启下居于中间层面、上市公司位居最上端与资本市场对接的“金刚石式”的立体结构，从而成为集开发运营商、创新服务提供商和高科技产业投资者于一体的科技园区城市功能商。它既是一个开发运营商，提供高科技企业发展的空间，又是一个服务集成商，把所有有利于高科技企业发展的服务元素集成起来为创新企业提供支持。同时，它还是一个科技投资商，对一些项目进行战略性投资，与这些项目共同成长。

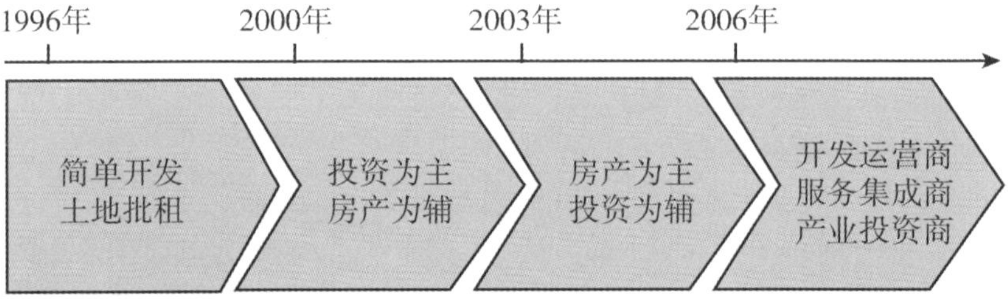

图 5－16　张江集团从单纯的土地开发商向高科技产业综合运营商转型

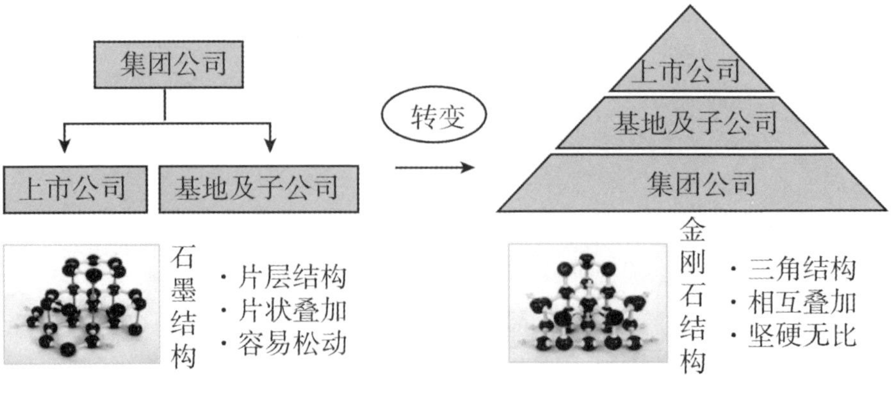

图 5－17　扁平化结构向金字塔结构战略转型

二、建立和完善市场机制，充分激活市场活力

探索和建立一个高效运行的市场机制，打造一个充满创新活力的市场，是张江保持持续发展和长久竞争力的必要条件。随着张江由初期的形态开发进入以功能开发和管理并重的开发阶段，政府已逐步转向以管理和服务为主，由市场发挥基础性的作用。经过多年建设，张江已初步形成一个由风险资本、创新创业企业、功能性机构和平台、行业组织和中介服务机构等构成的市场组织框架和法制与政策环境相支撑的市场运行体系。下面是对张江部分做法的梳理分析。

1. 培育和引进行业协会，强化行业组织管理

行业协会是介于政府和企业之间的行业组织，这种非行政机构在对行业的组织与管理以及对市场运行机制的形成都起着重要的作用。

张江一直以来都非常重视行业协会的培育和引进。早在 2002 年上海市政府出台《上海市行业协会暂行规定》和《关于本市促进行业协会发展的指导意见》之后，张江就率先引入了上海市集成电路、生物医药和光电子 3 家高科技行业协会。同时，张江还出台了《张江高科技园区关于进一步支持行业协会发展的实施办法》。通过政府购买服务的方式，对协会发挥行业组织与服务功能、引导园区相关企业按行业组建产业联盟、参与园区创新体系建设等给予一定经费资助和奖励，对办公场地租金进行一定的补贴，对行业协会举办科技活动进行资助。

多年来，张江行业协会实现了“三个率先”发展。一是率先成立一批区级行业协会。依托浦东综合配套改革试点，在新区先行试点设立区级行业协会，上海市浦东新区软件行业协会、上海市浦东新区生物产业行业协会、上海市浦东新区光电子行业协会等应运而生，这些行业协会大都集聚在科技产业飞速发展的张江园区。二是率先实施无行业主管的管理。国家民政部同意在浦东新区率先开展行业协会设立无须行业主管部门批准的改革，率先突破行业协会登记方面的制度瓶颈，即在浦东行业企业集中、具有一定规模和发展前景、有区域经济特色的行业中试行登记行业协会，如

上海市浦东新区生物产业行业协会、上海市浦东新区软件行业协会等。三是率先实现行业协会的职业化管理。根据浦东新区人民政府2007年印发的《关于着力转变政府职能建立新型政社合作关系的指导意见》的通知，园区管委会注重建立健全民间组织和社会组织的组织机制，实现政府与民间组织和社会组织的“六个分开”（主体分开、机构分开、职能分开、人员分开、资产分开、住所分开），做到政府与民间组织、社会组织的“三无”关系（政府与民间组织、社会组织无行政隶属关系，无人事派遣关系，无资产关系），促进园区行业协会率先实现职业化管理。

为此，张江也成为全国高新区中拥有行业协会最多的园区之一，共吸引集成电路、软件、生物医药、光电子等近20家行业协会（包括部分重点产业服务组织）。它们在促进行业企业创新，帮助企业开拓市场，培养行业企业专门人才，组织科技成果鉴定，参与产业政策的调研、起草和研究工作，制定行业规范，开展行业自律、行业交流和行业服务，营造行业发展环境，推动本行业发展方面发挥了独到的作用（见表5—8）。

表5－8　张江行业协会一览表

序号	协会名称	成立时间	主管部门	对应产业	会员数	张江会员
1	中国电子音响行业协会	1983年	工信部	音箱产业	400	7
2	上海市集成电路行业协会	2001年	市经信委	集成电路产业	456	153
3	上海市信息家电行业协会	2002年	市经信委	信息家电产业	85	11
4	上海市电子制造业行业协会	2002年	市经信委	电子制造业	320	8
5	上海市生物医药行业协会	2002年	市经信委	生物医药产业	211	103

（续表）

序号	协会名称	成立时间	主管部门	对应产业	会员数	张江会员
6	上海市浦东新区软件行业协会	2002 年	无主管部门，新区经信委为业务指导，科协为组织管理单位	软件产业	159	96
7	上海市信息安全行业协会	2003 年	市经信委	信息安全	97	19
8	上海市光电子行业协会	2003 年	市经信委	光电子产业	302	20
9	上海市浦东新区生物产业行业协会	2003 年	无主管部门，新区经信委为业务指导，科协为组织管理单位	生物医药产业	215	186
10	上海市浦东新区光电子行业协会	2003 年	新区科协	光电子产业	78	28
11	上海市浦东新区创业投资协会	2003 年	浦东科协		58	26
12	上海市浦东新区移动通信协会	2004 年	浦东科协	ICT 产业	60	96
13	上海市浦东新区知识产权保护协会	2007 年	浦东科协		288	231
14	上海半导体照明工程技术协会	2009 年	市科委	半导体照明产业	85	26
15	上海市浦东新区物联网协会	2010 年	区经信委	物联网产业	95	42
16	上海市浦东新区研发机构联合会	2011 年	浦东科协		70	37

2. 注重积聚功能性的机构和平台，建立健全市场运行机制

张江从一片农田之上，逐步建设形成一个政产—学—研一体化、适宜高科技产业发展的生态系统和市场运行机制，其中功能性的机构和平台是重要一环。当前张江已积聚了上海张江产权中心、上海版权产权交易中心、上海股权交易中心（OTC 柜台交易系统平台）、代办股份转让系统平台（新三板）、上海超级计算机中心、上海光源、上海浦东生产力促进中心、张江孵化器管理中心等一批功能性机构和平台。它们在服务企业创新、促进科技创业发展方面发挥着不可替代的重要作用，成为张江创新创业生态和市场运行机制不可或缺的重要部分。

上海浦东生产力促进中心和张江高新技术生产力促进中心两大功能性平台机构，从成立、探索到革新、飞跃的过程，是浦东倾力打造张江技术创新体系、市场服务体系，完善张江创新创业生态和市场运行机制的一个缩影。1993 年，上海浦东生产力促进中心成立。它隶属于浦东新区科学技术委员会，是基于政府立场的非营利性科技公共服务机构机构，致力于运用市场手段整合社会资源，为浦东企业提供优质的专业服务。1999 年年底，浦东生产力促进中心入驻张江，为科技企业提供金融、科技、人才和知识信息的专业化服务。2004 年，浦东生产力促进中心成为国家开发银行批发贷款的指定平台。2006 年 9 月，在全国率先开展知识产权质押融资业务。2008 年年底，开始探索以政府资源带动民间信用资源，提高企业商业信用融资能力的信用互助计划。2009 年，与浦东科投一起共同推动成立浦东科技金融服务公司，着力开展投贷联动的前期试点工作。同时，浦东生产力促进中心还建立了知识产权中心，受政府委托负责专利申请受理、区域内知识产权管理、保护和服务工作，为企业提供包括科技情报检索、查新、专利申请代理等专业服务；隶属于中心的知识产权司法鉴定中心，以服务浦东科技企业，促进高科技产业发展，营造公平、公正的市场竞争环境为宗旨，专业从事知识产权司法鉴定，为知识产权侵权案件提供专业的技术鉴定支持。此外，浦东生产力促进中心还建立了从事科技金融服务的公司、出国留学中介服务机构以及产业经济研究院，发起设立了由国有企

业、民营企业、归国留学生和科学家投资创办的“上海互联网创业投资有限公司”，创办了“国家火炬互联网创业中心”。它先后获得国家级示范生产力促进中心、国家火炬计划实施20周年先进服务机构，以及国家科技金融服务首批试点单位等国家级殊荣。经过十余年创新的发展，浦东生产力

图5－18 张江孵化器服务资源

促进中心已成为张江技术创新体系和市场服务体系的重要载体，成为促进科技企业发展的环境平台和工作母机。

孵化器作为连接知识创新源头和高新技术产业的桥梁，是创新成果产业化的重要载体，是培育自主创新企业和企业家的平台，是高新技术园区技术创新体系不可或缺的组成部分。张江早在1995年，就成立了张江高新技术生产力促进中心，这是张江孵化器的雏形。1997年，张江高新技术生产力促进中心被国家科技部批准为IBI国际企业孵化器，同年被上海市科委认定为高新技术企业，1999年又被国家科技部批准为国家高新技术创业服务中心。为响应落实"聚焦张江"战略，强化张江科技创新和孵化创业主体功能，于2000年年底更名为"张江高新技术创业服务中心"，更加强

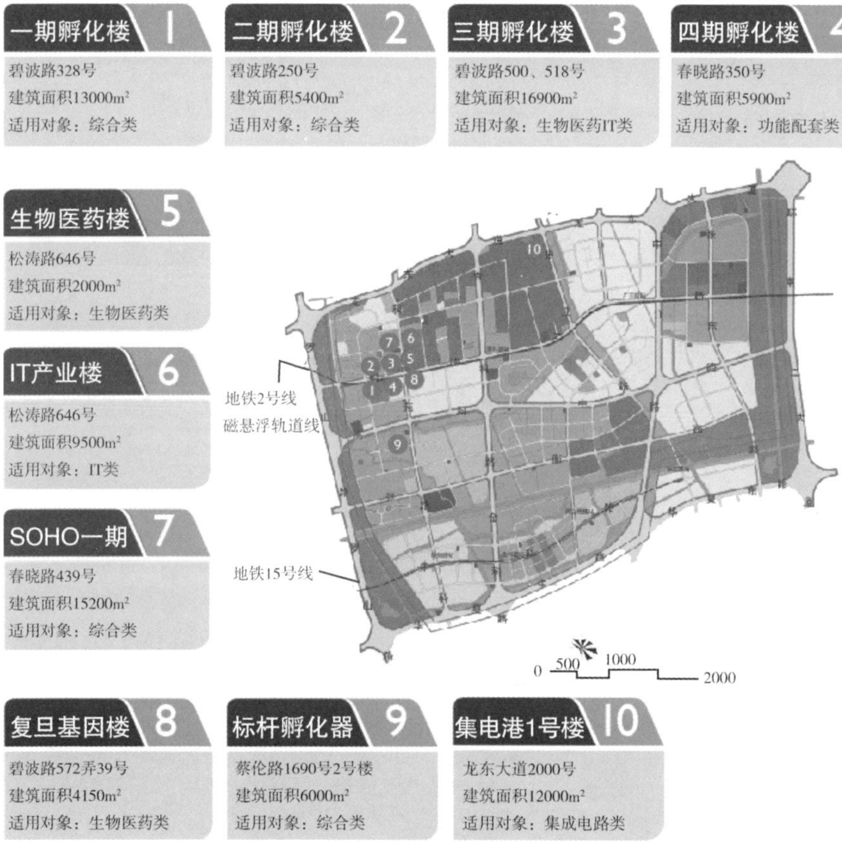

图5-19 张江孵化器空间资源

化对孵化企业的服务功能。为进一步推进园区孵化器建设，把孵化器建设作为推动张江园区自主创新体系建设的核心内容和重要载体，2008 年上海张江（集团）有限公司决定设立孵化器管理中心，以建立企业孵化器为切入点，整合张江园区现有的孵化资源，推广全新的孵化经营模式。如今整个张江园区都成为孵化器，成为科技创新、孵化创业的高地。

3. 构建知识产权保护和服务体系，完善创新创业环境

在当今知识经济时代，知识产权已成为一个国家、一个城市、一个园区、一个企业参与竞争的重要手段。知识产权保护也成为推动发明创新和高科技产业繁荣发展的必要条件，健全市场运行机制的重要一环。我国知识产权保护工作相对起步晚，张江在发展过程中率先产生了发展高科技产业对知识产权保护与服务的迫切需求，也越来越意识到，按照国际惯例建立知识产权的创造、保护及利用体系，是优化园区创新创业环境、在更高的起点上实现自主创新跨越发展的重要制度保障。

2005 年 12 月，张江在全国率先试点建设“国家知识产权试点园区”，并于 2008 年 11 月通过了国家知识产权局的验收。通过试点，园区将知识产权纳入园区管理体系和规章制度。2006 年 10 月，作为浦东综合配套改革的重要内容、完善知识产权体系的重要举措，浦东新区知识产权公共服务平台落户张江园区，在浦东创新港开始试运行。平台集聚了政府、社会多种优势资源，实现了体制机制再创新，并成功打造了三个全国第一，即：国内第一家设立在区级层面的专利受理点、率先成立了全国首家国家专利局专利审查员实践基地、成立了国内第一个知识产权人民调解委员会。平台实现了为企事业单位和个人提供功能多样、便捷高效的“一站式”知识产权服务。企业和个人有关知识产权的棘手问题都可以“一口受理”，能在第一时间得到援助、保护。在此基础上，新区与上海银行合作，率先在张江开展知识产权质押融资试点，搭建科技型小企业融资平台，通过知识产权质押给政策性担保机构，由银行向科技企业提供贷款。

2007 年 6 月，全市第一家区级知识产权保护协会在浦东成立，在知识产权领域进一步加强对企业提供公共服务。2009 年 7 月，国家知识产权局正式批准张江高科技园区为国家知识产权示范创建园区。为推进张江“国家知识产权示范创建园区”的建设，张江结合园区实际制定并颁布了《关于进一步加强张江高科技园区知识产权工作的实施办法》。政策规定在示范创建阶段，张江园区将每年安排1000万元的资金用于鼓励企业的自主创新，包括专利的申请和授权奖励、专利大户的奖励、专利产业化的奖励、知识产权融资担保费和利率的补贴等内容。2013年3月，张江高科技园区获批国家知识产权示范园区，示范时限为2013年1月至2015年12月。

图5-20　浦东新区知识产权公共服务平台

经过多年建设，张江在知识产权公共服务平台、知识产权质押融资、促进专利技术成果产业化等多个方面实现了重大突破，园区的知识产权管理体系和服务体系基本建立，有效促进了园区企业创新活力涌动、自主知识产权成果持续涌现，极大促进了园区自主创新能力和企业综合竞争的提升。

专栏5-19：在全国率先探索开展知识产权质押融资试点

科技型中小企业，普遍具有轻资产的特性，很难通过传统的方式从银行借到贷款。2006年年底，新区率先开展知识产权质押融资试点，与上海银行开展合作，搭建科技型小企业融资平台，通过知识产权质押给政策性担保机构，由银行向科技企业提供贷款。

具体操作办法是：由企业凭借已授权的发明专利、实用新型专利或软件著作权证书等，提交贷款申请。浦东生产力促进中心协同上海银行浦东分行、浦东知识产权评估中心共同对企业展开调查。根据调查情况，评估中心出具评估报告，确定知识产权价值。参考该报告，浦东生产力促进中心出具担保函，担保金额为企业获批贷款金额的95%～99%。上海银行根据担保函，确定是否发放贷款。三方签署贷款合同后，企业按季结息，到期一次性还款。如发生坏账，由浦东生产力促进中心动用科技发展基金知识产权融资专项资金进行偿还，并对企业抵押的知识产权进行处置。

这个模式后来被外界称为“浦东模式”。目前单笔借款上限已由最初的100万元人民币提高至500万元，借款期限最长也从1年延长到3年。2010年6月，国家知识产权局批准浦东新区为“全国知识产权质押融资试点城区”。

三、一流机制促一流党建，一流党建促一流开发

张江的党建工作作为政府开发建设园区的重要保障和管理服务园区的一个延伸，积极践行“一流党建促一流开发”理念，在张江开发建设过程中发挥了重要的作用。

1. 创新“两新”党建工作理念

自园区综合党委成立以来，张江始终坚持“一流园区靠一流党建、一流党建靠一流机制、一流机制凝聚一流人才”的“两靠一凝聚”工作思路，不断创新中共组织设置和活动载体，不断拓展“两新”党建工作内涵，不断加强基层组织建设，积极探索建立特色鲜明、务实多样的党组织，凝聚人才、服务企业、促进发展。依托大型外企、行业协会、投资管理公司，张江率先在全市成立了第一家特大型外资企业党委、第一个行业协会党支部、第一个以归国留学人员为主体的海外科技创新园党支部、第一个为应对国际金融危机而诞生的服务流动党员的综合党支部、第一个以

投资管理公司为依托的党支部，创立了“楼宇党建”、阳光驿站等，取得了良好效果，成为新时期浦东中共工作的创新之举。

同时，张江还探索建立了以“公转带自转”、与企业高管沟通、培育企业党组织带头人队伍等工作机制，涌现了一大批全国、市、区“二优一先”的先进集体、个人和英模人物。2009年7月15日，习近平同志在中央学习实践活动领导小组办公室编发的《上海市张江高科技园区综合党委着力增强“两新”组织党建工作活力》一文上作出重要批示，充分肯定张江高科技园区综合党委在增强“两新”组织党建工作活力等方面做了有益探索，要求及时总结完善并交流推广。

2. 把中共组织建在经济社会发展最活跃的细胞上

第一，通过“布点划片”，实现组织覆盖。以构建铁打营盘为目标，根据“产业相关、地域相邻、资产相连”原则，张江把园区党组织按照地域、规模、类型划分为8个片，建立片区党组织。在产业园区、孵化楼及张江东区、国信安基地及生物医药基地、集电港二期、孙桥开发区等片区内派驻联络员，有效解决因园区企业构成的复杂性和特殊性带来的组建难问题，形成了支部建在产业链上、建在项目上、建在生产流水线上、建在科研创新团队里等新型的组织模式，确保企业投资到哪里、项目落户到哪里，党组织就覆盖到哪里，实现党组织覆盖的动态化、常态化。

第二，通过创新理念，提供组织保障。张江每年把财政拨出的专款，用于“两新”组织党组织工作经费补贴和支部负责人的工作津贴。用中组部表彰“全国先进基层党组织”的奖金设立了“张江新经济组织党建创新奖励基金”，鼓励各级党组织推进工作创新。确立“党务干部也是人才”的观念，为党组织的自身发展提供人才保障。按照“社会化招聘，契约化管理，市场化配置，职业化发展”要求，面向社会公开招聘专职党群社工，专门从事园区“两新”组织党建工作。依托园区“阳光驿站”和社会组织，为党组织和党员提供区域性、个性化工作和服务平台。许多在园区工作的党员和员工遇到子女入学、就业矛盾、法律咨询甚至个人婚姻等问题，都会求助“阳光驿站”，或借助党组织创设的社会组织解决。

3. 一流党建助推园区发展

第一，围绕推动创新创业发展，发挥服务保障作用。通过发挥党组织的政治优势、组织优势，优化企业发展的外部环境，引导和促进企业健康发展。园区综合党委在实践中形成了“5F”工作方法，即：“孵”（孵化），为高新非公企业孵化和壮大发挥中共支撑作用；“扶”（扶持），党组织有求必应，主动上门听取意见，及时协调解决问题，帮助提高应对能力；“辅”（辅导），对高新非公企业经营管理等提供理念辅导和方法引导；“服”（服务），整合社会资源，加强与政府和中介机构联系，建立办事通道，为园区高新非公企业及创业群体提供软性服务；“富”（致富），在落实政策优惠、税收减免及财政补贴返还等方面加强协调，帮助高新非公企业降成本、出效益。同时，围绕企业主和管理层政治参与，发挥引导举荐作用。张江十分注重从高新企业高管、行业领军人物、创业代表人士中选拔、推荐各级党代表、人大代表、政协委员，激发、引导和保护他们参政议政的热情，增强社会责任感。

第二，围绕党员岗位建功、奉献社会，发挥党员激励作用。园区以“党员示范岗”为载体广泛开展岗位建功活动，充分发挥“一名党员一面旗”的作用。微创医疗器械（上海）有限公司在荣获国家科技进步二等奖的攻关团队中有12名党员，占总人数的90%。张江第十二联合党支部提出“一名党员一项专利”的目标，共有87人次提出65项专利申请，被誉为“专利支部”。奥威科技党支部围绕推进国家电动汽车研发生产任务、服务保障世博园区千辆用车运营，充分发挥党员的攻坚作用、突击作用。“关键岗位用党员、关键时刻靠党员”已成为园区企业的共识。

第六章

张江科技驱动新型城镇化的成功经验和发展展望

张江经过 20 年的发展创新，在科技驱动新型城镇化中积累了宝贵的经验，可总结为：思路理念创新是先导；政府推动是前提；高科技产业驱动是关键；区域创新体系建设是动力源泉；区域协调、城乡统筹是根本。张江在多年的发展过程中总结出的经验对于其他地区科技驱动新型城镇化发展具有宝贵的借鉴意义。

虽然上海张江在科技驱动新型城镇化上取得了一定的成绩，但科技驱动新型城镇化的道路仍然任重道远！本章主要在总结了张江历史背景、做法、经验的基础之上，对张江未来的发展提出了 5 点展望：打造全球领先的创新中心；集聚全球一流的创新创业人才；建设全球一流的高科技现代城区；营造全球一流的创新文化氛围；构建全球一流的科技示范应用基地。

第一节 张江科技驱动新型城镇化的成功经验

张江从无到有，从小到大，20 年的发展奇迹，令世人瞩目，堪称“张江发展模式”。其科技驱动新型城镇化发展模式的成功经验是：思路理念创新是先导，政府推动是前提，坚持高科技产业驱动是关键，区域创新体系建设是动力源泉，区域协调、城乡统筹发展是根本。归根结底，创新创业贯穿张江发展全过程，创新是张江之魂、创业是张江之本，打造最适宜创新、创业的发展环境，汇聚最活跃的创新、创业力量，是张江取得成功的最根本所在。

一、思路理念创新是先导

张江的开发建设与浦东开发开放相伴相生，从一张白纸起步，踏着改革开放和浦东开发的步点，将当年的阡陌农田打造成国内最具实力的高科技园区之一、建设创新型国家的重要载体、浦东开发开放和上海创新转型的重要力量。它的成功首先源于浦东开发开放，源于思路理念创新，源于对创新的坚持不懈。

1. 浦东开发不搞特区建新区，首先从观念创新打开局面

早在中央宣布浦东开发前后，上海的专家学者、政府官员曾有争论，焦点在于是把浦东建成新的工业基地，还是发展成新的金融贸易中心。上海市委、市政府根据邓小平同志的一系列重要指示精神，以及浦东开发作为国家战略的历史使命，经过多次研究讨论，最后达成共识：单一的制造业功能不可取，浦东要避免走 20 世纪 90 年代国内常见的单纯引进外资制造业的工业开发区模式，避免成为“产品高科技、劳动简单化”的跨国公司流水线和生产车间。浦东既要有以发达的金融贸易为代表的现代服务业，又要有以科技创新为主的高新技术产业和先进制造业，要建设一个多功能、国际化的现代新城区。

为此，在浦东开发开放的策略上，首先是不搞特区建新区，从观念创新上打开局面，即：一不搞铁丝围网，二不成为计划单列市，而是要“东西联动，再造中心”。这样不仅可以利用全市资源为浦东所用，而且也可以解决上海的城市功能重塑与空间拓展问题。浦东开发开放 23 年的实践证明，此举极具远见、卓有成效。

浦东开发开放，不搞特区建新区，实际上是一种思路创新，是结合上

海市总体发展战略和国家战略的科学决策。现在全国各地已出现了滨海新区、两江新区、兰州新区、舟山新区等，而浦东不仅首创了“新区”模式，并且赋予新区功能性的内涵，因而成为我国改革发展的龙头。

2. 设立主体功能互补的开发小区

“以点带面”开发，不搞覆盖浦东全境的特大型工业园区，这是浦东开发开放的又一重要特色。在浦东 522 平方千米面积上建立 4 个综合性功能开发小区，把上海 21 世纪发展目标中的一些重要功能放到浦东，通过对开发小区的开发建设，全面带动浦东经济社会的快速发展，大力推进浦东的城镇化进程。同时，有效促进上海城市空间布局和产业结构优化，提升国际一流城市功能、重塑国际一流城市形象。

陆家嘴定位以金融贸易为主体功能。它与上海中心城区隔江相望，具有打造 CBD、发展金融贸易区位优势，只要通过桥、隧、地铁跨越黄浦江，就自然成了中心城区的组成部分。同时陆家嘴可以为张江、外高桥、金桥和上海、长三角乃至全国提供金融、航运、贸易等现代服务业。外高桥定位以港口和航运贸易为主体功能。它依托港口，有开展国际航运和保税贸易的地域优势，设立全国第一个保税区，着力发展国际航运和国际贸易。金桥定位以先进制造和出口加工为主体功能，其地处浦东农村腹地，具有土地资源优势，通过引进和发展国际先进制造业，能够快速提升浦东新区的现代产业地位。张江定位以发展高科技产业和创新创业为主体功能。它的地理位置与金桥相仿，但功能定位凸显发展高科技产业。张江高科技园区瞄准世界一流水平，努力打造国际一流的科技园区。

由此，打开了浦东开发开放的整个发展格局，创造并形成具有浦东特色的开发理念和发展模式。浦东新区迅速崛起，成为上海乃至长三角经济与社会发展新的增长极，发挥了我国改革开放、先行先试和创新发展的示范、引领作用。

3. 坚持张江高科技产业和创新功能不动摇

在上海市委、市政府实施“聚焦张江”战略之前，张江发展相对缓慢，当年一度被称为“有产业而没有企业”。在浦东新区高速发展的背景下，这种发展状况显然不能令人满意，新区政府和科技园区都倍感压力。曾经也出现急于求成，如引进制造集装箱、微波炉的企业，但很快就得以纠正。市、区决策者们始终认为高科技园区应该引进高科技企业，入园产业项目的筛选必须符合园区的功能定位，宁愿把土地资源留给将来，也不引进与产业发展方向不相符合的项目。正是这一对高科技产业和科技创新功能的坚守，张江高科技园区才没有走向以一般加工制造业为主的工业园区，为日后发展成为中国“硅谷”和“药谷”创造了条件。

二、政府推动是前提

高科技产业外部性强的特点决定了政府必然在其中发挥重要作用，即使是市场主导推动的硅谷，在发展初期也在法律制定和军事需求拉动上体现了政府的重要作用。对于大多数依托高校和科研机构发展起来的科技园区而言，尽管在产业化过程中凸显了市场作用，但其所依托的高校和科研机构也大多是政府作用的产物。因此，总体而言，政府在高科技园区发展中必将扮演重要的角色。

张江高科技园区是在一片农田上崛起的，这里原先没有科技发展的基础条件和催化科技发展的元素。为此，政府的作用就更显重要。可以说，政府的推动是张江高科技园区发展的前提条件。这种前提条件主要体现在：先期的科学规划和营造良好的创新创业环境，并通过一系列制度安排，推动创新资源和要素向张江集聚，通过市场环境的培育，形成资源有效配置和内生发展动力。而其特点则可以归纳为：基础性、聚焦性、阶段性。基础性体现在科学规划先行和区位条件再造上；聚焦性体现在审时度势集聚创新资源和要素，“集中优势兵力打歼灭战”；阶段性则体现在政府与市场作用互补，最终充分发挥市场配置资源的作用，形成内生发展动力。

1. 规划先行和区位环境再造，打开空间发展格局

规划是政府功能发挥最首要也是最重要的工具。张江高科技园区经过

三个阶段的结构规划调整和多轮详细规划的编制，逐步实现了从“高科技工业园”到“高科技园”再到“科技城区”的功能转变。其规划始终贯彻“以人为本”的理念，体现了地块规模层级化、用地功能复合化、居住类型多样化的特征。科学的规划为张江发展提供了法制保障。

专栏6—1：张江高科技园区的规划实践

一、1992年结构规划

1992年12月，上海市委批准了《张江高科技园区结构规划》，明确了17平方千米的规划用地范围，将园区界定为“集科技、生产、销售、培训和与之配套的生活服务设施于一体的综合性基地”，正式拉开了张江高科技园区规划建设的序幕。结构规划将园区用地自西向东划分为管理服务和大学科研区、工业区、居住区共三大功能组团，彼此平行布局；位于中部的工业区约占园区总用地的2/3，将管理服务和大学科研区与居民区完全隔开；园区采用了大环串小环的路网结构，使得各个功能组团呈现各自为政的内向式格局。总体上说，张江高科技园区的第一个结构规划并没有真正体现“科技园”的规划精神，只是将高科技工业区与居住区、配套区简单地拼贴组合在一起，各个功能要素之间缺乏关联和互动。

二、1995年结构规划

1995年由上海市规划局批准的《张江高科技园区结构规划》对1992年的结构规划进行了较大的调整。一是对用地功能进行结构性重组，大幅度增加了居住用地和科研教育用地，其中科研教育区约占园区总用地的1/6，居住用地的比例几乎达到1/3；二是布局形态从上轮规划的平行组团式调整为楔形组团式，将居住用地延伸到园区中部；三是园区的道路系统从原来的组团式环状道路体系调整为网格状结构，加强了不同功能组团之间的联系，并提出将轨道交通线引入园区、设置站点的方案；四是围绕轨道站点和居住区中心设置了两处较大规模的集中商业，同时每个功能组团内都设置小型的集中服务配套；五是园区中部规划了大型绿地景观空间，并沿路、沿河伸展到每一个功能组团内，并且规划还明确要求绿化用地占总用地面积比例不得低于40%，科研教育区、居住区内的绿地率高于上海市的同类指标要求。本轮规划初步反映了科技园的一些特征需求，搭建出了张江高科技园区的基本建设框架。

三、2000年结构规划

随着“聚焦张江”战略实施，根据发展新要求，2000年年初上海市规划局批准了新一轮的结构规划。此轮结构规划的主要内容有：一是明确提出张江高科技园区的主导产业为集成电路、生物医药和软件设计；二是将距离市区最近的功能组团规划为技术创新区，由张江集团公司统一建设低密度、环境优美的“孵化”楼群，为进区企业提供标准化办公场所，快速积聚人气；三是继续缩减一般技术产业区用地，将科研教育区的用地范围扩大到园区总用地的1/4，突出高科技园区的科研特征；四是进一步强化各功能组团之间的绿化环境，优化园区景观环境；五是将轨道交通线继续延伸贯穿整个园区，并围绕轨道交通站点形成以生活服务区和主题公园为主的核心区；六是将园区的规划用地扩展到25平方千米，为园区划定了向东、向南两个方向拓展的用地。此类结构规划进一步强化了张江高科技园区的科技研发特征，特别是技术创新区的规划定性在很大程度上保障和推动了张江作为“高科技园”的形象建设。至此，张江高科技园区的规划结构框架已经完全搭建成形，开始进行全方位的开发招商和功能建设。

（资料来源：林廷钧．张江高科技园区规划实践回顾研究．规划师．上海浦东专辑第24卷）

高科技创新创业要素所具有的“快进快出”、“国际化”、“高端化”等特点决定了其必须拥有一个便捷联通国内外的优越区位，张江需要再造一个适应高科技研发和产业化特点的区位条件。浦东机场的建设和2号地铁线的延伸打通是关键一招，使得张江偏居浦东农村一隅的区位“孤岛”一跃成为一端连通市中心、一端连通全世界的枢纽。可以说，张江园区发展建设几乎是和浦东机场同步的。浦东机场的建设为高科技企业入驻张江创造了得天独厚的外部环境。从这里起飞，通过空中集装箱把液晶体、芯片这些高附加值的东西运出去，5 个小时基本把亚太全覆盖。便捷的空运对园区的带动作用明显，使得高新技术企业纷纷选址张江，并愿意把生产高附加值的生产线放在这里。同时，为解决张江与市区的交通联系，市政府决定原来只规划到龙阳路的地铁 2 号线延伸到张江园区（后来进一步延伸至浦东国际机场），并对杨高路和其他道路进行拓宽延伸，使得张江与整个中心城区连为一体。正是地铁 2 号线的贯通，奠定了大量创新创业人才如火如荼地涌向张江的基础，张江科技驱动新型城镇化进程也由此步入快车轨道。

专栏 6—2：辐射带动高科技产业发展的浦东国际机场

20 世纪 90 年代初，日本做了一个面向 21 世纪的空港研究，得出一个结论：亚太地区面向 21 世纪的空港，只有唯一的一个，就是新加坡樟宜机场，而且这也只能算是马马虎虎可以这么说。面向 21 世纪的空港是产城融合的。附加值高、通过空中集装箱运输的这些产业，要就近布局。这样一个机场需要的面积起码 20 平方千米以上，甚至到 40 平方千米。日本地价太贵，一个都没有。如果能造只能到北海道，但是北海道偏离了整个亚太地区同心圆的圆心。这个同心圆圆心大概是浦东到武汉之间，从这里起飞，半天之内就能到达亚太其他地方。

当时上海对于是要扩建虹桥机场，还是另外建一个机场争论不休。受此启发，觉得浦东可以建一个机场。而且，浦东建机场还有一个好处。它有点像日本的新日铁钢铁公司，就是一期、两期、三期不断填海，把钢渣填到海里作为二期，二期起来以后，再把钢渣填到海里建成三期。浦东也一样，丁字坝一拦，二条、三条跑道都有了，就比较便宜。拓展虹桥机场的话，地价就完全不一样了，所以这样就有了现在的浦东机场。建成浦东机场带来的一个好处，就是对张江高科技产业的明显带动。

2.“聚焦张江”，集聚创新创业要素

1999年，上海市委、市政府从国家战略出发，实施“聚焦张江”战略。“聚焦张江”战略是推进科技兴国兴市的重要举措，其内涵是举全市之力，实施政策聚焦和创新要素集聚。通过聚焦和集聚，争取用5年时间，把张江建成以创新创业为主要功能的国内一流高科技园区，用10年时间建成世界知名科学园区，成为21世纪上海参与国际竞争的“王牌”。

第一，在政策聚焦方面。上海市委、市政府在“聚焦张江”伊始就颁布了《上海市促进张江高科技园区发展的若干规定》，成立领导小组，设立专项发展基金，授权和下放审批事项，使张江一跃成为政策高地。政策聚焦要求，凡是适应世界经济特别是科技园区发展潮流，有利于技术创新和高科技产业化的一切好的做法，张江都可以大胆地试、大胆地闯。通过政策聚焦，各方形成合力，推动国家、上海市、浦东新区各级政府各类创新试点在张江先行先试，一个有利于创新创业的政策环境快速形成。

第二，创新要素集聚方面。经过多年的聚焦发展，目前张江园区已拥有由政府主导的高效研发平台18个；重点引进了中科院上海高等研究院、中国商飞上海飞机设计研究院、中国医药工业研究院等数家“国字号”的研发机构和经认定的研发机构168家，14所与产业密切相关的高等院校；43家国内外专业创投机构。这些创新要素的集聚，为张江的发展带来宝贵的国际化经验和技术资源，同时，也催生了中介服务机构的集聚和专业服务业发展。这些专业服务业和中介服务机构包括信用、法律、知识产权、管理和信息咨询、人才服务、资产评估、会计、审计、协会、商会等，它们的集聚，反过来又促进创新创业要素的进一步集聚。通过聚焦，使园区形成了一个以研发创新、孵化创业、转化辐射为主体功能的产—学—研创新机制。

实践证明，“聚焦张江”战略以来，在党中央、国务院的关心和支持下，各方努力，携手并进，使张江真正走出了一条具有中国特色、时代特征、上海特点的高科技发展之路。

3. 培育完善市场，发挥市场配置资源作用

张江的成功是政府有形的手和市场无形的手在发挥作用的结果。政府推动资源和要素向张江汇聚，进一步发挥市场在资源配中的决定性作用。按照高科技园区发展的一般规律，在整个发展过程中，要经历创建期、成长期、转换期、成熟期和回归期几个阶段，而在创建初期政府发挥着主导作用。随着市场的发育，市场在促进高科技产业发展中的决定性作用将不断显现。无论是日新月异的技术创新，还是面对消费者多元需求的商业模式创新，抑或是满足中小企业融资需求的科技金融创新，都需要充分发挥市场在资源配置中的决定性作用。对此，张江积极培育各类市场和平台，不断完善市场服务体系，发挥市场配置资源的作用，不断增强内生动力。随着市场的发育完善，规划、引导、服务和监管将成为政府的工作重点。张江正加快政府职能转变，打造服务型政府，更多从法制服务、行政服务、政策服务等方面提高服务效率，与市场互补形成合力。

正如美国园区经济研究学者罗杰斯所说，张江园区发展依靠执政中共政治优势和组织优势，政府之手和市场之手形成开发合力，整合各种开发资源，形成了不同于“硅谷模式”的“张江模式”。

三、高科技产业驱动是关键

从世界各国发展经验来看，产业发展是城镇化和就业结构转变的根本驱动力。根据我国国情和产业结构变动的一般规律，可以将产业发展与城镇化的关系大体划分为三个阶段：第一阶段是劳动密集型产业驱动城镇化；第二阶段是高新技术产业驱动城镇化；第三阶段是现代服务业驱动城镇化。对于一个国家和地区而言，这三种类型是按时间顺序次第进行的，但也可以在政府的推动下，进行战略选择，实现“跨越式”发展。张江地区就是从农业为主的经济社会结构直接转向高新技术产业驱动城镇化的典型代表，其成功的主要经验在于：选择并坚持高科技产业定位不动摇，集群式的发展高科技产业，且实现不断的衍生增长和升级，推动张江循着新型城镇化的道路不断前进。

1. 选择并坚持高科技以奠定新型城镇化道路的基因

城镇化的起点是传统农业、农田和农民的非农化转化，而其中的产业非农化过程是城镇化的首要驱动因素。张江在城镇化开启的过程中，由于很好地选择了高科技产业驱动这一起点，使得城镇化进程自身就具有了新型城镇化的基因，并循着这一基因不断生根发芽、枝繁叶茂。

浦东开发开放之初，除黄浦江沿江区域和川沙县城具有较大非农产业比重外，包括张江在内的浦东其他地区产业结构主要以农业为主。在改革开放初期，中国在推进城镇化路径上，一般都是依靠传统工业或出口加工制造业等作为推动产业非农化的起点，然而这些产业非农化模式虽然很快开启城镇化进程，但是由于产业层次不高、产业驱动的可持续性差、制度改革不彻底等原因，造成城镇化进程速度快却质量低，出现了包括“村村像城镇，镇镇像农村”，城镇面貌小、散、乱，城中村治理难，农民市民化进程缓慢，产城分离、职住分开等城镇化发展问题。从产业驱动的角度来看，部分地区城镇化出现质量不高、持续性不强、规模效应不明显、品质差等问题的原因可以归结为产业本身的质量较低所造成的。反过来，即使现在城镇建设可以通过金融工具、规划工具和政策工具人为塑造一个所谓现代化城镇，但是如果没有高质量的产业支撑（甚至没有产业支撑），也只能是“半拉子”的城镇化、形象工程的城镇化，甚至成为一座“空城”、“鬼城”。

张江的城镇化实践，则正是抓住了高科技产业——这一层次高、质量好、持续长的产业作为非农化主线，从高科技产业的生产功能切入，不断衍生高科技产业领域，不断升级高科技产业环节，不断汇集最前沿的高科技研发机构和创新创业人才，不断完善高科技产业发展所需的产城融合环境。这些为促进高科技产业发展而打造的城镇面貌和空间形态本身就符合了新型城镇化的基本内涵要求，也使张江成为科技驱动新型城镇化的成功实践典范。

2. 选择并发展高科技以优化城镇空间结构体系

从新型城镇化所要求的城镇体系优化的角度而言，张江选择高科技驱动城镇化也很好地解决了特大城市的空间结构优化问题。浦东的开发开放之初就秉承“以西（浦西）促东（浦东）、东西联动”的战略，为改变上海城市结构而作出积极尝试。

从历史上看，上海针对中心城区人口密度过高、工业密集、交通拥挤等城市病，曾经进行了多轮卫星城的规划和建设，以形成特大城市的反磁力中心作用，化解“城市病”矛盾。但实施效果并不理想，几次卫星城的规划规模与实际发展所达到的规模之间差距较大，人口并未按规划有序导入郊区的卫星城，反而中心城区的人口不断增长，体现出极强的向心集聚趋势。对于这一问题，有学者指出“究其原因主要是缺乏可持续性的经济基础支撑，缺乏强有力的产业与交通支持，以及当时社会经济发展水平的限制等问题，综合影响了这些规划理念的逐步实现”①。对于位于城市郊区的张江而言，由于其产业选择起点高、效益优、持续性强，因此，对于构建城市的反磁力中心可行性更大。从张江目前的发展看，经营总收入已破2000亿元，就业人口已超过20万人，作为上海城市科技副中心的定位不断在提升。随着未来产城融合不断强化，张江作为疏解上海中心城区人口和产业过密的反磁力作用将进一步凸显。这也将为上海特大城市构建符合新型城镇化的城镇空间结构起到促进作用。

3. 坚持并发展高科技体现新型城镇化特点

张江在推进城镇化过程中，不断以产业的高端高效发展来体现新型城镇化的各项要求。一方面通过龙头企业带动、产业集群带动、基地式扩展带动等方式做大产业规模，实现城镇规模的有序拓展；另一方面通过产业融合创新、技术交叉创新、业态模式创新、积极发展总部经济和平台经济，促进高科技产业的服务化及服务高端化等方式丰富张江的城镇形态和结构，提升城镇质量和品位，充分体现新型城镇化所要求的智能化、低碳化、生态化、国际化等内涵。

---

① 杨忠伟，范凌云．中国大都市郊区化［M］．北京：化学工业出版社，2006.

第一，产业的拓展衍生推动城镇规模的有序增长。美国城市学研究专家刘易斯·沃思将城市定义为“大尺度、高密度、居民具有异质性的人口的集聚点”①。张江城镇化进程的推进直接体现在城镇面积规模的不断扩展和人口密度的不断增加，而人口集聚和空间扩展的驱动力来自于企业的不断创新创业、产业集群的持续打造和产业体系的衍生裂变。随着产业的发展，大量的就业机会被创造，推动人口和人才的集聚；产值规模的增长和利润率的提升也相应增加了城镇建设开发投资的资金，由此形成了良性的投资——产出——再投资——再产出的循环机制。随着不断的开发推进，张江的建成区面积也随之扩大，目前已基本实现全域城区化。

第二，产业功能升级推动城镇品质不断优化。张江在产业规模不断壮大的同时，产业结构和功能也在不断转型升级。这也为张江城镇形态和空间结构起到了优化和提升的驱动作用。产业“软”化所产生和要求的各类城镇要素更加体现智能化、低碳化、生态化、国际化，这不仅丰富了张江的城镇形态和结构，更提升了张江的城镇质量和品位。

产业结构的服务化与城镇空间的综合化。新的发展阶段，张江高科技产业的创新越来越体现在商业模式、集成服务、一揽子解决方案等与具体生产生活相结合的应用性创新领域，高科技产业服务化趋势越来越明显。高科技产业的服务化一方面体现了“以人为本”，因为很多应用都是围绕人来展开的；另一方面，产业服务化所要求的城镇配套环境和空间结构也将更加综合。

产业类型的多元化与城镇空间的丰富化。随着各类研发机构、科技服务平台、科技金融要素及创新创业人才的集聚，使得张江在产业融合创新、产业衍生裂变上“土壤”非常“肥沃”，一旦有新的技术前沿和产业潮流出现，张江往往能创新催生出相关产业。不同的产业对生产、办公、物流等配套设施的要求也不同，围绕不同衍生的新产业，张江在空间载体

① 布莱恩·贝利．比较城市化［M］．顾朝林等译．北京：商务印书馆，2012.16.

上也不断丰富，包括：适宜软件和信息服务业发展的生态化、花园式的办公环境（张江软件园），为配合文化创意产业发展而配置的各类沿街建筑小品、动漫博物馆等创意性城市元素（动漫基地和张江动漫博物馆），为总部经济发展提供的高端商务办公居住楼宇（张江中区建设），为平台经济配置的各类市场交易场所和高效物流配送系统，为新能源产业发展相适宜的节能建筑等。正是由于张江产业的不断衍生和裂变，使得张江的城镇面貌更加丰富多彩，避免了工厂林立的单调和水泥森林的拥挤，充分体现了新型城镇化的城市形态。

产业效益的高端化与城镇土地利用的优化。在寸土寸金的上海，辖区内各开发区在土地集约利用、发展效益和质量等方面位居全国前列。近几年，张江园区则在上海开发区综合发展指数评选中名列榜首，在土地利用评价指标方面也位列前几位，这表明张江在新型城镇化所要求的土地集约高效利用上取得了很好的效果。产业的高端高效大大提升了张江的城镇化质量。

产业面向的全球化与城镇文化的多样化。张江产业的发展与全球高科技产业的脉搏紧密相连。有人说，张江是“上海距离世界最近的地方”。从张江高科技跨国企业和外籍人士的数量，以及大量留学生集聚来看，张江在产业发展上确实充满了国际气息。城市文化中一个非常重要的特征就是包容性。不同种族、不同国家的人都能在此和谐地工作、休闲和居住。从这个角度而言，张江的城镇文化由于高科技的发展而具有更大的包容性。

产业技术的推广应用与城镇生活的品质化。张江在不断发展高科技产业的同时，也不断强化技术在城镇化中的应用推广。通过最新技术和最新产品在城市生活中的应用，体现最新最现代的城市生活。特别是在以“城市，让生活更美好”为主题的上海世博会举办中，张江高科技园区签约参与中国 2010 年上海世博会主题馆（未来馆）展示项目，共有 62 项处于国内外技术前沿的科技产品参展，展示了具有世界级水平的技术与产品。

四、区域创新体系建设是动力源泉

高科技产业，特别是微电子产业遵循摩尔定律，更新换代的速度十分快，一旦跟不上发展进度，就会处于被动、被淘汰境地。由此可见，一个高新技术开发区，如果没能打造形成区域创新体系，跟上或引领科技创新步伐，发展前景将十分渺茫。张江深知其中道理，为此不惜工本，投入巨大的人力、物力、财力，构筑起具有强大支撑作用的区域创新体系。先进和完善的区域创新体系，一方面为张江高新技术产业的可持续发展注入了强劲的动力；另一方面不断提升张江园区的国际竞争能力。张江业已成为我国创新活力最强的区域之一，并正在成为国际重要的研发创新基地之一。

1. 提供充足土地资源，吸引优质创新源机构

根据国际经验，高新技术园区的区位选择，应该接近著名高等院校或重要研发机构。唯有如此，高新园区方可源源不断地就近获得创新理念、前沿技术和创新型人才。张江园区创建于一片农田之上，半径 20 千米的区域内没有一所高等院校。浦东开发开放初期，540 平方千米的浦东新区仅有一所全日制正规高校，即上海海运学院。该校的办学方向与张江的主导产业——信息技术和生物医药互不为谋。因此，张江园区创业初期，就存在先天不足的问题。摆在张江面前的一项艰巨任务，就是在有限的发展规划用地中，必须投入较多的土地资源，用于“创新源工程”建设，用“后天调养”来弥补“先天不足”。

创新源是指不直接参与高科技产业开发，但对高科技产业的发展起着技术和动力支撑作用的科教服务机构。创新源位于产业链的上游，指引产业发展方向；创新源又位于价值链的高端，获取高附加值。信息咨询、研发设计、教育培训、孵化中试、科技服务等机构均属于高科技产业的创新源。创新源是高科技园区的灵魂，是高科技产业发展的引擎。创新源的数量和质量与高科技园区的竞争能力和生命周期休戚相关。能否集聚一批园内外知名的创新源机构，是高科技园区能否兴旺发达的关键。

张江深知自己缺乏创新源的短处，但善于“亡羊补牢”，比我国同类

型高科技园区舍得花血本，在规划的层面上确保土地资源的优先供应。张江核心区面积为25平方千米，在2000年编制的总体规划中与创新源相关的三个功能板块共规划用地约7平方千米，占园区总规划面积的28.2%；规划的创新源建筑面积为587万平方米，占园区总规划建筑面积的一半以上。众所周知，张江高科技园区产业用地价格昂贵，而对学校、研究机构供地，地价偏低。在招商层面上，张江宁可在经济上承受巨大压力，舍得将上万亩土地以低价吸引知名高校和研发机构，这是熟知高科技园区发展规律而做的明智之举。没有这种破釜沉舟的魄力，就不可能成就张江今天的创新活力，张江也不会成为上海“创新驱动，转型发展”的主战场，园区也不会有今天如此强大的后发优势。在新型城镇化进程中，创新源机构的高度集聚和区域创新体系的有效培育是张江园区的一大亮点，也是科技驱动新型城镇化的一大特色（见表6—1）。

表6－1 张江核心区创新源功能板块的用地指标（2000年规划）

与创新源相关的功能板块	规划用地面积（平方千米）	容积率	建筑容量（万平方米）	绿地率（%）
科教创业区	1.38	0.85	117	45
科研教育区	2.79	0.55	153	50
高科技中试区	2.88	0.85	317	25
合计	7.05	/	587	/

［资料来源：张江集团，张江高科技园区规划资料（内部资料），2010年］

2. 积极组建区域创新体系

从规划层面上提供建设用地，只是创新源工程建设的第一步。真正使创新源工程运转自如，必须培育由各种创新源要素组成的区域创新体系。区域创新体系越完善、创新源要素功能越强大，区域创新能力也越强，对高科技产业的引领和支撑作用越明显。

张江的区域创新体系主要由以下几个部分组成：创新人才培养体系、创新产品研发设计体系、创新研发装备支撑体系、创新成果产业化的中试孵化体系、科技金融服务体系。

第一，创新人才培养体系。高等教育是培养创新人才的摇篮，创新人才又是高科技产业成长、壮大最重要的生产要素。高科技园区不但对人才数量需求迫切，对人才质量的要求也很严格，单纯依靠输入型很难满足产业经济发展的需要。

根据张江园区功能定位和产业发展的现实需求，在张江新建了由三种类型高等院校组成的区域创新教育培训体系。一是根据园区产业导向，建成上海科技大学和上海中医药大学两所与信息技术、生物医学、新能源等高新产业紧密相关的独立的全日制大学。二是为了弥补创新力资源的先天不足，张江园区大力吸引国内著名高等学府，在张江设立分校或合作办学。这些名校也将其先进的办学理念、前沿的专业设置、现代化教育体系、一流的研究设备引入张江，结合张江产业发展方向，为张江应用型人才和创新型人才的培养作出重要贡献。据不完全统计，在张江设立教育机构的名校有复旦大学、上海交大、美国杜兰大学、上海影视艺术学院等。三是建立起由张江创新学院等组成的职业培训服务体系。人才培养分为学历教育和职业技术教育等不同范式的教学体制，后者更接近市场需求层面。员工通过短期、快餐式的职业针对性教育，就能上岗服务。

第二，创新产品研发设计体系。在区域创新体系中，研究实验机构对产业园区的创新驱动、优化发展具有直接支撑作用。张江能否集聚一批国内领先、国际一流水平的研究设计机构，对提升园区创新能力、提高园区竞争能力、增强园区发展后劲、提高园区国际地位，意义十分重大。20余年来，特别是“聚焦张江”以来，园区把引进研发机构视作高新技术产业可持续发展的重要基石，园区创新驱动的主要引擎。截至2012年，张江园区累计认定企业研发机构195家，其中国家级、省市级占到约15%；园区还集聚近20家国家级工程研究中心及重点实验室。

根据各研究机构的隶属关系，可将张江园区的重点研究实验机构分为四种类型（见表6—2）。

表 6－2　张江园区四种类型的主要研发设计实验机构

研发设计机构类型	主要研发实验机构
国家级研发设计机构	国家上海新药评价研究中心，国家人类基因南方研究中心，中科院高等研究院，中科院上海药物所，中国商飞上海设计研究院等
上海市研发设计机构	上海科学院相关研究所，上海新药研究开发中心等
著名高校研发设计机构	北大微电子研究院，清华微电子研究院，上海中医药大学的2个教育部重点实验室
著名跨国公司的研发中心	GE中国研发中心，杜邦中国研发中心，罗氏中国研发中心，罗门哈斯中国研发中心，诺华（中国）生物医药研究有限公司，超威半导体（上海）有限公司，葛兰素史克（上海）医药研发有限公司，IBM中国研究院等

［资料来源：根据张江集团《1992—2009年张江大事记》（内部资料）汇编］

第三，创新研发装备支撑体系。高新技术产业的发展，离不开先进的研究、实验测试技术装备。打造有较强创新能力的国际一流高新技术产业基地，必须拥有世界上最精湛、最先进的技术装备。众所周知，只有拥有最先进的哈勃望远镜，才能探索广袤浩瀚的宇宙奥秘。同样，只有用世界上最现代、最精良的先进设备，方能探究微观世界的运动规律。张江园区的微电子和生命医学产业，都要进行电子或细胞水平的探索性研究，其关键的仪器设备耗资巨大、工艺流程复杂、技术要求极高，单个研发机构和工厂企业无力承担。为把张江建成国际一流水平的研发和生产基地，上海市政府和中国科学院等有关单位，投入大量人力、财力和物力，采用合作攻关模式，在张江建成三个具有国际先进水平的公共技术服务平台即上海超级计算机中心、上海光源和国家化合物样品库，为提升区域创新能力提供技术装备的有力支撑。

专栏 6—3：张江科技公共服务平台建设

经过 20 余年发展，张江园区已建涵盖多个高科技领域的约 50 个科技公共服务平台。根据公共服务平台表现形式，可以大致分为五大类：以生物医药仪器设备共享网络、光电子仪器设备共享网络为代表的仪器设备共享网络类；以张江生物医药公共服务平台Ⅰ期和Ⅱ期为代表的公共实验室类；以软件技术增值服务平台为代表信息化网络系统或数据库类；以乔源、曙光医院及集成电路研发中心等为代表中试或实验基地类；知识产权公共服务平台、半导体照明工程中心为代表的中介服务类。其中，公共实验平台当前每年使用超过 10 万次，使用费用从每次平均 2.3 万元减少到 1000 元左右。

随着中国最大、世界第四的科学装置——上海同步辐射光源正式开放，张江已建成三个具有国际先进水平的公共技术服务平台，成为中国公共服务平台最密集的园区之一。

一、上海超级计算机中心

上海超级计算机中心成立于 2000 年 12 月，由上海市政府投资建设，坐落于张江高科技园区。它是国内第一个面向社会开放、资源共享、设施一流、功能齐全的高性能计算公共服务平台，拥有曙光 4000A 和魔方等 3 台超级计算机，计算能力达 11 万亿次/秒，技术水平居亚洲之首，列世界前十。同时配备丰富的科学和工程计算软件，致力于为国家科技进步和企业创新升级提供高端计算服务。该中心投入运行以来，已在气象预报、生命科学、新材料、汽车、航空、船舶、核能、天文、物理、化学等多个领域取得一批重大成果，发挥了公共技术服务平台的重大作用。

二、上海光源

上海光源是中国重大科学工程，由国家发改委、中国科学院和上海市共同投资，是我国迄今为止建成的最大的科学装置和多学科研究平台。工程历经 10 年优化设计和预制研究，2004 年 12 月 20 日开工建设，于 2010

年 1 月 19 日通过国家验收，总投资达 14.344 亿元人民币。上海光源为目前世界上性能最好的第三代中等同步辐射光源之一，是世界上第四台同类型装备（美、日、欧各有一台），总功率为 600 千瓦，是 X 光机的上万倍。上海光源可用来开展材料科学、生命科学、环境科学、信息科学、物理学、化学、医药学等学科领域的基础研究和应用研究，如破解生物大分子三维结构、揭示材料中原子的精确构造、对构件进行显微成像和断层扫描、对心血管疾患作快速清晰的早期诊断。上海光源对电子工业、新材料工业、生物医疗工业、精密机构加工业、超大系统自动控制技术等相关领域的发展提供技术支撑。

三、国家化合物样品库

国家化合物样品库由国家新药筛选中心、中科院上海药物所等共同建设，并于 2011 年在张江落成。作为我国重大基础科研设施，样品库已储备 95 万个化合物，具有结构多样化、存储专业化、管理集中化、信息系统化和质控标准化等特点，已成为亚洲最大的化合物库。这一世界级样品库为我国乃至全球的科研人员提供一个新药研发的公共平台。

第四，创新成果产业化的孵化、中试体系。孵化器是专为中小科技企业搭建的创业服务平台。孵化器为创业者提供物理空间、基础设施和相应的服务支撑，是降低创业者创业风险和创业成本，提高创业成功率的服务平台。

早在 1995 年，张江园区就创立了第一个专门为中小创业企业服务的孵化器——创业服务中心。2008 年，张江整合了园区现有的孵化资源，正式设立了孵化器管理中心，根据企业不同的发展阶段提供有针对性的阶梯式“贴身”服务，帮助企业突破发展中的各类瓶颈问题。2013 年，浦东科委和张江管委会又共同发起设立了浦东新区科技企业孵化联盟，全区 26 家各级孵化器全部加入。经过整合，进一步实现了资源共享、互通有无，为企业提供“组合拳”式的服务，初步形成了专业孵化、自由孵化、高端孵化以及“全程”孵化的多层次孵化体系和模式。近五年来，张江孵化器累计扶持600多家园区创业企业，总市值超过250亿元。

专栏6—4：上海张江企业孵化器经营管理有限公司

公司成立于2008年5月，是上海张江（集团）有限公司下属的全资子公司（以下简称“张江孵化器”），是坚持企业化/市场化公司运作、轻资产运营、管理规范（ISO证书号：QAC0061202/A）的综合型孵化器。

在张江高科技园区不断发展、升级的过程中，张江孵化器承担着为整个园区近600家中小企业提供公共孵化平台支持、孵化资源整合、园区孵化创业大环境建设的使命。基于园区中小企业的共性问题，与近300家中介服务机构合作建立“服务超市”，为入孵企业提供质优价廉的“集约式”的服务；整合政府扶持、产业联盟、公共技术平台及专家顾问等公共资源，提供包括物业、公关、行政、会计、法律、投融资在内的一系列“阶梯式”针对性服务。目前，张江孵化器的孵化范围已超过6万平方米，累计引进中小企业252家，孵化企业平均孵化时间2.15年，低于全球3年的平均周期。

公司从成立伊始就直接跳过“基础物理空间＋优惠政策”的1.0版本，打造“空间产品＋服务产品”的张江孵化器标杆2.0版本。2012年提出“孵化器×（创业企业＋创业者＋政府机构＋服务机构＋社会组织）＝自创新平台”的3.0版本。5年多以来，张江孵化器在运行机制和服务模式上进行一系列的创新探索：“自创新平台”、国际化、创业培训、“创业圈子”、创业工坊等，并在企业与市场化风险投资的结合上成效显著，吸引了如红杉资本、IDG、DFJ、戈壁等一系列知名投资商来孵化器投资。从“张江孵化器”这所大学毕业的企业“大牌云集”，有国际领先的芯片设计公司——灿芯半导体，有在上海股权托管交易市场成功挂牌的上海铂尔怡环境技术股份有限公司，有中国语言学习第一网——上海互加文化传播有限公司，有中国商用MEMS陀螺仪传感器芯片领航企业深迪半导体（上海）有限公司等。目前孵化器内（或累计从张江孵化器内毕业）入选“千人计划”的高层次人才 18 人。2009—2012 年，张江孵化器分别获得《创业邦》评选“年度中国最热创业园区”称号、《创业家》杂志评选“年度最佳创业天使”称号、智联招聘评选“年度最佳雇主”称号。从张江孵化器走出的看似不起眼的创业企业，最终汇聚成了推动张江园区创新创业发展的终极原动力。

第五，创新科技金融服务体系。高新技术企业普遍具有高投入、高风险、无形资产比重过高的特征，因而比一般企业更容易面临资金短缺的约束，因此解决高新技术企业“融资难”问题成为高科技园区构建区域创新体系的重要突破口之一。经过多年努力，张江已在担保贷款、创业投资、改制上市、股权私募、集合信托、企业债券和天使投资等方面，探索出一条多渠道的投、融资模式，不断降低中小企业融资门槛，解决中小企业长期发展资金需求，形成了具有长效性的中小企业金融服务体系。企业从初创期、成长期到成熟期，分别有股权投资、投贷联动、小贷、融资租赁、中小企业集合票据、OTC 市场、企业上市等不同资金融通渠道，使企业每个阶段都可以获得相应的融资服务。

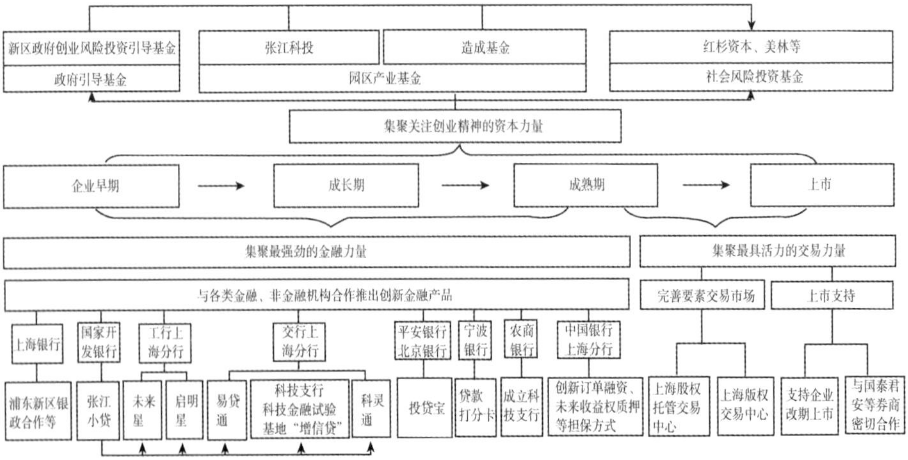

图 6－1　张江园区科技资本、交易服务体系

专栏 6—5：张江科技金融创新

除在全国率先探索开展知识产权质押融资试点外，比较有代表性的科技金融创新有：

一、开展信用互助融资服务

2008 年年底，进一步顺应广大科技型中小企业的呼吁，设立科技企业信用互助专项资金，开展信用互助融资服务。政府（50%）、企业群体（40%）和银行（10%）共同承担风险，通过有效的组织和贴近的服务，极力提高企业的信用水平，帮助科技型中小企业获得商业银行的贷款。由企业自主申请加入浦东科技企业信用互助计划，自主申请缴纳资金额度和贷款额度，浦东生产力促进中心协同上海银行浦东分行对企业进行资格调查。如符合资格要求和贷款要求，浦东生产力促进中心出具担保函，担保金额为企业获批贷款金额的 90%。根据该担保函，银行确定企业放款额度。如发生坏账，银行、科技发展基金、加入企业分别承担 10%、50%、40%的代偿责任。

二、“银政合作”

2010 年，根据发展需要，浦东再次牵手上海银行签署中小企业融资服务战略合作协议，开展“银政合作”。政府给予上海银行一定的风险补偿及奖励，使上海银行的贷款审批条件更优惠、降低贷款门槛、缩短放贷周期，进行金融创新（一般押品抵押率从不超过 60%提高到最高 100%），提供更丰富的质押手段。如支持知识产权、股权和应收账款质押，探索影视版权、新药证书质押融资，提升企业信用在融资项目中的占比。

2011 年进一步增加中行、建行、浦发、民生、兴业、招商、交行、农商行、南京银行等多家合作银行。2011 年 8 月，张江集团与工商银行上海市分行、交通银行上海市分行启动全面战略合作，联合开发设计惠及科技型中小企业的“双星、两科、一宝”，即：“未来星”、“启明星”、“科技支行”、“科灵通”、“投贷宝”等科技金融服务新产品。同时，推出多项创新措施，共同完善张江高科技园区的多层次科技金融资本市场，探索以投资和贷款互动的模式来解决中小企业融资难问题。

2012 年 3 月，交行“科技金融创新试验基地”落户张江。作为上海市科技金融试点工作之一的“张江高科技园区科技金融服务平台”，也在同一天启动，构建出“一个基地、一个中心、一个产品、五大试点”的全新发展模式。

3. 立足开放条件下的自主创新，接轨国际发达国家创新模式

以往我国的科技创新研发主体以政府为主，创新研发力量主要集中在中国科学院和教育部所属的高等院校，能源、交通、卫生、农业等国务院所属部委，均有实力较强的、专业化程度较高的部属研究、设计机构。企业中，除少数国有大型企业拥有独立的研究设计部门外，中小企业的创新研发能力十分低下。科技研发的经费来源绝大部分为财政拨款。改革开放后，这种状况虽有所改善，但在短时间内还没有从根本上改变政府主体化的局面。

张江高新园区在推动企业创新研发方面迈出了坚实步伐。一方面，引进国际一流企业的研发总部或研发中心，为本土企业树立创新研发的标杆；另一方面，政府通过专项资金和财税政策鼓励本土企业研发创新。从 2003 年起，政府已启动几轮专项资金，用于研发中心建设、科研及产业项目补贴。园区企业也深知研发创新是赖以发展壮大的核心竞争力，渴望自主创新的主动性和积极性很高。在企业和政府内外两股动力的推动下，企业的创新能力不断提高，成果层出不穷。在张江园区，研发创新已不再是国家级研发机构、高等院校、跨国公司研发中心的专利，许多本土企业也积极投身研发创新。张江园区创新研发的企业主体化趋势已十分明显，并正在与国际发达国家的创新模式日趋接轨。

专栏 6—6：融入全球创新网络，率先形成多种自主创新的模式

一、双轮驱动的“北美创新模式”

这一模式的特点是具有海外背景的创业者同时在国内设立研发团队，形成具有世界前沿水平的创新能力。以展讯通信、华亚微电子、迈迪医疗等一批企业为代表的创业团队，通过成立国内国外两个实验室，建立一种长期稳定的高层次国际科技合作，形成“24 小时创新”的高强度研发，取得了远高于行业水平的“张江速度”。在展讯的发展过程中，就成功地构筑起了美国硅谷和中国优势互为嫁接的“硅谷—大陆”发展模式。

二、融入世界的“温州创新模式”

以温州创业者为代表的创新模式日益成为本土创新者的共同趋势。这一模式的典型特征是本土创新者勇于挑战自我，主动融入全球创新网络，形成与世界前沿同步的创新能力。园区企业科博达以国际同行一半的报价，且承诺“所有的技术开发费用和风险自己承担”赢得大众车系的招标机会，用不到一年的时间研发出国内第一款 HID—400 汽车氙气前照灯电子镇流器。如今已成为德国奥迪 Q3 车型等项目全球配套同步开发供应商之一。

三、高端辐射的“裂变创新模式”

波士顿大学的周来生教授，作为对行业发展趋势具有洞察力的投资人，与张江一同建立“事业方式”的实验研究平台，联合美国 300 位中科院外聘专家团队帮助世界范围内具有领先水平的技术完成最后阶段的研究。其后，通过一组孵化器和加速器帮助其完成中试，不断裂变出一组具有独立竞争能力的规模生产销售企业。拥有跨国公司和微创介入医疗领域资深经验的胡铁锋博士及其国际创业团队，与张江集团积极联手打造中国第一家符合国际质量和技术标准的大动物临床前研究公共服务平台，通过帮助临床医生创新研究和创业孵化，形成一个具有国际水准的“裂变创新核”。

四、研发外包的“VIC创新模式”

“VIC”是风险投资（VC）、知识产权公司（IPC）和研发外包（CRO）相结合的，创新与投资深度互动、高度融合的创新模式。风险投资者通过CRO的实验数据可以全面了解新药团队成果的商业化全过程，据此提供一个信用额度，按实验进展和商业化阶段提供资金，如果达不到目标，随时可以停止资金供应。在每个实验阶段和商业化过程中，投资者都可选择是否退出，也可长期分享产品商业化后的利益。园区研发外包企业桑迪亚的创始人王晓川与张江集团联合打造的这一模式有效破解了新药研发风险巨大，难以评估与掌控的投资瓶颈，极大地释放了创新的活力。

（资料来源：“聚焦张江”十年：回顾与展望，张江集团，《中国发展》2010年第1期）

五、区域协调、城乡统筹发展是根本

从产业化和城镇化的关系来看，产业化是手段，城镇化是目的，城镇化要通过产业驱动，最终实现区域协调发展的根本目的。从区域经济发展角度来看，根据产业化作用于城镇化的空间方式不同，城镇化可以分为内生的“镇域产业驱动型”和外生的“园区产业驱动型”两种类型，其典型代表分别是江浙的乡镇经济和上海的开发区经济。内生产业驱动型是指非农产业内生于原有的镇域空间，劳动力、土地、资本就地从农业转换到非农产业，农村集体经济发展受到支持与鼓励，不断发展壮大，比如江苏省江阴市的新桥镇是典型代表。外生产业驱动型是指，在城区和城镇集建区之外，按照产业集聚发展要求设立工业和服务业企业集中区，它一般与原来的城区和镇域相离一定空间，以生产制造、现代服务功能为主，其劳动力、土地和资本都是由外部导入，随着园区开发建设和产业发展，通过产业配套、就业安置、创业投资等多种方式带动周边镇域城镇化。张江则是高科技园区驱动城镇化的典型代表。张江地区的发展是先有张江镇，再有张江高科技园区，然后张江园区再带动张江镇和周边其他镇域，从而整体提升张江周边地城镇化水平的一个动态过程。经过二十多年的发展，张江积极构建园镇联动发展机制，充分释放园区溢出效应，不断完善城乡就业和社会保障制度，始终坚持低碳绿色发展，在区域协调、城乡统筹、生态文明建设等方面走出了一条新路。

1. 根据不同阶段的发展需求，构建相应的园镇联动机制

张江地区的城镇化是园区产业化带动城镇化的一个典型案例。张江园区开发初期，为保障其在一定时期内见成效，政府在土地使用、招商引资、税收优惠等方面给予特殊照顾，形成了园区优先的政策导向，园区发展明显快于镇域发展。这是由于资金、劳动力等生产要素被优先导入园区，镇域经济在政策和发展机遇上处于从属地位，镇域经济发展受到抑制。随着园区开发建设的不断深入和产业能级的不断提升，区域发展自然进入产业园区带动镇域联动发展的新阶段。开发区和周边镇怎么联动，通过什么途径联动？这跟园区开发阶段和产业发展阶段有关。开发建设阶段不同，园区与镇之间的利益关系、职能分工也不同，联动发展的体制机制也就不同。

第一，园区为主，镇域为辅阶段。在张江园区开发初期，也是张江地区城镇化加速的起步阶段，区域发展的主题是以经济发展为主，社会发展为辅。在这个阶段，张江园区主要任务就是集中精力对园区土地进行“七通一平”、公建配套等基础设施建设，同时大力招商引资；张江镇则以“服务园区、服从园区”为原则，主要负责因园区开发建设而发生的动拆迁和劳动安置工作，做好失地农民的就业、社会保障等稳定工作。这个阶段的园镇联动是以园区为主、镇域为辅。

第二，园镇均衡发展阶段。随着园区建设由形态开发转入功能开发和管理并重阶段，园区企业越来越多，产业类别越来越多，就业人口加快导入，企业和居民对园区和周边配套的生产、生活服务多元化需求逐渐增强。特别是随着园区空间的不断拓展和居住、生活功能板块的形成，镇域的社会管理和公共服务职能不断增强。这个阶段，园镇联动的特征是均衡发展，即园区和镇域各有侧重，都承担了经济发展和社会管理职能，共同

推动张江地区经济社会协调发展。

第三，园镇一体化发展阶段。随着园区规划空间基本覆盖到张江全镇域，园区大规模开发建设高潮逐渐消退，园区发展进入管理与服务并重阶段，镇域发展进入以经济发展为主向经济、社会、生态协调发展转型阶段，张江地区进入园镇一体化发展阶段。

第四，园镇联动发展阶段。张江园镇的联动机制，从一开始成立联合党委、实施“列车工程”、建立功能区，正是不断调整适应园镇社会和经济联动不断增强的过程。随着人才的不断集聚、产业的不断发展，面对企业和居民的社会服务任务越来越重，当前园镇职能分工已越来越难以满足区域发展的需求。重新界定园区和镇的事权关系，明确园区和镇的经济发展、社会管理、环境保护功能，充分发挥园镇各自的比较优势，构建园镇联动发展新的体制机制也提上了议事日程。现阶段，张江已作为浦东新时期园镇联动的改革试点区域，当前在“镇管社区”等方面的试点也取得了初步成效，园镇联动发展的新体制机制正在加快形成。

2. 适应产业配套协作需求，充分释放园区溢出效应

随着张江园区电子信息、软件、生物医药产业集群的培育形成，园区土地增值明显，产业空间拓展需求增强。园区周边镇产业发展相对较弱，单位土地产出相对较低，土地级差明显，这在一定程度上形成了局部的成本洼地，一些为园区配套、服务的企业选择落户周边。比如，在毗邻高科技园区的唐镇规划建设银行卡产业园区和电子商务创新港，发展金融信息和电子信息服务业，与张江园区软件业相得益彰。再比如，合庆镇工业小区进一步升级为张江高科技园区的东区（医疗器械园），将高科技园区引进的医疗器械产业安置在此。除了通过市场机制联动发展之外，张江园区还把一些优惠政策覆盖到了周边镇域。比如张江专项基金中拿出一定比例的资金支持周边镇科技产业发展。这些措施不仅提升了乡镇的产业结构和能级，加速了唐镇、合庆等外环线以外郊区的城镇化进程，也进一步优化了园区产业布局，拓展了发展空间，实现共赢发展。张江园区的溢出效应极大地带动了周边镇产业能级提升，加速了毗邻镇域的城镇化进程。

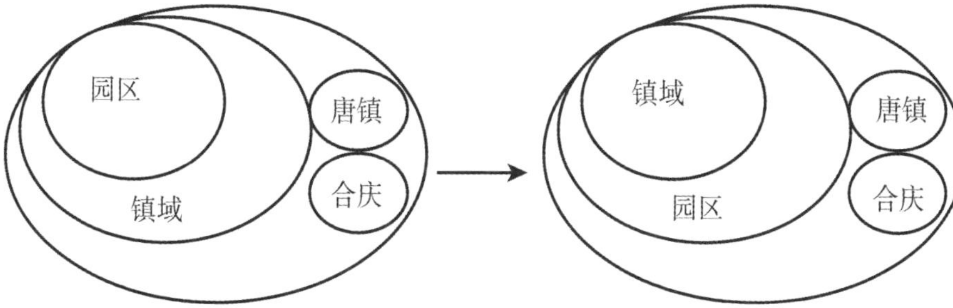

图 6－2　张江地区区域协调发展格局

专栏 6－7：唐镇获批建设“国家电子商务创新试点镇”

在张江的辐射带动下，唐镇正在大力推进电子商务创新港建设。建设中的电子商务创新港紧邻银行卡产业园区，规划土地面积约 300 亩。一期 30000 多平方米商务楼业已建成，重点引进和扶持创新性的电子商务企业，吸引电子商务产业链龙头企业快速集聚。目前，1 号店、火速、唐城信息、新蛋软件、通联支付等 50 多家从事网络信息和电子商务的企业已入驻唐镇，电子商务创新港平台运营中心、公共服务中心、营销服务中心、金融服务中心等已投入运营。2010 年 9 月，国家工信部批准唐镇为“国家电子商务创新试点镇”。

作为园中之镇张江镇更是张江园区建设的最大受益者。在张江园区开发建设带动下，张江镇的城镇化、产业化水平和质量迅速提升。张江镇通过“腾笼换鸟”、资产租赁等途径逐步淘汰镇域范围内落后企业和项目，引进一些与园区产业互补配套、经济效益好、产业能级高的优质项目，镇属经济不断拓宽，服务经济、楼宇经济、总部经济较快发展，产业结构加快转型升级。当前张江镇第三产业收入占三业总收入近 90%。张江镇面貌焕然一新，一批集镇社区、国际化社区、商业广场建成，张江居民切实享受到张江高科技园区发展带来的成果。

3. 优化完善就业、社保制度，为城镇化构筑社会安全网和社会稳定器

城镇化的核心是人的城镇化，人的核心是就业、社会保障和公共服务。就业解决了，农民转换成了非农产业从业人员，收入有了保障；社保解决了，养老、医疗、工伤、征地引起的社会矛盾减少了；公共服务加强了，人们生活质量和城镇化水平就提高了。张江镇始终把保障农民就业，完善社会保障，提高公共服务数量和质量作为一项重要任务来抓，为张江地区的经济社会发展构筑社会安全网和社会稳定器。

第一，完善社会保障。2004 年 12 月，根据浦东区委、区政府的统一部署，张江镇在浦东新区范围作为第一家也是唯一一家单位，以“土地换保障”的方式，开展了小城镇保险试点工作。11 个村 112 个生产队的 11149 名农民，户籍全部转性，并全面落实了镇保。目前，张江镇区域范围内基本实现了包括城保、征地保障、镇保、外来务工人员的综合保险等类型的社会保障全覆盖，农保已基本退出。

第二，促进劳动就业。一是搭建了园镇联动的就业促进平台，建立园镇联动就业促进例会制度，充分发挥镇劳动保障所和综合服务公司作用，定期组织就业推介会。二是建立了园镇联动的就业培训网络，由园区内企业单位“下单”，张江镇就业培训中心“接单”，张江镇政府“埋单”。三是针对张江镇快速开发带来的结构性就业矛盾，突出“4050”和“三校生”两类特殊群体，根据企业所需和“农民”所求进行培训。四是政府积极提供保洁、保绿等公共服务岗位，极大地缓解大龄征地农民的就业问题。目前，张江镇非农就业率达到 95%以上。

专栏 6—8：浦东巧治天下第一难：“汤臣高尔夫球场”土地批租项目试点突破

浦东开发后，四大开发公司相继成立，几十平方千米的土被征用和批

租，征地农业人口的安置数每年成万地增长。如何安置好这么多的征地劳动力，确保浦东快速平稳开发，是摆在当时新区管委会面前的一个严峻课题。

之所以说严峻，一是当时执行的还是原来的“谁征地，谁吸劳”的传统指令性的办法，这对市场经济下的浦东大规模开发已无法适用；二是外商对土地批租投资项目要他们吸纳征地劳动力的做法无法理解和接受；三是征地劳动力的文化素质、年龄层次与企业对人员素质要求形成反差，而且企业自主用工制度的建立，使征地农民进工厂捧“铁饭碗”已不可能。原有的政策在浦东已行不通，必须改革，但要改革这一在计划经济下运行了几十年的征地农民安置办法，谈何容易？它会触及十几万征地农民工的切身利益，稍有不慎，就会出乱子。这项工作的困难之大显而易见。当时，国内也没有现行的经验可供借鉴。

市政府为了支持浦东开发，要求市政府各部门都要为浦东下放事权，因此市劳动局下发了《关于浦东新区劳动工作事权移交有关事项的处理意见》，明确指示：“浦东新区区域内征地劳动力安置工作由新区统一负责管理。新区管委会可以根据有关政策、法规，结合新区实际情况，改革现行征地劳动力安置办法。”有了这一“尚方宝剑”，新区经过积极的调查研究后，于1993年制定出台了《浦东新区改革征地劳动力安置办法试行规定》。这个办法的基本思路是：征地单位一次性支付征地安置费用后，由劳动部门或开发公司负责按月为征地劳动力缴纳养老、医疗保险，并按不同年龄支付一次性生活就业补偿金后，为他们提供就业服务，实行市场就业。在解决征地劳动力近期基本生活，并落实养老、医疗长期保障的前提下，鼓励其自主择业，鼓励就业多元化。简称为“两保障、一补偿”。

“新办法”对传统的“谁征地，谁吸劳”安置模式是一个根本的变革。对征地单位（开发商）来说，有利于控制成本、不承担安置劳动力责任、有利于同国际接轨；对征地农民而言，将社会养老、医疗保险与就业相剥离，实行无风险的社会保障和灵活的市场就业，做到与劳动用工制度改革的有效衔接。最根本的是有效保护了征地农民的基本利益。因此，有人将它比喻为“铁保障、活就业”。

1993 年 6 月 1 日，“新办法”正式试行。为稳步推进，选择了张江“汤臣高尔夫球场”土地批租项目进行试点，这个项目共涉及征地劳动力 1513 名。在具体落实过程中，开始有许多群众对新政策不理解，有 300 多人集中到市政府上访，集访群众反应之激烈、规模之大，对刚刚成立的新区管委会形成了极大的压力。但是，通过深入到田间地头、农民住宅召开座谈会，宣传新政策，补充推出了“自谋出路”、“提前养老”、“待工过渡”等辅助方式。最终，1513 名征地劳动力接受了“新办法”，全部签约。

这一征地农民安置办法创新意义不亚于“土地空转、批租实转”开发模式的创举，很好地破解了“天下第一难”。“铁保障、活就业”的征地安置思想一直延续至今，在全国推广实施。

（资料来源：根据《浦东时报》2014 年 1 月 1 日 A5 版整理，略有改动）

4. 坚持绿色低碳发展，园镇合力促进生产、生活、生态“三生共赢”

张江在城镇化过程中并没有以牺牲环境为代价。张江园区和张江镇始终坚持全面、协调、可持续发展方针，牢固确立“环境立区、生态立镇”的绿色发展理念，树立打造“高科技产业生态改造样板区、低碳新兴产业示范区、科技创新引领区”的发展目标，促进区域经济、社会、环境的持续、快速和协调发展。

张江高科技园区于 2007 年正式启动“国家生态工业示范园区”的创建工作，确立了“低碳生产、低碳产品、低碳产业、低碳生活”四个低碳的建设方针，以园区产业创新、产品创新、机制创新、服务创新为动力，大力发展低碳经济和循环经济；建立了由相关职能部门、开发公司、专家和园区企业共同参与的工作网络，多元化、多角度倡导生态理念，鼓励并推动园区企业参与生态改造，构建改善环境的全民参与机制；加强环境治理管理及节能减排制度建设，开创了集中供能新局面，对优化区域投资环境起到了良性的助推作用。自2010年开始，张江园区连续3年在上海市开发区综合评价指标中蝉联大型开发区综合发展指数第一名。同时，张江镇也建立了集环境、市容、安全监察等于一体的综合管理机制，先后打响了治水、限污、添绿三大战役，完成了紫薇公园、马家浜改造等一批生态景观建设，绿化覆盖率达到了34%。张江镇变成了景色优美、空气清新的“城市绿肺”、“园区的后花园”。一个“人与自然和谐、科技文化浓郁、生态环境一流”的现代化科技新城区正加快建成。

第二节
张江科技驱动新型城镇化的发展展望

张江经过20多年的跨越式发展，取得了巨大的成就，城镇面貌焕然一新，各类人才和创新要素集聚，内生动力持续增强，高科技产业和创新功能凸显，为打造世界一流的高科技园区和现代化科技城奠定了良好的基础。同时，对比国际一流科技园区和科技驱动的现代综合城，张江仍然任重而道远。张江未来的发展趋势是成为世界一流的现代科技综合城。

2011年，国务院批准上海张江高新技术产业开发区建设国家自主创新示范区。2013年，《上海张江国家自主创新示范区发展规划纲要（2013—2020年）》发布。站在新的起点上，张江作为国家自主创新示范区的核心区，应着力汇集前沿的科技产业和研发机构，汇聚最活跃的创新创业力量，汇聚最强劲的金融资本力量，汇聚最具创新、最有效率的服务体系，探索建立科技引领、产城联动和人文支撑的发展新模式，实现创新功能、产业功能和城区功能的融合发展，立足从自主创新、人才集聚、功能完善、文化融合和科技应用五个方面打造世界一流现代科技综合城，成为全球领先的创新中心、海内外高层次创新创业创意人才高地、与上海都市空间结构有机融合的高科技现代城区、自由—开放—包容—多元的创新文化引领者、居民生活和社区服务的智慧城区范本，成为带动上海、长三角区域乃至整个东部地区创新发展的重要引擎，成为代表中国参与国际高新技术产业竞争的特色品牌。

一、打造全球领先的创新中心

创新是当今企业、园区、城市和国家持续发展的动力和源泉。创新和内生式成长能力，是世界一流高科技园区的本质特征。科技创新和创新成果转化能力是高科技园区核心竞争力所在，而科技成果转化或产业化，商业模式创新在其中起到越来越重要的作用。科技创新和商业模式创新的结合已成为新的发展趋势。硅谷正是凭借其持续不断的科技创新和商业模式创新，引领世界高科技产业发展潮流，改变人类生活和工作方式。英特尔、苹果、谷歌、亚马逊等一批伟大的科技公司不断涌现，这正是硅谷生命力和魅力所在。

张江未来的发展要以增强创新能力和内生发展动力为核心，坚持科技创新与商业模式创新并重，坚持培育中小科技创新企业与培育本土高科技跨国公司并重，立足成为全球领先的创新中心，成为新兴产业和新业态的发源地，引领世界高科技产业发展。

二、集聚全球一流的创新创业人才

自 20 世纪末开始，海外归国留学生逐渐发展成为一个特殊的创业群体，它为我国高新技术在“引进”和“内生”两条道路之间寻找到一条新的路径。留学生创业往往具有高起点、国际化经营理念、全球范围整合资源和团队创业等特征，在与国际接轨的同时将企业植根于本土。留学生创业开启了全新的创新要素来源途径和组织形式，是一种新型的创新和创业形式①。张江已成为全国海外归国留学生创新创业最为集聚的区域之一，这些归国留学生在张江创新创业中起到了极为重要的作用。张江已打造形成了三支创新创业主力队伍，即以海外归国留学生和跨国公司研发中心为代表的“国际队”，以高校和科研院所、央企研发中心为代表的“国家队”，以复星、盛大本土企业为代表的“本土队”。其中归国留学生的身影也越来越多地出现在“国家队”和“本土队”中，成为张江吸引创新人才的一大亮点。

专栏6—9：新兴国家和发达国家引进海外高端人才的主要优惠政策

一些新兴国家，如印度、巴西、菲律宾，尽管缺乏强大的经济基础，但是对优秀人才采取了普惠制，最大限度地放宽了政策。如越南允许没有放弃越南公民身份的海外人获得越南国籍，吸引了350万人回越南投资；印度到目前为止已经发了400万张的海外公民卡和700万张的印度裔卡（第一代印度人可以拿海外公民证，不需要签证，第二代也不需要签证，祖籍国随时欢迎他们回去）。在20世纪90年代的时候，没有实行这个政策之前，它的软件人才大概只有7000多人在印度，实行了这个政策以后，2000年以后，回去了70万人，印度一下成为软件外包第一大国。印度在海外的侨民共2000多万，共发了1000多万优惠的海外身份的认证。在韩国，不仅是允许外国人到韩国工作，甚至开放双重国籍，而且韩国还允许外国人在韩国参加选举。韩国有很多签证，签证分得很细，如出入境签证、永久居留签证等，还包括允许配偶在韩国工作。

发达国家集聚高素质人才的政策力度不减。欧盟推出“蓝卡”计划，在德国，年薪达到一定程度就可以申请；在瑞士，对国外科研人员开绿灯；在法国，设立了优秀人才居留证，可自由出入法国并享受与法国公民

① 科技部火炬高技术产业开发中心，北京市长城企业战略研究所．中国增长极——高新区产业组织创新［M］．北京：清华大学出版社，2007.

同等的福利待遇，有效期为3年，期满后可再延期3年，而居留期限达到5年，就可以申请法国长期居留证或申请加入法国籍。同时，还设立了3年有效的“外派职员”临时居留证。作为最大的人才输入国，美国实行绿卡移民制度，从2005年开始，每年发放的“绿卡”超过100万张，10年就是1000万，这些“绿卡”主要面向技术移民和投资移民。

张江要以更为开放的姿态、更加包容的胸怀，进一步突破政策和体制瓶颈，进一步打造最具创新、最有效率的服务体系和创业生活环境，积极构建与国际接轨、有利于科学发展的创新创业人才机制，架起张江与全球资源对接和相互流动的“大脑水渠”，使张江成为全球一流的创新创业人才集聚高地。

三、建设全球一流的高科技现代城区

高科技园区在发展初期和中期，对人才、资金、技术和创新体制等区位要素的要求较高，偏向集聚于具有良好创新要素的空间。如美国硅谷引领着全球电子信息技术的发展，成为全球电子信息产业发展的“领头羊”。随着产业链和价值链的分解，起源于硅谷的信息技术产业得以在台湾新竹集聚；印度的班加罗尔在全球软件外包发展的趋势下成为世界知名的软件产业外包集聚基地①。

然而，随着技术扩散和分散化生产形式的兴起，高科技园区的空间范围特性趋于弱化，其先进的技术、多元的文化和开放包容的制度不断向周边溢出、渗透，与周边区域在交通、就业、居住和配套等方面的互动增强，城市功能不断完善，产城融合趋势明显，最终由高科技园区发展成为与城市空间结构融为一体、从“有形”转为“无形”的城市有机组成部分。例如，英国伦敦附近最初的剑桥科学园，已发展成著名的剑桥科学

① 科技部火炬高技术产业开发中心，北京市长城企业战略研究所．中国增长极——高新区产业组织创新［M］．北京：清华大学出版社，2007.

城；我国台湾最初的新竹科技工业园已发展成新竹科技城；美国的斯坦福科技园，目前已经发展成长达40多千米的硅谷城市科技聚集带。并且，世界上有的科技园区从一开始就按照科学城或者智造城的模式规划和建设的，如日本的筑波科学城、法国的索菲亚—安蒂波利斯科学与技术城等[①]。

随着园区内技术的溢出、先进管理方式的扩散，最终的结果是“增长极”作用逐渐弱化，园区与毗邻区域在高新技术企业配置、制度安排、管理方式、文化生活、社区建设和生态环境治理等方面的差距逐步缩小[②]。与此同时，城市功能不断强化，园区与周边地区的边界逐渐模糊。张江未来将是与上海都市空间结构有机融合，集聚高科技产业、高科技人才、高科技社区的现代化城区。

四、营造全球一流的创新文化氛围

高新技术产业的特点是高风险、高收益，技术革新快、产品周期短，需要企业家和技术人员具有不断创新的精神和不惧风险的个性[③]，而这种精神和个性不是凭空产生的，它需要相应的社会文化环境和制度支撑。硅谷正是拥有了这种与高新技术产业发展相吻合的特殊社会文化环境，才创造了一个又一个硅谷神话。所谓硅谷文化，即存在着一种社会网络、一种巨大的社会资本、一种社会氛围、一种人才之间的人际网：上班时彼此是竞争对手，各自都在为所工作的企业努力奋斗；下班时彼此是朋友，在一天紧张的工作之余，到咖啡馆、小酒吧、健身房等一些不经意的场所，彼此沟通、释放情感。这种非正式的交流和合作十分自然、频繁，恰恰可以迸发灵感，使许多难点得以突破[④]。

① 张克俊．高科技园区空间属性的三重性与新型园区形态构建[J]．财经科学．2011（2）．

② 钟书华．科技园区管理［M］．北京：科学出版社，2004.

③ 陈家祥．中国高新区功能创新研究［M］．北京：科学出版社，2009.

④ 同上。

张江未来要进一步致力于营造鼓励创新、容忍失败的自由、开放、包容、多元的创新文化氛围，并将这种文化充分渗透进科技创新的每一个环节；培育一种“让敢于创新与发展的人受到尊重，善于创新与发展的人得到实惠，创新与发展失败的人得到宽容”的特色文化；为创新创业人才搭建起激发灵感的社会网络和交流平台，让创新文化催生和释放创新力量。

专栏6－10：硅谷的成功归功于文化

美国《商业周刊》将硅谷文化概括为：鼓励冒险、宽容失败、勇于创新和不断进取。硅谷的创新者在失败时，丝毫不会有羞耻感，而区域内的人们在对待失败时，大都十分冷静，不是冷嘲热讽，而是积极地给予帮助和支持。《硅谷成功之路》一书作者杰弗里·詹姆斯认为，硅谷在长期发展过程中形成了独特的硅谷文化是该地区众多高新技术公司获得成功的主要原因，并总结了硅谷文化的一些重要特征：第一，交易是一种经济方式，而不是斗争，在这里独树一帜的公司最有可能繁荣昌盛；第二，公司是一个共同体，而不是一部机器，员工与公司共存共荣，每个员工在这里都能实现自己的理想；第三，管理是一种服务，而不是控制；第四，员工是创业者的同事，而不是子民，创业者视员工为同人，相互平等、尊重，人尽其才；第五，以理想为动力，而不是以恐惧为动力，在硅谷，高新技术创业公司的动力是：实现目标后，可以获得丰厚的经济报偿；第六，变革是发展的形式，而不是对人的折磨，变革在硅谷是一种乐意接受的过程，借此可以适应新的市场环境；第七，让工作使人产生兴趣，而不仅仅是谋生的手段。当然，区域创新文化不是静止和一成不变的，它可以通过社会的相互作用进行重组。来到硅谷的新居民（开拓者）可以自由地与当地的机构和组织形成合作，使人才、技术、资本形成新的组合。

五、构建全球一流的科技示范应用基地

科学技术最终通过提高劳动生产率、提升生活品质推动社会进步。张江拥有国内一流科技园区，应率先在应用科技改变生活、优化服务等方面作出表率，再将这种先进的生产、生活方式向其他地区和城市辐射、扩散。

第一，信息技术创建“智慧城市”。新一代信息技术是张江的优势产业，在加快推动信息技术与城市发展全面深入融合、建设以数字化、网络化、智能化为主要特征的“智慧城市”上，张江要走在全国的前列。

第二，移动技术打造“智能生活”。移动技术是移动通信与信息技术的融合，借助不同类型的移动信息终端，开辟了广阔的移动交互的空间，成为新的生活、工作方式。张江有条件在新一代新兴技术产业的发展推动下，在移动物联网、电子商务、电子支付、云计算、智能电网、网络视听、新型显示、网络和通信、汽车电子等与人们生活息息相关的产业领域率先示范应用和产业化，引领未来城市发展。

第三，生物技术搭建“健康之路”。由于老龄化程度的加深和现代社会对于健康、养生的重视，与疾病防治、养生健体等相关的健康产业拥有广阔的发展前景。张江有很好的基础发展以生物技术为核心的“大健康产业”，涵盖生物医药、现代中医、医疗器械、保健产品、生物农业、营养食品、休闲健身、健康管理、医疗服务等领域，为人们强身健体、提高生活质量目标的实现搭建一条科技驱动的“健康之路”。

第三篇

科技驱动新型城镇化的案例分析

美国硅谷

日本筑波

印度班加罗尔

苏州东部新城——苏州工业园区

上海张江在科技驱动新型城镇化实践中，不仅非常注重研究国内外相关理论成果，并自觉运用于实践过程中，同时更加注意研究和学习国内外的成功案例，借鉴其成功的发展经验。本篇重点介绍美国硅谷、日本筑波、印度班加罗尔和苏州工业园区等地区科技驱动城镇化的基本情况、主要做法和经验启示，对于科技驱动新型城镇化发展具有积极的借鉴意义。

第七章

美国硅谷

美国硅谷是科技驱动型城镇化的典范。自半导体产业在该地集聚以来，吸引各地的生产要素涌向硅谷，规模效应令单位生产成本回落，从而吸引更多的要素（包括人力、资金、技术、知识等）流入，并促进当地基础设施配套发展，加速硅谷经由果园田地变迁为宜居乐业的城镇。硅谷的形成，集合了“天时”即“二战”引发国家研发资本的流入，“地利”即坐拥斯坦福大学，“人和”即通过官—产—学—研的合力，共建了一个拥有良好生态的栖息地。在其中，信息流动、要素齐全、配套完善、文化自由，允许个人的积极性和创造性得到充分发挥。本章主要介绍了美国硅谷的基本情况、主要做法和经验启示，对于科技驱动新型城镇化的发展具有积极的借鉴意义。

第一节 基本情况

一、发展历程

“硅谷”最先发源于美国加州圣克拉拉县（Santa Clara County）的北

部城市帕罗奥图（Palo Alto）——斯坦福大学和斯坦福工业园的所在地，逐渐向南部的圣何塞市（San Jose）发展。此后，随着各种高新技术企业的孵化、定址，硅谷“版图”不断扩大。如图7—1所示，硅谷共涉及图中用中文标注的加州的四个县。

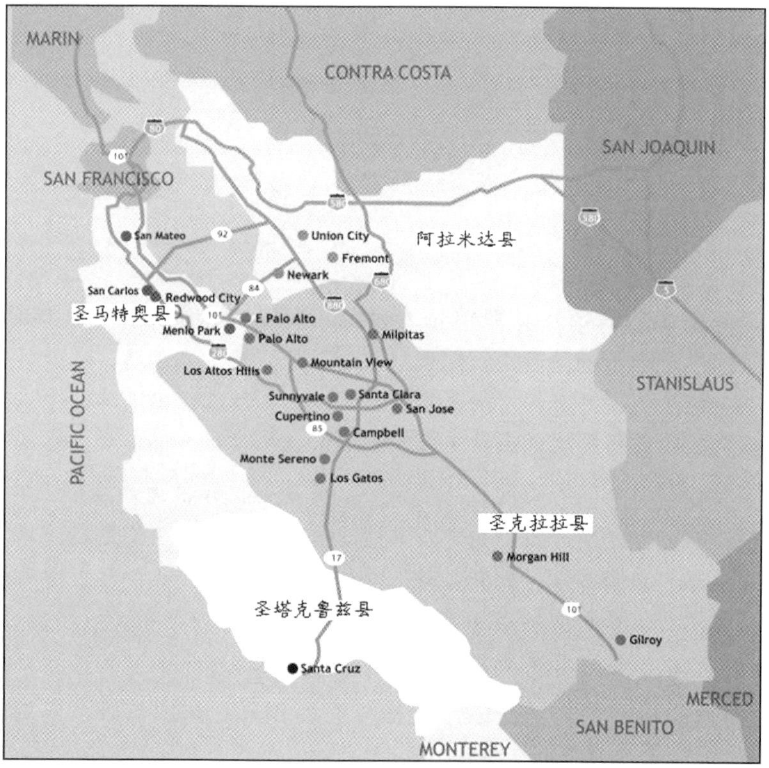

图7—1 硅谷地图

据硅谷当地非营利性研究机构“创业联盟—硅谷网络”（Joint Venture—Silicon Valley Network）的研究，硅谷的地域界定发生了三次变化，反映了硅谷城镇化发展的历程：

第一个阶段：硅谷主要是指圣克拉拉县，下辖15个城镇。

第二个阶段：以圣克拉拉县为核心，将与圣克拉拉县相接壤的圣马特奥县（San Mateo County）的部分市镇划入硅谷范畴内。

第三个阶段：即2009年加入了整个圣马特奥县，以及阿拉米达县

(Alameda County) 和圣塔克鲁兹县 (Santa Cruz County) 的部分城镇。

1. 萌芽期 (20 世纪 50 年代以前): 从果园到军事工业基地

圣克拉拉县位于旧金山湾南部，圣克拉拉山谷就占了县城面积的1/3。20 世纪 40 年代，该地区被誉为“田园牧歌式的农业天堂”。当时县内规模最大的圣何塞市，是农业加工、包装和分销的中心；分散在山谷四周的其他地区都是规模不大的农村和小镇。

“二战”后，圣克拉拉县的良好气候以及莫菲特场 (Moffett Field) 空军基地的存在，吸引了包括造船、坦克生产、飞机制造等一批军工企业。地方产业从农业转向为战争服务的军用工业。

同时，位于圣克拉拉县北部帕罗奥图市的斯坦福大学收到了来自联邦政府的大笔军用研发款项，用于电子零件与设备的研发。1946 年，斯坦福大学成立了斯坦福研究院，其使命是帮助企业研发。与国防相关的航空制造和电子零件生产商，将工厂迁至斯坦福大学附近，形成一片聚集地。

朝鲜战争的爆发和冷战令国防开支激增，相关订单持续流向圣克拉拉县，这有利于当地基础设施的建设和支持性行业的兴起①。

2. 发展期 (20 世纪 50～80 年代): 从斯坦福大学到技术学者社区

20 世纪 50～80 年代，时任斯坦福大学电子工程学院院长、后被称为“硅谷之父”的弗雷德里克·埃蒙斯·特曼极力主张：大学和科技产业界之间要以人才为桥梁，形成一种新的合作伙伴关系。他倡议在斯坦福大学附近打造一个“技术学者社区” (community of technical scholars)，并认为“这种由成熟尖端科技产业与对周遭产业创意嗅觉灵敏的大学所组成的

---

① Doug Henton, “A Profile of the Valley’s Evolving Structure”, in Chong Moon Lee, et al., eds, The Silicon Valley Edge: A Habitat for Innovation and Entrepreneurship, P. 47.

社区发展模式，将会成为未来的潮流”[①]。基于此，20 世纪 50 年代初，斯坦福大学成立了斯坦福工业园区——美国最早的工业园区之一。园区与斯坦福大学相邻，只接纳高科技企业的入驻。

1953 年，从事短波超电子管及电磁设备销售的瓦里安联合公司成为该园区的第一家企业。此后，柯达、通用等相继进驻。斯坦福工业园区为日后圣克拉拉县不断冒出的科技产业园区开创了物理形态上的标准，其办公大楼都有着相似的形态——低矮、无烟、干净、现代，就像大学校园一样。到 1977 年，园区占地扩张至 652 英亩[②]。

科技企业集聚的同时，也引发了企业“裂变”，即骨干人才从原来的企业辞职，利用其习得的技术与知识创办新公司。裂变始于斯坦福工业园内的肖克利半导体实验室。1956 年，8 名科学家离开该实验室，从仙童摄影器材公司获得 3600 美元的种子基金，成立了仙童半导体公司——圣克拉拉县的第一家半导体企业。20 世纪 50 年代至 80 年代，仙童半导体公司共裂变出 55 个半导体公司。全县进入半导体产业的蓬勃发展期，继而吸附了大量的电子通信、激光、微波、计算机等先进技术研发和设备制造商。

1971 年，“硅谷”一词首次出现在《微电子新闻》周刊的报道中。“硅”指的是制造半导体芯片所需要的主要元素，因当地企业多与由高纯度硅制造的半导体相关，“谷”字源于圣克拉拉谷，所以当时的“硅谷”就是指圣克拉拉县。

产业发展引来大量的劳动移民。如表 7－1 所示，圣克拉拉县的人口在 1950 年至 1960 年翻了一番，到 1970 年超过了 100 万。总体来看，1950 年至 1980 年，圣克拉拉县的人口增长超过 100 万人，增速超过加州和全美的水平。

---

① Annalee Saxenian. “The Genesis of Silicon Valley”, Built Environment (1978－), Vol. 9, No. 1, Silicon Landscapes: High－technology and Job Creation (1983), 7～17.

② 罗杰斯，拉森．硅谷热：迎接高技术文化的来临［M］．中国友谊出版公司，1986. 48.

表 7－1　圣克拉拉县（硅谷核心）人口与收入变迁（1950—2010 年）

时间（年）	总人口	中等家庭收入（美元）
1950	290547	3689
1960	642315	7417
1970	1064714	12456
1980	1295071	26659
1990	1497577	53670
2000	1682585	81717
2010	1781642	数据缺省

（资料来源：http//www. bayareacensus. ca. gov）

3. 鼎盛期（1980 年至今）：从科技园区到现代科技综合城

硅谷的软件业是在 20 世纪 80 年代初期崛起的，如 ASK、数字研究公司、维斯公司等。同期，集成电路产业结构也向高度专业化转变，开始形成设计、制造、封装、测试等细分领域。企业选择将设计和发明的功能留在硅谷，将制造功能分散到临近各州和第三世界国家，使硅谷的发展更为生态宜居。

20 世纪 90 年代中期，硅谷率先进入互联网时代。在圣克拉拉县内，雅虎、AMD 等网络公司推动了该县桑尼维尔市（Sunnyvale）的发展，使其成为“硅谷的心脏”。谷歌、网景、赛门铁克、微软等新贵则在山景城（Mountain View）安营扎寨，也使其成为硅谷的中心。由于这些公司对互联网的依赖，山景城还成为第一个 Wi－Fi 覆盖全城的地方。

据加州保育局土地资源保护部的记录，1992 年至 1994 年间圣克拉拉县是美国都市化进程最快的十大地区之一。这段时间内圣何塞市及其周边城市发展迅猛，新造了大量居住区。1996 年至 1998 年，圣克拉拉县新增城市用地 2629 英亩。圣克拉拉县日益富裕，房地产业蓬勃发展，到 2000 年圣克拉拉县的房价飙升。由于产业发展的外溢效应和房价与租金的上涨，新的初创企业开始走出圣克拉拉县，在与之接壤的圣马特奥县、阿拉米达县和圣塔克鲁兹县寻觅办公楼址。发展至今，Youtube 等新贵盘踞于圣马特奥县，许多光纤企业则集聚阿拉米达县，E—mu Systems、Seagate Technology 等则将总部选址于圣塔克鲁兹县的斯科特谷（Scotts Valley）。

二、发展现状

1. 集群化、多中心的城镇格局

据 2013 年《硅谷指数》报告[①]，目前硅谷总面积达到 1854 平方英里（约 4801 平方千米），人口 290 万人，工作岗位 138 万个，人均年收入 88981 美元。

第一，集群化发展。硅谷涉及加州四个县：圣克拉拉县和圣马特奥县的全部市镇，阿拉米达县的 3 个城市和圣塔克鲁兹的 1 个城市，共计 40 个市镇。根据美国统计局的资料，在硅谷地区没有一个城市人口达到 100 万人。人口规模最大的圣何塞市也仅有 98 万人。10 万人以上规模城市共有 4 个，即费利蒙市（Fremont，22 万人）、森尼维尔市（Sunnyvale，14 万人）、圣克拉拉市（Santa Clara，11 万人）和达利城（Daly City，10 万人），其余均为 10 万人以下规模的小城镇。

在高科技产业的驱动下，硅谷自发形成了集群化的城镇发展模式。在集群形成的过程中，各小城镇之间的关系不断趋于密切，推动交通条件日益完善，使生产要素和产品的流动加速，集群内城镇也由此摆脱自身资源有限和市场不足的弊端。

第二，多中心格局。同样是高科技产业驱动的美国都市地带，波士顿有十分明显的市中心与市郊之分，硅谷则呈多中心格局。硅谷的多个中心城市，在城市建筑、人口构成、城市布局、文化类型等方面基本无大差异。这就是说，硅谷内部，既分散化又多中心横向发展，没有通常意义的市中心，也没有传统意义的郊区。有学者将这种形态总结为“郊区化的科技繁荣”。其生成的逻辑是，硅谷拥有一群中高收入阶层，这些人喜欢居

---

① 《硅谷指数》由硅谷当地具权威性的非营利性机构“创业联盟—硅谷网络”发布，后文会对此机构和《硅谷指数》有详细介绍。

住在郊外的大房子里，享受良好的自然环境。他们在郊外安营扎寨后，越来越多的高科技企业也随之迁往郊区。

硅谷重要的三大中心城市分别是：

圣何塞市：是硅谷最大的城市。据美国统计局资料显示，当前的人口密度为 5358.70 人/平方英里。20 世纪 60 年代，总部位于东海岸的 IBM 在圣何塞市设立了第一家电脑研究中心。而今，圣何塞市号称“硅谷心脏”。除半导体公司外，电子商务平台 eBay、软件公司 Adobe、图像处理器公司 NVIDIA 等都在此设立。目前正在吸引太阳能产业和医疗器械研发企业。

山景城：谷歌、微软公司和软件新贵 VMware 都在该市。此前，山景城以国防军工产业为主，美国太空总署的研发中心在此多年。

帕罗奥图市：因为斯坦福大学位于该市，被称为硅谷的中心。惠普公司诞生于此，且至今总部仍位于该地。

多中心格局具有三大优势：一是形成网络结构，较单中心城市具有更大的多样性和创造性，拥有更多的区位自由度。二是一定程度避免了人口过度集中、住宅紧张和交通拥挤等“城市病”。三是有利于充分发挥城镇在生产、流通、生活、消费等领域的整体功能。

2. 高素质、多移民的人口结构

第一，高素质的就业人口。从受教育程度上看，硅谷居民是整体高于整个加州居民的。硅谷拥有大学以上文凭的人在总人口中占比近一半。除拉丁裔和非裔美籍外，当前所有族裔的受教育比例都有所上升。在硅谷，拥有科学和工程学位的人也占比较高。

第二，多移民的常住人口。据《硅谷指数》统计，2000 年以来，硅谷一直保持着每年 2 万人以上的外来移民数量，使得硅谷成为一个“少数族裔”占多数的独特地区。

2011 年，在美国以外国家出生的人占硅谷总人口的 36%。亚洲人最多，占全部外国出生人口总数的 59.5%，亚洲人中又以中国人居首（见图 7—2）。

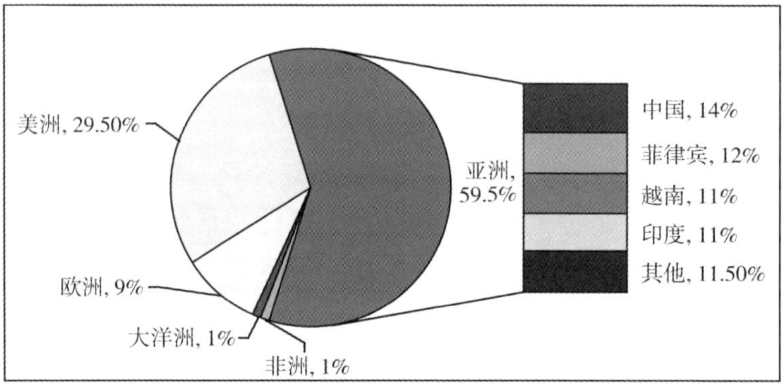

图 7-2　2011 年硅谷外国出生人口构成

（资料来源：2013 年《硅谷指数》报告）

硅谷还在吸引大量美国以外国家的专业人才，尤其是科学和工程方面的。2011 年，在硅谷拥有高等教育背景并从事科学、工程领域的专业人士，有近 2/3 的人都出生于美国以外的地区，这一比例比全美国平均水平的 2 倍还高。

庞大的移民基数使得华裔和印度裔的社群组织在硅谷拥有非常大的影响力。华人社群主要表现为大量名目繁多、功能各异的协会，成为交流创业经验、技术和信息的平台。随着社团的成熟，也开始有了跨族裔的活动。印度人则通过一个较大的统一协会——印度企业家协会（The Industry Entrepreneurs，TIE）组织各专业社团活动，力量更为集中。该协会已成为全球印度裔高新技术创业的平台，成功建立了包括班加罗尔在内的 12 个印度城市同全球印度移民网络的密切联系。

早期新移民以工程师为主要职业，但随着少数族裔逐步融入主流，也开始有了越来越多的职业选择。例如，在律师和会计师事务所中，有很多少数族裔做到资深合伙人的职位。

3. 高新科技、新兴产业为主的经济结构

硅谷是跨行政区域存在的，所以美国官方统计局未曾以硅谷为单位进行统计。据美国经济分析局的资料，圣何塞—桑尼维尔—圣克拉拉大都市

圈（MSA[①]，以下简称“圣何塞大都市圈”[②]）覆盖了硅谷最核心的区域，可以说整个圣何塞大都市圈是以硅谷为轴心的经济体。故本书引用圣何塞大都市圈的统计数据来阐述硅谷的产业发展现状。

圣何塞大都市圈 2012 年 GDP 的统计局预估值是 1739 亿美元。从图 7—3可知，2002 年受互联网泡沫破裂的影响，其 GDP 跌至谷底。2008 年的金融危机又令 2009 年的 GDP 出现下滑。但除此以外，当地的 GDP 都处于稳步增长状态。

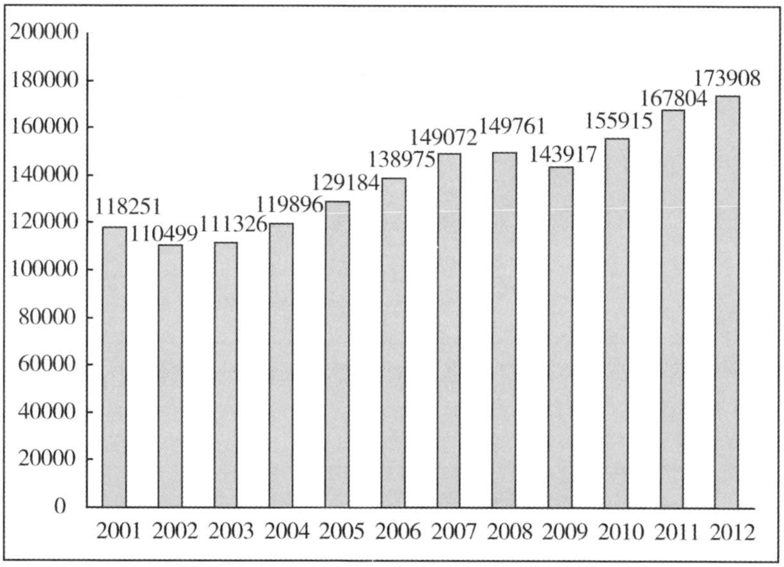

图 7—3 圣何塞大都市圈以现值计算的 GDP（2001—2012 年）单位：百万美元

（资料来源：美国经济分析局，2012 年的数据为提前预估数据）

---

① 美国大都市圈，即美国大都市统计区（Metropolitan Statistical Areas，MSA），指至少包含一个人口超过 5 万的城市化区域，以通勤方式与周边地区产生紧密的经济和社会联系；大都市圈必须至少包括一个县，大多数往往涵盖多个县。

② 圣何塞大都市圈包括加州的两个县：圣克拉拉县和圣本尼托县（San Benito County），总面积 6942 平方千米，人口 179 万人，圣克拉拉县基本就被视为硅谷的核心所在地。

过去十多年来，信息产业和专业与商业服务业是圣何塞大都市圈的支柱产业。从图 7－4 和图 7－5 可见，2001—2011 年，当地的自然资源与采矿业（包括了农林牧渔）对 GDP 的贡献从 1％下降到 0.25％。2011 年，制造业、专业与商业服务业、金融活动、信息产业成为当地的四大支柱产业。其中，信息产业在过去 10 年间的变迁最大，GDP 占比增长了 9 个百分点，可见信息技术的发展对当地经济的推动力。

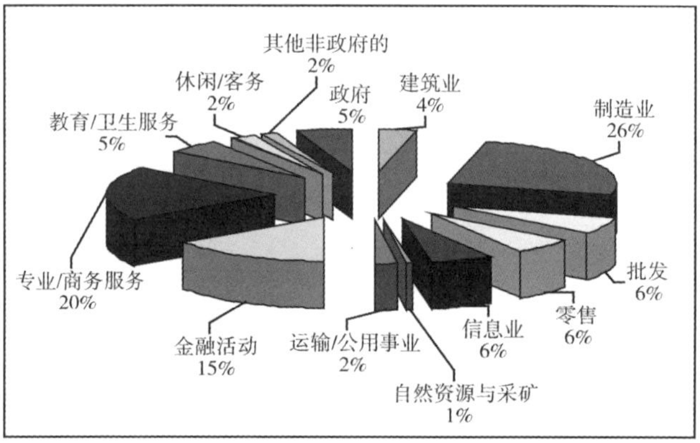

图 7－4　2001 年圣何塞大都市圈的产业结构图

（资料来源：美国经济分析局）

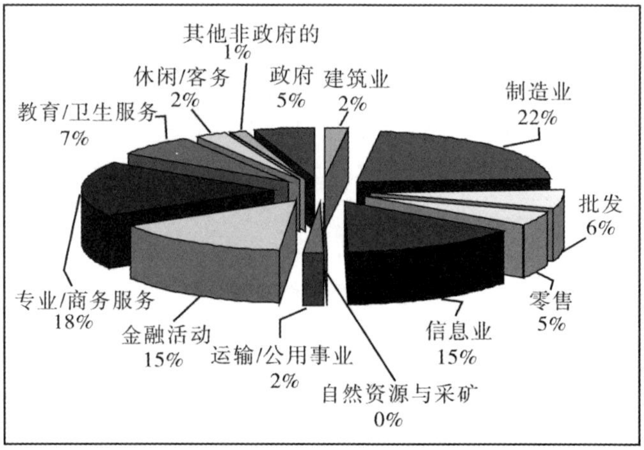

图 7－5　2011 年圣何塞大都市圈的产业结构图

（资料来源：美国经济分析局）

图 7—6 进一步说明了当地 ICT 产业的发展情况。ICT 包括计算机和电子产品的制造、软件的发行、信息和数据的处理服务，以及计算机系统设计和相关的服务等。同样除了在 2002 年受到互联网泡沫破灭和 2008 年金融危机影响下，有两次下滑。其他时期，当地的 ICT 产业都以较快速度增长，增长曲线与当地的 GDP 发展态势近乎相同。

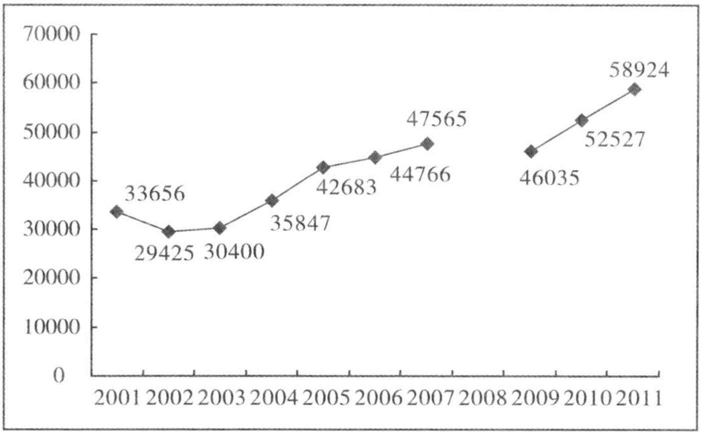

图 7—6 圣何塞大都市圈 ICT 产业发展趋势（2001—2011）单位：百万美元

（资料来源：美国经济分析局，以产业现值计算，2008 年数字缺省）

第二节
主要做法

一、创新驱动产业变革，实现可持续发展

硅谷的城镇化并不依赖单一的高科技产业发展，而是作为一个不断孕育、产生新兴产业的策源地。每当硅谷陷入衰退期，它又会把握住新一轮的创新浪潮。这使得硅谷城镇化维持可持续的平稳发展。

1. 产业集群的动态变化

硅谷受到数次创新浪潮的影响，才有了今天的样子，包括早期的国防军事产业的推动、20 世纪 60 年代至 70 年代的晶体管和集成电路的产业化、80 年代的微处理器和个人电脑的发展，以及 90 年代互联网的发展（见图 7—7）。每一次，这些创新浪潮都将处于衰退期的硅谷挽救回来，为“下一代”的硅谷经济注入新鲜血液。

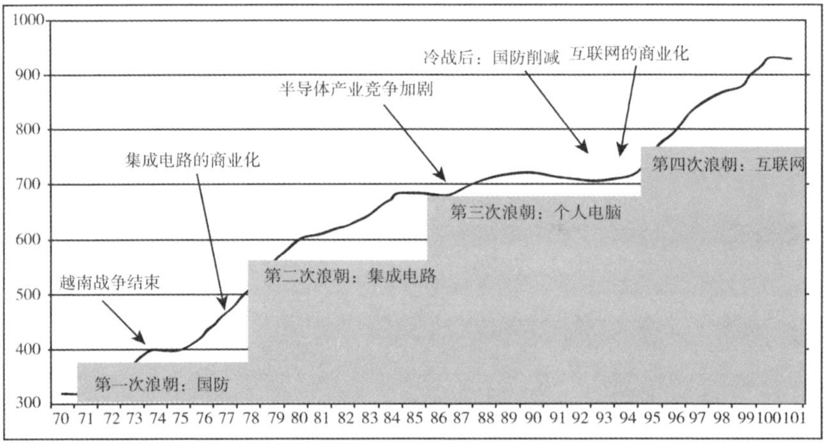

图 7—7　硅谷的四次产业浪潮带动就业变化（单位：千人）

注：就业统计以圣克拉拉县的数据为主。

（资料来源：“创业联盟—硅谷网络”）

每一次的创新浪潮都推动了人才、企业、风险资本集聚和基础设施建设，为硅谷的下一轮发展创造条件。例如，20 世纪 60 年代至 70 年代的集成电路驱动的产业发展期内，核心企业如仙童半导体公司帮助孵化了许多衍生企业，包括英特尔公司。更重要的是，这些小型的高新技术企业为 80 年代微处理器和个人电脑的革命打下了坚实的基础。像英特尔、惠普等成长壮大起来的企业日趋成熟稳健，并成为引领创新的中流砥柱，为硅谷的电子信息和软件业的强劲发展奠定基础。随后的 90 年代，网景、思科、3Com 和甲骨文等公司又共同成为新一波信息技术浪潮的主力。1998 年，微软在硅谷的山景城开辟了一个占地 13 公顷的园区。一大批软件和互联网公司从圣克拉拉县向北集结，在圣马特奥县一带形成了一个“软件滩”。

硅谷城镇发展核心地带从圣克拉拉县扩大至圣马特奥县，使整个地区协同发展，人口日趋集聚，基础设施日益现代化。

2. 力主技术储备多元，从容应对市场风险

硅谷之所以能在每一次的创新浪潮中成为引领者，源于该地区企业、人才和资金（风投）对高新技术的发展风向是高度敏感的，技术人才是多元化的，技术储备是多样化的。目前，移动互联网、清洁能源、生物科技等技术都成为驱动硅谷发展的重要技术。

第一，移动互联网。移动互联网产业非但不会像人们所想象的那样模糊掉地理位置的重要性，有企图心的企业老板们反而仍旧想要距离苹果和谷歌近一点更近一点，因为这些大公司为创新企业提供了做大做强的土壤环境。

第二，清洁能源。2008 年的金融危机中，硅谷各大行业的风险投资几乎全面下滑，只有一个例外——清洁能源技术。2007—2008 年，投入硅谷清洁能源的风险资本增长了 94%，达 19 亿美元，占美国全国清洁技术投资的 31%。2005—2007 年，硅谷地区与绿色技术相关的工作岗位增长了 23%[①]。

第三，生物科技。早在 2003 年，硅谷生物技术产业吸引到的风险投资与软件业持平。美洲中国工程学会理事长王南雷在《美国硅谷高新产业最新动态》报告中指出[②]，旧金山湾区及硅谷有 1300 多家生物科技、医疗及其他生命科学公司，并以每年约 30 家的速度增加，生物科技专业及技术人员有十余万人。

二、官—产—学—研合作，共建社会网络

在硅谷，通过“官—产—学—研”的通力合作，大学、研发机构和企

---

① 管克江．硅谷，从蛰伏中醒来［N］．人民日报．2009—11—12（14）．

② 硅谷生物科技梦：从产业初长成到经济战略成型［EB/OL］．［2013.10.15］．http：//tech. qq. com/zt2012/tmtdecode/58. htm.

业之间，在风险资本与企业之间，企业与企业之间，人与人之间建立了密切的网络联系。这种联系促使硅谷成为一个信息流动、机会均等的整体，而机会均等地就业与生活，正是新型城镇化发展的内在要求。

1. 基础：大社会小政府

第一，政府是“游戏规则”的制定者。斯坦福大学的亨利·罗文[①]曾对联邦政府在硅谷发展所起的作用有比较全面的论述。罗文指出，联邦政府扮演了规则制定者的角色，这一间接的方式，比直接的政府采购和资助具有更重要的推动力。

规则包括三方面的内容：一是制定有利于风险投资的税收和金融政策，主要是通过法律调整风险投资收益适用的税率。二是制定有利于劳动力自由流动的政策。比如当计算机等类专门人才和技术人员在全球范围成为争夺对象时，美国国会于1998年9月决定增加每年发放来美工作的H－1B签证数，由原来的每年4万增至6.5万，至2000年每年增至10万[②]。三是制定保护知识产权的政策。例如，20世纪80年代的《拜杜法案》规定，大学、中小企业和非营利性研究机构对政府资助所得的研发成果拥有知识产权，并可以以专有或以非专有方式授权给产业界，进行技术转让。这使大学，尤其是斯坦福大学，成为硅谷的智力资源库，也是创业者的摇篮，2012年“新华网”文章[③]指出，斯坦福大学员工与校友在硅谷创建的公司有1300多家。为促进科技成果转化，斯坦福大学允许教师和研究人员每周有一天到公司兼职，允许他们有1～2年时间离岗创业或兼职，学校保留其职位。

在地方层面，并没有统一的政府机构对硅谷地区的发展加以规划或指

---

① 韩宇．美国高技术城市研究［M］．北京：清华大学出版社，2009.151.

② 马小宁，陈一鸣，温宪．美国发起新一轮人才攻势［N］．人民日报，2011－09－06.

③ 硅谷，因斯坦福大学而兴［EB/OL］．［2013－09－27］．http：//www.js.xinhuanet.com/zhuanlan/2012－02/01/content_24625526.htm.

导。但整个硅谷坐落于加州的旧金山湾地区，湾区的政府机构会对硅谷的城镇化发展有一定影响。较重要的机构如协调湾区就业人口和住房问题的湾区政府协会、大都市交通委员会、湾区空气质量管理局、湾区保育和发展委员会、旧金山湾区水质量控制局等。这些机构仅就管理权限下的一些城市发展问题进行监管，例如提高空气质量或限制沿海开发等。

第二，社会组织是自治管理的载体。硅谷有许多非营利性的社会组织，跨城镇而建，跨领域而行，大多汇聚产—学—研的重要领导者和代表，为推动硅谷的地区经济繁荣和改善地区生活质量而工作。他们有在硅谷发声的实力，并能够协调企业界、学术界实施具体的行动。

具有代表性的是“创业联盟—硅谷网络”。1992 年，硅谷进入经济衰退期。第二年，“创业联盟—硅谷网络”成立。这是一个区域性无党派的民间推进组织，它汇聚了来自商界、劳工、政府、教育界、非营利性机构等各领域的领导者和代表，定期讨论硅谷的经济与社会发展问题，甚至针对问题制订行动方案。

“创业联盟—硅谷网络”每年发布《硅谷指数》报告，用翔实的统计数据告诉所有硅谷人硅谷的经济、社会现状，为企业界、风投、人才等提供发展的指南。

2002 年，“创业联盟—硅谷网络”开展了长达一年的“构筑下一代硅谷”调研项目，研究硅谷经济低迷的原因，并调查本地区如何重建自身经济。“创业联盟—硅谷网络”还建立了地区经济战略领导团队（RESuLTS），由商界、政府、教育界、劳工和社区的 60 名代表组成。RESuLTS 致力于为本地区经济复苏加油和保持全球技术创新平台地位，以确保整个地区各领域均获得增长机会。最后，RESuLTS 为硅谷提出了新一轮发展战略，正确审视世界经济的诸多新现实，通力挖掘全球市场中有利于硅谷繁荣的新源泉，强化硅谷创新和创业的栖息地生境。

2. 机制：产学互动机制

斯坦福、伯克利等研究型大学是硅谷“官—产—学—研”合作共建的社会网络中最重要的节点之一。尤其是斯坦福大学，构建起了这个社会网络中最核心的运作机制——产学互动机制。

硅谷的萌芽期，即20世纪50年代，斯坦福大学施行了三项创新之举：第一，成立斯坦福大学研究所，最初致力于与国家军事相关的研究项目，后来变成加强民营高技术公司、政府和大学研究机构联系的重要渠道。第二，为硅谷当地企业的工程师们提供开放的教学课程，加强了企业和大学之间的联系，使研发人才既能与最新技术保持同步，又能建立人际联系。第三，成立斯坦福工业园。

这三项创新促进了大学、政府和公司之间的各种合作关系，包括私人关系和组织关系，促使硅谷社会网络的成型。这种以产学互动机制为运作机制的社会网络，具有两大优势：一方面，能为研究型大学和高技术创业型公司提供一个集体学习和横向合作的机会。另一方面，能不断激发创新与创业行为。大学的研究者通过产学交流获得创意和启迪，便设法通过更多的渠道加强这种交流。于是，在大学周围的创业者愈积愈多，大学所能提供的新点子和新知识也愈来愈多，产业与大学共同成长，形成一种良性循环。

3. 文化：信息自由流动

第一，硅谷的“圈子”。美国社会学家马克·格兰诺维特在他主持的研究项目报告《硅谷社会关系网络》[①] 中，将“社会关系网络”定义为“由社会关系或某一特殊类型的链接联系起来的一些节点和行为者（个人和组织）。”

这张社会关系网络是一个完整的“食物链”。新科技研发及创业的各种功能都十分齐备，且数量众多，多元多样，包括大学、研发机构、风投、企业、法律及会计公司、职介所、商业银行、投资银行等组成了一个完整的产业链，令创业得到快速而全面的支持。

更重要的是，这些组织会自发地生成各类关系，包括知识传播、人力资源信息、教育培训、财务投资、联合研发、产品信息以及产业服务等多

---

① 威廉·米勒．硅谷优势［M］．北京：人民出版社，2002.

元多样的网络。这种自发的结合，还衍生出多个“圈子”。硅谷产业种类众多，各有圈子，独立决策。而且，一个产业内，甚至一个产品内都会有好几个圈子。

第二，信息与知识的流动性与共享性。记者唐·霍伊夫勒曾将仙童半导体公司定义为硅谷的“祖先”①，认为在仙童的经历是硅谷各种企业之间强有力的纽带。因为20世纪60年代几乎每一个工程师都曾为仙童效力过，共同的“祖先”使这个半导体产业成为一个紧密联系的团体。

所以，看似壁垒分明的硅谷“圈子”间并不是老死不相往来。相反，社会关系网络维护着当地生产商之间无处不在的广泛合作和信息共享，一些大的集中点扮演了“桥梁”的角色，如：

20世纪70年代中期，硅谷地区计算机爱好者的非正式组织经常在一家俱乐部聚会，交流这一领域的信息并讨论其发展。成员之中有后来苹果电脑的发明人史蒂夫·伍兹尼克、微软创始人比尔·盖茨和其他著名人物。他们后来成立了20多家电脑公司，包括苹果、微软、康门克和北极星等。斯坦福大学在整个硅谷社会关系网络中扮演了核心网络节点的作用，同时加州大学伯克利分校也起到了重要的作用；苹果、惠普、IBM、思科、英特尔……这些大企业不但战略联盟众多，而且培养了大量的创业者，出现大量裂变企业；风险投资人的各类聚会；酒吧、咖啡馆等公共商业场所，如早期名为“马车轮”的酒吧，工程师们经常在那里相互交换意见，它不仅是非正式的招聘中心，还是情报收集中心，工作职位信息和技术信息同时在这里流传。

伯克利大学信息系统学院的院长安纳利·萨克森宁曾分析，硅谷成功的原因之一，就是这种信息和知识的“流动性与共享性”②。

---

① 威廉·米勒．硅谷优势［M］．北京：人民出版社，2002.

② Annalee Saxenian, "The Genesis of Silicon Valley", Built Environment (1978—), Vol. 9, No. 1, Silicon Landscapes: High－technology and Job Creation (1983), pp. 7－17.

三、完备配套服务体系，保障创业创新

硅谷创业和创新活动的兴盛，离不开当地生产服务部门的支持。硅谷对新企业的支持服务一应俱全，主要包括风险投资、商业银行、律师事务所、会计、猎头服务以及专业咨询顾问等部门。它们构成了高技术创业活动强有力的保障。

1. 风险投资：为硅谷发展加注“燃料”

据2011《硅谷指数》，2010年风险投资投向硅谷的资金达59亿美元，占加州的53%，是全美风投的27%。

第一，优惠政策。美国政府对风险投资业务基本不干预，直到目前还没有专门围绕风投制定的法律。有专家认为这一点至关重要。因为风险投资文化与政府文化较难相容。但间接政策又为风投发展给予了极大支持，如：调整税收以刺激社会风险投资供给规模。例如，1978年颁布了《税收法》，规定创业风险投资收益适用的税率从49%下降到28%。20世纪80年代，国会通过《经济复兴税法》，将资本利得税率从28%降至20%。2003年，《就业与经济增长税收减免协调法案》又将这一税率减至15%[①]。

优化风险投资的投资结构来源。美国劳工部1978年修改了雇员退休收入保障法案，允许养老基金管理者投资于风险投资。

推行小企业投资（SBIC）发展计划[②]。1958年，美国政府实施该计划，帮助小企业获得权益资本和长期贷款的援助计划。SBIC的资金主要来源于私人资本、政府的匹配杠杆资金以及通过由美国小型企业管理局担保发行债券和参与型证券在资本市场筹集的资金三部分。这大力推动了风险资本市场的发展。

第二，多元创新。硅谷的风投正在经历一场“双向选择”的改变：对

---

① 潘玉香．美国创业风险投资税收政策演变及其启示［J］．中国科技论坛．2012（7）．

② 同上。

创业者而言，困扰之一已不再是“谁愿意投资”，而是“拿谁的钱更有价值”。因为硅谷的风投资源竞争太激烈了[①]。基于此，出现了两大新的趋势：

风投类型的多元化。

天使投资人：是风险投资的一种特殊形式。企业在成立之初，创始人往往拥有技术或产品，却缺乏启动资金。此时给出资金的投资人，犹如天使般重要，故被称为天使投资人。天使投资人通过硅谷的社会网络了解最新的创业动向；决定投资时，与创业者就投资所占公司的股份进行协商。硅谷的天使投资人往往是具有成功创业经验的人。他们不仅能提高初创企业的融资质量，还能运用自己的人脉与经验充当企业发展的导师。

大公司的投资部门：据道琼斯 Venture Source 的数据，Google Venture 是 2013 年第二季度的第四大投资者（按照交易数量计算）。连中国的腾讯、百度和盛大这类大公司都出现在硅谷寻找猎物。

业内人士成立的新风投：如 Twitter 前高管 Satya Patel 和 Google 前高管 Hunter Walk 在 2013 年筹集了 3500 万美元成立了“家酿投资”（Homebrew），投资处于“种子期”的创业者。

对创业而言，大额资金不再是最重要的，创业者更需要除了资金以外的更多的创业帮助。因此越来越多的业内人士跻身风投行列，他们拥有在业内的丰富经验，甚至自己就曾是创业者。最敏锐意识到这个趋势的是 Y Combinator，用孵化器这一新的方式来帮助创业者。挑选创业者，让他们加入训练营，在三四个月的时间里给予他们从技术到市场等各个方面的帮助，敦促他们迅速搭建原型并上线运营进而实现快速增长。这个阶段孵化器提供给学员们几万美元的启动资金，通常也够用。但等到学员毕业后，天使投资人和风险投资机构都会蜂拥而至，让这些创业公司的估值疯涨。这些指导变得比钱更为重要。

---

① 徐涛．硅谷创业者的新烦恼：拿谁的钱更有价值［N］．第一财经周刊．2013—10—18.

投资工具的创新。

硅谷不断有新的平台出现，成为投资者们的工具，改变他们的投资方式。其中典型的如 AngelList 网站，为需要融资的创业企业和有资质的投资人提供免费的沟通平台以及一些规范化的条款，使他们可以在这个平台上更方便高效地完成投融资合作。AngelList 特别设计了名为 Syndicate 的新功能，主旨是帮助数位投资人实现联合投资。即某一位投资人在选中一家创业企业之后，通过这个平台能更便捷地找到其他投资人共同投资。后进入的投资者大体看好领投人的判断力，并愿意与之一起承担风险。这在某种程度上打破了投资人从属于某个投资公司的限制，让他们建立起松散的联盟。

2. 专业服务：为硅谷发展保驾护航

如前所述，过去十多年来，专业与商业服务业是圣何塞大都市圈的一大支柱产业，规模仅次于信息产业。这正是因为硅谷活跃着一大批法律、会计和猎头公司及提供其他专业服务的机构。它们的业务重点是为新成立的创业公司打理费时的琐碎事务，使创业公司能够集中精力进行新技术开发和产业化。这在客观上降低了创业的门槛，使孕育新公司的进程加速，也有助于提高创业公司的成功概率。

第一，人力资源机构。硅谷的人才招聘可说是在世界范围内进行的。高效的人力资源网络为企业和个人架设通道，实现人才的可获得性。

第二，法律机构。硅谷律师的密度大约为 10 个工程师对应一个律师[①]。律师事务所为企业提供知识产权等各类专业服务，并且与市场调研公司和风险资本公司一样，硅谷的律师也常常起到商业桥梁作用。

第三，财务机构。会计师为企业提供税务服务。因美国税务法极为复杂，大约 5 个工程师就有一个会计师。

第四，技术转让服务机构。在硅谷技术转让服务机构主要是由大学的

---

① 曹绪亮．“美国硅谷”中介服务体系的借鉴意义［EB/OL］．［2013－09－20］．

技术转让办公室（TLO）和其他一些技术咨询、评估、交易机构组成。TLO 的主要工作是将大学的研究成果转移给合适的企业，同时把社会和产业界的需求信息反馈到学校，推动学校研究与企业的合作。

第三节 经验启示

一、注重社会化管理，加强科学决策

硅谷的城镇化是市场主导的，受科技驱动而自发形成。这种模式有几大优势：一是不存在以征地先行带动城镇扩张的现象。二是不容易发生脱离产业化的风险。三是不容易出现城镇发展悖离硅谷人实际需求的矛盾。

硅谷模式在市场主导的基础上，在没有大一统的政府机构主导的条件下，自发汇聚了“大社会”的力量，依靠科学决策加强社会化的管理，使城镇化的发展真正迎合了硅谷人的全面生存与发展需要。

“创业联盟—硅谷网络”这类跨领域跨行业的社会组织，成为引领硅谷发展、协调各方利益的重要力量。这股力量让来自企业界、政府单位、学术界及劳动阶层等的代表们针对硅谷所发生的重要事件、具体问题进行商议探讨，并得出创新的解决方案，拟定行动方案。这种社会合作的模式让硅谷人解决硅谷事，切实有效。

硅谷“大社会”的力量还表现在硅谷多年来形成的独特社会关系网络上。企业、人才、学校、研发机构，风险投资人等在硅谷变成了“圈内人”。生产要素和人力资源在这张关系网内自由流动，信息得到充分地分享，机会得到充分地滋生，竞争与合作共生共存。这一切奠定了硅谷的城镇化得以沿着平等、有序、稳定、永续的路径发展。

硅谷的多元化、社会化管理模式值得我们学习。新型城镇化的管理体制中应更多地引入科技界和产业界人士参与，增强决策的科学性与可行性。如成立公共管理委员会，吸收高新区内企业、研发机构、中介组织和行业协会等，参与发展规划研究制定和实施；成立专家委员会，把握未来产业和技术创新的重点方向，指导规划研究制定和基金项目审批；由产业界人士参与指导科技成果转化、商业化及孵化器、创业中心等的运作。总之，要逐渐培养城镇各阶层、各领域的不同利益相关者们和所有民众参与到社会网络中，积极地交换有用的内容，包括信息、建议以及共生共存的共同利益。

二、强调人才驱动力，打造智慧城镇

硅谷的“智慧”，即保持长盛不衰的秘诀，主要在于并不绝对依赖个别产业和强势企业的发展，而是作为一个不断孕育、产生新兴产业的策源地。每当硅谷的名声似乎快要逝去，即将被世界其他创新中心超越时，新一轮的突破又让它重新居于全球制高点。这使得硅谷不断吸引来自全球的人力、财力与各种资源，推动其城镇化的不断发展。

这种源源不断的创新驱动力，主要是源于人才。“在高科技行业内，人才的作用远远超出了生产资料的作用。”[①] 对人才的吸引与保障，是强调创新驱动力、实现智慧城镇发展的关键。这给我们如下启示。

1. 构建允许人才自由流动的政策制度

多年来，美国联邦政府通过制定和修改移民法、实施 H－1B 签证计划、实施吸引外国留学生政策、颁布多部就业和劳动法规、执行比较宽松的商业秘密保护法等多种举措，大规模汇聚全球卓越人才。这些政策基本保障了人才的自由流动，包括：硅谷企业之间人才的流动、硅谷企业与周边大学和研究机构的人才自由流动、世界各地优秀人才的自由流动。

---

① 吴军．浪潮之巅［M］．北京：电子工业出版社，2011.

2. 设计灵活公平的人力资本制度

人力资本参与收入分配是硅谷发展中的一大制度创新。高科技公司普遍实行员工持股计划（Employee Stock Ownership Plan，ESOP）[①]，加上美国股市投机性极高的特性，让高科技公司员工较其他产业的人有更大机会快速积累财富。这种做法有助于硅谷人成为不断创新的核心和原动力。

3. 孕育“弱等级观念、尊人才为先”的归属感

在雇员与雇主的关系上，硅谷的环境是对发挥员工创造性最有利的。大部分公司内，上、下级之间虽然有等级的差异，但彼此之间是相互尊重的，技术型人才甚至更受尊崇。只有这样人才更容易专注于本职工作。硅谷企业对员工的约束也比较少，工作环境大都很宽松，容易令人产生归属感。

三、完善“栖息地生态”，促进产城和谐

2000 年，《硅谷优势》[②] 一书的作者威廉·米勒首次提出了“栖息地生态”一词，认为硅谷的优势就在于它有世界上绝佳的栖息地生态。正如自然界的动植物群体栖息地，硅谷的栖息地也是一种环境。在这种环境中，创业型高技术企业赖以生存和繁荣所需要的各种资源，不间断地有机生长。硅谷栖息地生态包括人员、企业和制度，制度是指人员与企业在制度安排下互动的网络和模式。而且，与自然栖息地一样，硅谷栖息地生态也以复杂、动态和互相依存关系为特征。

2012 年，硅谷两位经验丰富的风险投资家维克多·黄和雷格·霍洛维特出版名为《热带雨林：打造下一个硅谷的窍门》的书，将硅谷比作一个

---

① 钟坚．美国硅谷模式成功的经济与制度分析［J］．学术界，2002（94）：224～242.

② 威廉·米勒．硅谷优势［M］．北京：人民出版社，2002.

不断产生和进化新技术和新商业模式的热带雨林[①]，富含原生的碳、氮、氢、氧原子。这些元素混合在一起，能够不断产生新的动植物群落。与“庄稼地”播种之后几乎就能确定收获不同，热带雨林的空气、土壤养分、温度等条件会使得动植物产生新的物种。雨林只是提供了合适的环境以培养意外的进化，而最有希望的生命形态，总是出人意料地展露于异常肥沃的环境中。因此，热带雨林模式并不试图迫使个体产生创新，而是设计与营造合适的环境，培养创新自主地生成并繁荣。

这两本书的两项比喻相当类似。硅谷繁荣的秘诀最终可归为这种无形的、类生态环境上的优势。这个栖息地有如下生态关键要素。

1. 要孕育“宽容失败、多元共生”的文化

传统价值观念只承认成功，不允许失败。但在硅谷，一个有了几次失败经验的创业者，反而被各企业争相雇用。因为硅谷文化认为，创新是测试和试错、失败和改进的持续过程，理应如此循环往复。这种“宽容失败、多元共生”的独特文化，极大地激发了人才的创新精神、创业精神、奋斗精神以及勇于追求自身价值的精神，不断地吸引着来自世界各地的卓越人才，为硅谷发展注入强大的活力和创造力。

2. 要构建一个“官—产—学—研”相互交融的社会网络

这个网络包括：

充满生机的游戏规则或制度安排；

知识密集：集聚新产品、新服务、新市场和新商业模式；

与产业界充分互动的大学和研究机构；

企业、政府和非营利性机构之间的多边合作：政府、行业协会、企业以及其他机构之间形成多样化的合作伙伴关系；

开放的商务环境：个人和公司对知识交换和联盟持开放态度；

---

① 热带雨林法则推动硅谷［EB/OL］.［2013—09—20］. http://tech.hexun.com/2013—03—27/152539484.html.

身处其中的人很容易获得信息，并利用信息提高生活与工作的质量；

自由的创业文化与愿意不断试错的企业家；

具备面向初创企业的一系列的配套服务，包括风险资本、银行、律师、猎头、会计师、咨询师等；

高质量的生活：地区的自然、文化、历史和智力环境品质成为吸引人才和企业的关键要素。

第八章

日本筑波

日本筑波的城镇化是政府主导的科技驱动模式。从 20 世纪 60 年代到 80 年代，在日本国家立法和总体规划的双重驱动下，国立科研教育机构完成集体搬迁和新建，城市基本框架也大致形成。此后，筑波充分发挥高等教育和基础科学研究的实力，城市基础设施不断得到改善，民营企业也接踵而至，踊跃进驻工业区，加上常盘高速公路、首都圈中央连接高速公路筑波部分和筑波快线城际铁路等先进交通体系的陆续建设开通，筑波在城镇化进程中取得了举世瞩目的发展。

本章主要介绍了日本筑波的基本情况、主要做法和经验启示，对于科技驱动新型城镇化的发展具有积极的借鉴意义。

第一节 基本情况

一、发展历程

筑波地区位于日本茨城县南部，距东京约 50 千米，距成田机场约 40

千米，北靠日本关东名山筑波山，东临日本第二大湖霞之浦（见图 8－1）。这里原本是一片广阔的农村，拥有植被丰富的田园风景。正是因为拥有得天独厚的地理位置及优越的自然环境，日本内阁会议决定在该地区建设筑波研究学园城市（Tsukuba Science City，以下简称“筑波科学城”）。目前，筑波科学城的范围与筑波市的地理位置重合。

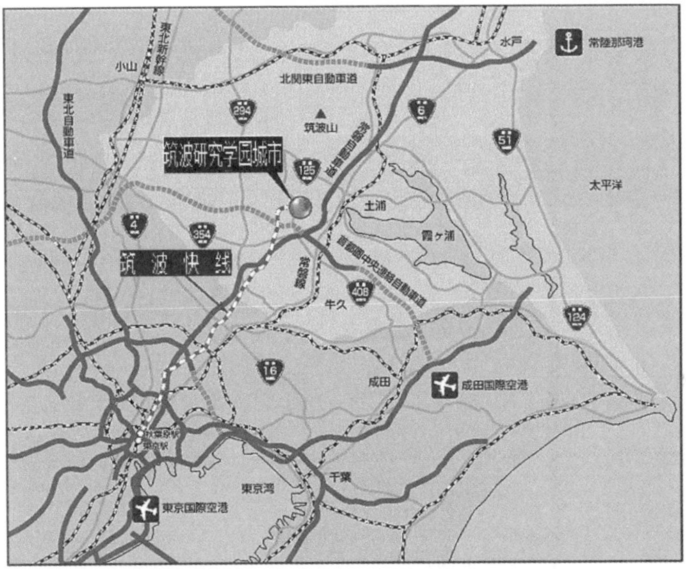

图 8－1　筑波研究学园城市地理位置图

筑波科学城的发展历史大致可以分为三个阶段：第一阶段为城市建设期，从 1963 年决定在筑波地区建设研究学园城市到 1985 年筑波世界科学技术博览会（以下简称“筑波世博会”）召开；第二阶段是城市发展期，从 1986 年到 2005 年筑波快线城际铁路开通；第三阶段则为城市成熟期，从 2006 年日本制订第三期科学技术总体规划开始至今。

1. 第一阶段：城市建设期（1963—1985 年）

20 世纪 50 年代，东京由于大学和国家机关单位集中，导致市区人口过密。因此，日本政府于 1956 年成立首都圈调整委员会，开始探讨搬迁首都功能的一部分。1961 年，日本内阁会议决定从具体操作层面探讨搬迁机关单位，提出首先需要加快研究在功能上不一定必须设在东京的机关单位

（包括附属机构及国立学校）集体搬迁的具体方案。首都圈调整委员会于1963年对搬迁候选地富士山麓、赤城山麓、那须高原和筑波山麓进行了实地调查。通过比较，内阁会议决定在筑波山麓建设一个规划面积为4000公顷的科学城，用以缓解东京人口过密的问题，并振兴科技和发展高等教育。理由是：距离东京不远、霞之浦可采取的水源丰富以及地基稳定、地势平坦等。

之后，首都圈调整委员会提交总体规划筑波新镇（Nouvelle Ville de Tsukuba，NVT）方案，但遭到当地居民的强烈反对。为了尽可能地避开农田和民宅，转为以红松林为中心进行城市建设，重新提出南北细长、规划面积缩小至2700公顷的新方案，也就是目前筑波科学城的雏形。

1964年，日本政府为推进建设筑波科学城，成立了全面的联络调整推动组织，在当时的总理府（现为内阁府）内设立了科学城建设筹备处（各相关省厅的事务次官为主要成员），就机构搬迁等事项负责与各省厅之间的协调。1967年，日本内阁最终确定搬迁6个省厅的36个机构（后来增加至43个机构）到科学城。1968年，原科学技术厅防灾科学技术中心最早开工建设。但由于多数机构迟迟未开工建设，日本政府于1970年公布《筑波科学城建设法》，以法律的约束力切实推进城市建设和机构搬迁。1973年，前身为东京教育大学的筑波大学正式开学。到1980年为止，所有机构搬迁结束，筑波的科研工作也开始迈入正轨，城市功能不断提升完善。

图8－2　筑波大学

图8－3　1985年筑波世博会

1985 年，为了提升筑波科学城的世界知名度和吸引民营企业，日本申办了主题为“人、居住、环境与科学技术”的筑波世博会。筑波世博会的成功举办为筑波的城市发展带来了巨大机遇。前后数年间，筑波中心城区的商业设施和交通设施有了很大的改善和扩充，尤其是常盘高速公路于 1985 年正式开通，至此筑波终于有了直达东京的高速公路。

2. 第二阶段：城市发展期（1986—2005 年）

1986 年以后，筑波迎来新一波的城市扩张。筑波日益雄厚的科研实力开始吸引民营企业纷纷进驻，在周边开发地区形成众多工业区，一跃成为日本最大的研究开发基地。周边开发地区在发展过程中保持着与关东平原地区田园环境的协调，限制城镇化的无序发展，有计划地开发建设公共设施、工业区和民间研究机构。1987 年谷田部町、大穗町、丰里町和樱村 3 町 1 村合并建立筑波市，并于 1988 年合并筑波町，2002 年合并茎崎町，最终形成如今的筑波市区域。

2005 年，从筑波直通东京秋叶原的筑波快线城际铁路正式运营，实现了与东京的对接。与此同时，筑波开始实施加快推动铁路沿线地区城镇化的新规划，城市面貌由此带来显著变化。

图 8－4　筑波快线

3. 第三阶段：城市成熟期（2006年至今）

2006年以后，筑波迎来城市发展的新飞跃，逐步走向成熟。日本于2006年制订了第三期科学技术总体规划，为今后筑波科学城的发展指明了方向。规划提出：要推进公立科研机构的研究，充分利用多数公立科研机构的集聚优势，着力推动研发活动的联合和融合；要营造利于国际合作的环境和促进国外优秀研究人员的引进，努力把筑波建设成为对国内外敞开大门的国际研发高地；关于设施设备的维持管理，公立科研机构针对设施的老化问题要研究制订一套长期的修缮计划。筑波第三阶段的发展主要就是围绕上述期许和要求而展开的。

此外，为防止全球变暖，日本政府于2007年公布了旨在2050年之前将二氧化碳总排出量减少一半的"清凉地球50"（Cool Earth 50）计划，提出要以环境技术立国为目标，充分利用日本尖端科技和传统社会结构为世界做出贡献，其中一个重要举措就是设立"筑波3E论坛"。"3E"指的是"环境（Environment）、能源（Energy）、经济（Economy）"。"筑波3E论坛"提出，要在2030年实现二氧化碳排放量减半的目标，产—官—学—民联合将教育科研机构最尖端的研发成果落实到社会，把筑波建设成为低碳环保的"环境模范城市"。同时，将"筑波环境模式"作为成果推广辐射到海内外。

目前已跻身于世界一流科技的筑波科学城正不断走向成熟，其在日本本土乃至全世界的影响日益显现出巨大的优势和潜能。

二、发展现状

1. 科技移民促进人口结构优化

筑波科学城总面积为284平方千米，其中研究学园地区为27平方千米，分布着国家科研及教育机构、商业区、住宅区和公园等。周边开发地区为257平方千米，除了原有村落和农业用地之外，在工业区也分布着民间研究所和工厂等（见图8—5）。

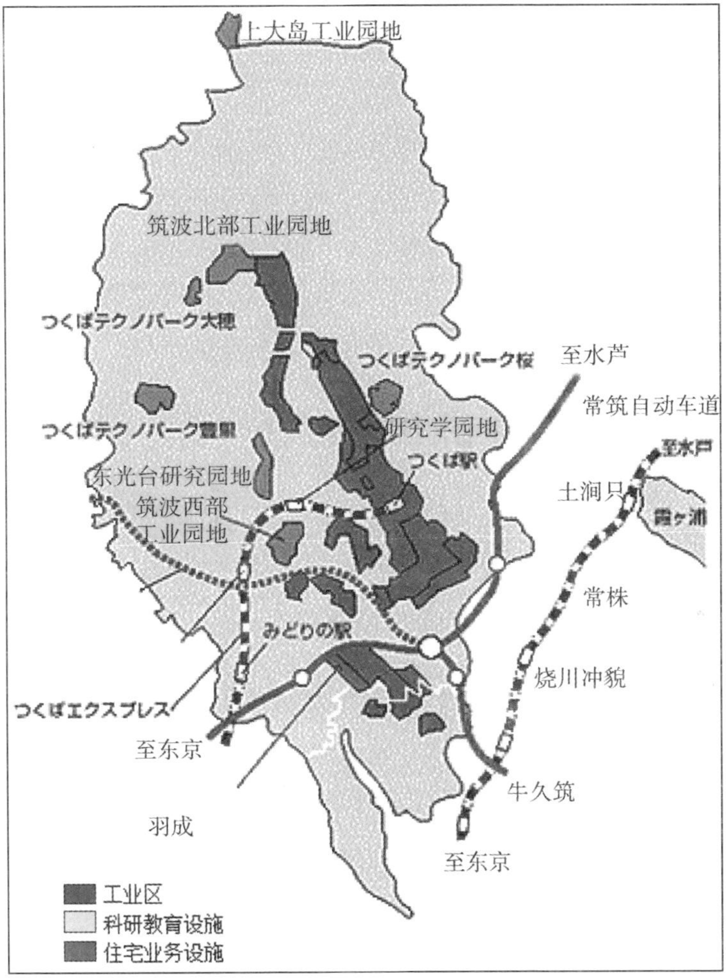

图 8－5 筑波科学城区域分布图

1970 年，筑波科学城建设之初，仅有 7 万多人口。到 2010 年，人口已经增长至约 21 万人（见表 8－1）。目前在日本所有特例市①中，筑波市的人口增长率以 1.3％位居全国第一，平均寿命男性为 79.2 岁，女性为 86.2 岁。

① 特例市指的是日本地方公共团体中根据地方自治法第 252 条 26.3 第 1 项规定由政令特别指定的市，为日本的一种大城市制度。现在指定的必要条件是“法定人口达到 20 万人以上”。

表 8－1　筑波科学城历年人口变化　　　　单位：千人

地区	1994	1996	1998	2000	2002	2004	2006	2008	2010
筑波科学城	180	185	189	192	195	198	203	209	215
研究学园地区	60	62	65	68	70	73	76	78	—
周边开发地区	120	122	123	124	125	125	127	131	—

注 1：由于四舍五入可能导致总数和细目的合计不相吻合。
注 2：2010 年由于采用的是人口普查速报值，故没有各地区的数值。
（资料来源：筑波市“统计筑波”）

筑波通过科技驱动城镇化的一个显著特征就是人口结构不断得到优化，人口整体素质提高迅速。筑波拥有约 450 家国家和大型企业的各类科研机构，2 万多名研究人员，其中获得博士称号的日本人高达 7000 多人（见表 8—2）。此外，来自国外的研究人员和留学生也很多。外国人登记人口达 7000 多人，来自 133 个国家，约占总人口的 3.5%。

表 8－2　筑波科学城落户机构中的研究人员数量

		1994	1996	1998	2001	2004	2007	2009	2010
事业所（家）		365	331	326	333	302	198	186	312
研究所（家）		172	137	146	144	134	92	89	137
职员（人）	正规	30475	26191	25884	24378	23033	20827	18746	26397
	非正规	—	—	—	—	—	—	13381	14107
	合计	—	—	—	—	—	—	32127	40504
研究人员（人）	正规	12566	12876	13367	12852	12222	10647	8881	11222
	非正规	—	—	—	—	—	—	4633	3958
	合计	—	—	—	—	—	—	13514	15180
博士（人）	正规	3247	4632	4833	5495	5684	5389	5683	6875
	非正规	—	—	—	—	—	—	1379	1368
	合计	—	—	—	—	—	—	7062	8243
外国研究人员等（人）		3047	3715	4047	3352	3958	4728	5078	—

注 1：该表是以落户筑波科学城的事业所为对象，通过问卷调查的方式取得的结果。因此，事业所等的数量是各年调查中有答复的事业所数量，研究

人员的数量也只统计有答复的事业所提供的数字。

注 2：2008 年度的调查，事业所的数量从 2004 年度的 302 家减少至 198 家，主要是由于明确了调查对象机构的范围，以具有研发功能的事业所等为中心，另一方面也由于来自事业所的答复率较低。

注 3：外国研究人员等指的是在筑波科学城的研究机构等在各调查年度中逗留 14 天以上的外国研究人员、进修生、教育家和留学生等。

（资料来源：《筑波科学城落户机构概要调查报告书》《筑波科学城外国研究人员等的调查结果》）

筑波科学城建设初期，“旧居民”（世居此地的农民）和“新居民”（搬迁过来的研究人员及其家庭成员）由于生活习惯等诸多方面大相径庭，彼此相互疏远，几乎没什么交流。但是不久之后，在集中建设住宅的区域出售当地农产品的早市以及各种集会，两者之间的交流机会也愈来愈多，逐渐消除了最初的那种对立情绪。

2. 科技创新加速产业发展集聚

筑波科学城的国家科研教育单位集中在研究学园地区，从 1968 年国立防灾科学技术中心开工建设开始，到 1980 年所有列入规划的机构全部完成搬迁。此后，经过追加和独立行政法人化等大规模的组织改编，现在共有 31 个国家科研教育单位在筑波开展业务，分为文教、建设、理工、生物和共同利用 5 大类。各单位及其所占面积情况详见表 8－3。

表 8－3 筑波科学城国立科研教育单位等的用地面积

	单位名称	面积（公顷）
文教系统（7 个单位）	内阁府	3
	独立行政法人国立公文书馆筑波分馆	3
	外务省	5
	独立行政法人国际合作机构筑波国际中心	5
	文部科学省	440
	国立大学法人筑波大学	258
	国立大学法人筑波技术大学	8
	大学共同利用机关法人高能加速器研究机构	153
	独立行政法人国立科学博物馆筑波研究资料中心	14
	独立行政法人教员进修中心	7

（续表）

	单位名称	面积（公顷）
建设系统（6个单位）	总务省	22
	NTT存取服务系统（NTT Access Service System）研究所	22
	文部科学省	27
	独立行政法人防灾科学技术研究所	27
	国土交通省	164
	国土地理院	18
	国土技术政策综合研究所	
	独立行政法人土木研究所	146
	独立行政法人建筑研究所	
理工系统（7个单位）	文部科学省	83
	独立行政法人物质/材料研究机构	30
	独立行政法人宇宙航空研究开发机构	53
	经济产业省	140
	独立行政法人产业技术综合研究所	140
	国土交通省	53
	气象研究所	
	高层气象台	53
	气象仪器审定实验中心	
	环境省	28
	独立行政法人国立环境研究所	28
生物系统（10个单位）	文部科学省	5
	独立行政法人理化学研究所筑波研究所	5
	厚生劳动省	14
	独立行政法人医药基础研究所灵长类医学研究中心	9
	独立行政法人医药基础研究所药用植物资源研究中心	5
	农林水产省	421
	独立行政法人种苗管理中心	
	农林水产技术会议事务局筑波事务所	
	独立行政法人农业/食品产业技术综合研究机构	
	独立行政法人农业生物资源研究所	421
	独立行政法人农业环境技术研究所	
	独立行政法人国际农林水产产业研究中心	
	独立行政法人森林综合研究所	

（续表）

	单位名称	面积（公顷）
共同利用设施（1个单位）	文部科学省 科研交流中心	1 1
合计	31个单位	1407

注：各单位面积及合计面积都对小数点第1位进行了四舍五入。
（资料来源：日本国土交通省网站）

周边开发地区也以研发型工业区为中心集聚了众多民间研究机构和企业，行业类别以医药、化学、电子、机械、建设等为主。科研教育单位的集聚带动了当地工商业的繁荣发展，从根本上推动了筑波地区的城镇化进程。筑波历年工商业产值数据详见表8—4和表8—5。

表8－4 筑波科学城制造业的事业所数、从业人员数及产值

年份	1991	1993	1995	1997	1999	2001	2003	2005	2007	2009
制造业事业所数（家）	298	284	261	242	219	183	178	164	180	174
从业人员数（人）	8807	8675	8093	9880	9186	8410	7755	7405	13512	9225
制造品产值（亿日元）	2548	2531	2507	3531	3395	3329	3830	3018	3192	2594

注：制造业事业所数仅统计从业人员达4人以上的事业所。
（资料来源：筑波市“统计筑波”）

表8－5 筑波科学城的商店数、从业人员数及年度销售额

年份	1982	1985	1988	1991	1994	1997	1999	2002	2004	2007
商店数（家）	1544	1563	1531	1587	1535	1581	1591	1516	1572	1435
从业人员数（人）	4886	6174	6618	7483	8011	9667	10976	11232	11649	10435
年度销售额（亿日元）	668.8	930.6	1169.0	1750.8	1895.7	2214.9	2155.5	2071.8	2070.4	2074.8

（资料来源：筑波市“统计筑波”）

3. 尖端科技推动基础设施建设

筑波作为国家正式规划的城市，干线路网、下水道、公园和住宅呈网格状整齐有序分布。市中心有城市地下管道综合走廊、区域冷暖气系统、有线电视网、人行天桥等先进城市基础设施，也有标志性建筑——筑波中心大楼、大型购物中心、图书馆、美术馆和市民交流设施等。

近年来，筑波地区的高速交通体系持续得到改善，进一步加强了筑波与外界的联系，扭转了筑波最初被称作“科学孤岛”的短板。2005 年筑波快线投入运营，2007 年筑波站的入站乘客人流量每天高达 13700 人。除了通勤人员以外，来筑波进行科学旅行和游览筑波山的游客也在持续增加。连接筑波市和成田机场的首都圈中央连接高速公路茨城县内区间也实现了通车。

各类科研教育机构的集聚和前沿科学技术的发展成为筑波发展的强大动力，持续推动着城市面貌的改观，逐步使筑波发展成为茨城区域城市圈的核心城市。无论是 1995 年到 2005 年间的交通昼夜率①及通勤通学人口的流进流出，还是 2004 年到 2007 年间的零售吸引人口，都反映了筑波市作为区域中心地位的提升。常住人口也在显著增加，近几年约以每年 2000～3000人的速度增长。

先进交通体系的建设推动筑波地区的城镇化建设迈向新的阶段。以筑波快线开通为契机，筑波正在不断充实和强化市中心功能。筑波快线筑波站周边正在建设大型商业设施和高级公寓。筑波快线研究学园站周边作为市中心的补充和新兴复合城市功能的载体，也在积极兴建大型商业设施、办公楼和酒店等。另外，连接两地的土浦学园线沿途也在开发商业设施等城市功能。近年来，在筑波快线沿线开发地区，正在有计划地稳步推行住宅区及配套生活服务设施的建设。

互联网科技的发展也为筑波城市注入新的活力。有线电视网通过应用互联网连接和提高传输速度提升功能，不断扩展服务区域。筑波还建立了一系列网站为市民提供生活信息等，围绕以筑波快线沿线开发地区为中

---

① 白天 12 小时的交通量和昼夜 24 小时的交通量之间的比率称为昼夜率。

心，提供多种形式的信息服务，进行了诸多有益的宣传。

第二节
主要做法

一、国家立法推动，保障长期发展

自从 1963 年日本决定建设筑波科学城以来，制定的主要相关法律有：1970 年出台的《筑波科学城建设法》（以下简称《筑波建设法》）、1971 年制定的《筑波科学城建设规划大纲》和 1983 年颁布的《高技术工业聚集地区开发促进法》等。这些法律将筑波科学城规划、建设和管理等方面的内容，以法条的形式固定下来，同时还规定了中央政府、地方政府以及社会团体的权利和义务，对筑波的发展起到十分重要的促进作用。其中《筑波建设法》是关于筑波科学城的首部立法，堪称“筑波宪法”，至今仍然生效。

从立法层级而言，《筑波建设法》是全国性法律，立法层级很高。因为建设筑波科学城是中央政府的战略决策，事关日本未来科技发展的核心竞争力，仅凭地方一己之力无法完成，因此需要中央政府的权威和支持。

从立法目的而言，《筑波建设法》规定由中央政府直接管理筑波科学城的核心区域（研究学园地区），而周边开发地区则由地方（茨城县）规划管理。采取“中央政府投资、中央政府管理”的模式，集中日本国立科研机构大约 40％的研究人员和每年 40％的科研经费预算，切实提高了行政管理的效率和执行力。

从立法技术角度而言，《筑波建设法》的条文规定比较原则，语言凝练，符合其“基本法”地位，保证了法律的稳定性。

从法律内容而言，《筑波建设法》明确规定了筑波科学城的城市发展方向：一是科学城，二是田园城市，完全符合未来科技进步与环境友好相结合的发展趋势。

从法律施行而言，《筑波建设法》作为基本法，需与其他法律法规配合适用，由此形成了一个完善的法律体系，为筑波科学城的建设提供了有力的制度保障。

二、国家规划先行，明确发展方向

筑波科学城从建设伊始就明确了城镇化的长期发展目标，虽然历经不同时期，每个阶段具体建设的定位侧重点有所不同，但目的都是为了更好地实现总体规划目标。同时，围绕筑波建设，形成了国家相关行政机关、地方公共团体及城市建设事业主体分工协作的综合推进体制，有效推动城市建设。

1971 年制定的《筑波科学城建设规划大纲》提出，要从国家政策角度建设综合性且有组织的研究学园地区，形成高水准的教育科研高地，回应时代要求，支持首都圈全境的均衡发展。

1980 年制定的《研究学园地区建设规划》和 1981 年制定的《周边开发地区调整规划》提出，要充实实验研究教育机能和综合性城市功能，确保良好环境，成长为日本实验研究和教育的中心。

1998 年对上述两个规划进行了修订，提出要打造诞生开创性尖端研究成果的世界级科技中枢城市、区域都市圈核心城市以及绿色生活模范（eco—life model）城市。

2006 年制订的第三期科学技术总体规划提出，筑波科学城充分利用多数公立科研机构集聚的优势，着力推动研发活动的联合和融合，努力建设成为对国内外敞开大门的国际研究开发高地。

筑波每个阶段的发展定位都切实得到了贯彻落实。茨城县和筑波市自身制定的地方规划和政策措施，也都紧紧把握国家提出的大方向，一步步有计划地扎实推进城镇化进程，从而规避了无序开发的发展风险，最终建设成为一个以高等教育和基础科学研究享誉世界、环境优美的科学城。

三、发挥大学作用，活用尖端科技

1973 年 9 月，日本内阁会议通过《筑波大学》法案，同年 10 月筑波大学宣告成立。筑波大学作为日本新型大学的先驱，位于筑波科学城的中央位置，与同处于筑波科学城的其他科研机构建立了多方面的有机联系，是推动城市发展最活跃的因素。

从筑波大学整体设计来看，体现出其开放性的特征。大学内部的教育科研设施、体育运动设施设备、图书馆、医院及校园环境，都充分考虑到同各个科研机构以及普通市民之间的密切联系和利用方便，给人以便于合作的亲近感。

兼具“天时”和“地利”的筑波大学从成立之初就与周边科研机构建立了协作体制。例如有些科研机构的研究人员参与了筑波大学的特定课题研究组织，筑波大学的教授和研究生也反过来积极参与科研机构的特定课题研究。这种开放机制使得大学和科研机构相互促进发展。1975 年 6 月，为了推动筑波科学城各研究机构开展更为高效的研究活动，成立“筑波研究联络会”，负责提供科技情报，共同开展协作研究，带动了学术交流、科研协作的繁荣。

筑波大学充分发挥国家顶尖科技资源集中的优势，短短数年间一跃成为世界著名学府，历任校长和教授曾经几度摘得最高科学荣誉——诺贝尔奖。筑波大学也积极利用先进的科研成果参与推动筑波城镇化，以科技回馈社会，无论在当地联合社会组织中，还是在科技驱动型城镇化的进程中都处于核心位置。为了实现筑波生态城市设想，筑波大学积极倡导推动“教育—文化—健康模范计划”和“环境保护模范计划”等，与当地居民携手并进，进一步推进区域联合。

四、集聚科技资源，打造中枢城市

筑波科学城集中了大约三分之一的国家科研机构，通过发挥运用日本国内最大规模的科学技术集聚效应，形成了引领世界的前沿科技研究及创新热点。此外，筑波还通过从国内外积极吸引青年研究人员和留学生，形成了培养和提供未来科技及产业人才的高地。筑波科学城积极推动未来尖端科技成果的产业化，例如围绕纳米和机器人技术，培育高新科技产业集群。

目前，筑波科学城正在着力打造筑波纳米技术中心（Tsukuba Innovation Arena［TIA］nano）。日本第三期科学技术总体规划赋予纳米技术以重要地位，为重点推进的四大领域之一。同时，筑波科学城正在通过推动“生活支援机器人实际应用项目”和设立机器人安全认证实验机构、筑波机器人解决方案中心（暂称）[①] 等，打造“机器人之城——筑波”。

五、强化交通体系，促进双轴发展

筑波快线的全线开通正在改变筑波科学城的骨架结构，城市建设也开始变为以研究学园地区和筑波快车沿线地区 2 个城市轴为中心展开。

筑波快线运营之前，筑波科学城一直是以纵贯南北的研究学园地区城市轴为中心进行城市建设。筑波快线沿线地区城市轴的出现带来城市结构的变化，从而引发筑波科学城对于土地使用的重新评估。筑波科学城在考虑自然和城市均衡的同时，注重发挥民间活力推动新型城镇化进程。

进一步明确了筑波站和研究学园站周边地带城市功能，尤其是在筑波站周边地带，因为需要作为未来筑波科学城的核心地带继续发展，在原先停止使用的国家公务员宿舍等区域正在尝试引进风险型企业的民营研发机构和研究人员生活配套设施等。在周边开发地区的铁路沿线地带，正致力于配备城镇化区域的教育及福利设施等，为新开发的住宅区提供配套服务功能，从而促进定居，激活街区，同时着力防止城镇化区域的无序蔓延，引导土地合理使用。

此外，为了提高城镇化区域居民生活的便利性，在推动筑波快线东京站进一步向前延伸的同时，致力于完善区域内及其周边地区的交通体系。

---

① 筑波机器人解决方案中心（暂称）：具体功能有回应来自社会和产业界的要求，提供机器人技术，解决各种问题。

尤其是区域内的交通，正在从建设生态城市的角度出发，着力构筑尽可能不依赖私车的新型交通体系。在考虑交通便利性和收益性的同时，对筑波巴士（TSUKU－BUS）和线路巴士进行重新评估，构筑公交网络，连接土浦市、牛久市等周边城市以及茨城机场，提倡使用环保交通工具，比如构筑自行车网络推广有益于健康的自行车，普及利用电动摩托车等空气污染小的交通工具。

六、推广绿住模式，建设生态城市

筑波科学城四周环绕着风景优美的筑波山和田园空间。在研究学园地区按照规划进行建设的同时，随着筑波快线等区域交通网的不断改善，越来越便利的交通体系推动着周边开发地区的城镇化进程，也在考验着城市与自然的和谐。筑波科学城注重发挥科研机构的集聚效应，产—学—官—民联合致力于推动各种各样的社会实验来进行城市建设。

“筑波快线沿线的城镇化”是在筑波快线沿线位于茨城县境内的 8 个地区推进的、总面积约为 1700 公顷的、计划人口约为 10 万人的城镇化计划。其中位于筑波市境内的葛城地区、上河原崎中西地区和中根金田台地区，都在推进融合最新环保理念和尖端建设科技的新型城镇化。

葛城地区以“调和森林和城市功能而产生的新型生活方式”为理念，基于水和森林网的构想，利用丰富的自然等宝贵的区域资源，从城镇化初期就与区域非营利性组织及大学合作，有效降低环境负荷，致力于推动环境共生型城镇化。具体做法有：引进水循环系统、保留大型绿地、利用原有地形和蓄水池建造公园、供应节能和采用新能源的住宅。

上河原崎中西地区为了在城镇化进程中形成与其他地区不同、富有个性化魅力的街区，正在尝试引入“筑波新村落”的土地利用方法，绿（景观绿地）、住（采用定期租地制度的大型住宅用地）和自由空间融为一体。

中根金田台地区推动的是绿住农城镇化（见图 8－6）。作为郊外住宅的模板，“绿住农一体型住宅区”是集农业用地、绿地和住宅区于一体的大型住宅区（见图 8－7）。中根金田台地区还利用境内发现的国家历史遗迹“金田官衙”建造公园，致力于推动以“历史森林空间”① 为特征的、具有独特魅力的城镇化计划。

图8-6 绿住农城镇化整体概念图

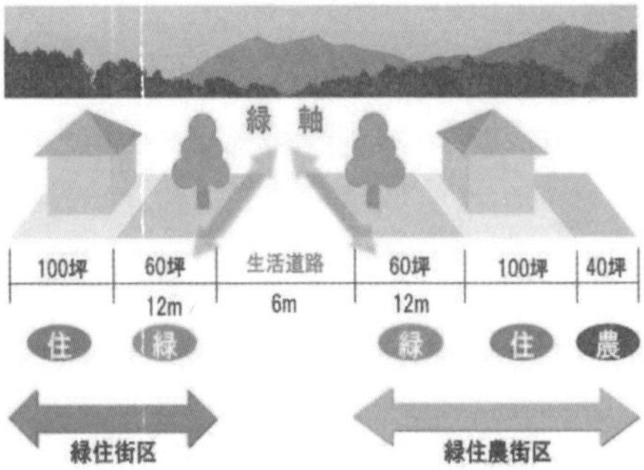

图8-7 绿住农一体型住宅区概念图

此外，筑波科学城还通过提高农产品的附加值、充实流通和销售体系等农业六次产业化②来激活周边地区；同时，通过恰当运用绿色银行制度和城镇化区域范围限定制度等，保护田园空间。

第三节 经验启示

一、实施科学规划，明确发展目标

在推动科技驱动型城镇化具体项目之前，首先实施科学规划，明确发展目标。对于科技驱动型城镇化的发展模式而言，明确一致的目标定位是

---

① “历史森林空间”：指推进日本国家指定历史遗迹“金田官衙遗址”的保护和利用，实现与历史遗迹协调、拥有丰富森林的城镇化计划。

② 农业六次产业化：农业不再停留在第一产业，也积极地涉足第二产业和第三产业的新农业经营形态。

所有工作的前提和方向。科技驱动型城镇化的目标定位主要分为两方面：一是总体目标定位，即发展目标是经济增长、生态环保还是科技创新，或是多重目标的融合。日本筑波从建设伊始就明确了总体规划目标，是要建设科学城和田园城市。二是对高新技术产业领域的长期规划，集中精力突破重点产业领域。

二、制定法律法规，提供制度保障

在推动科技驱动型城镇化具体项目之初，可建设几个示范性的国家级园区，制定相关法律法规，为明确发展目标和保障长期投入提供法律支持。这不仅有利于实现国家级科学城的集中管理，而且可以打破传统管理体制的束缚，实现体制创新。

三、形成特色据点，驱动快速发展

在推动科技驱动型城镇化的过程中，要注重吸引公立科研单位、大学、民间研究机构等各方面科技资源集聚，有效集聚科研基础设施、科技人才、科技知识产权以及科技情报等有形和无形资产，积极建立联合机制，促进跨机构跨领域的研发合作和资源共享，切实提升城镇化区域的科学技术核心竞争力，形成具有地域特色、在特定领域领先世界的创新热点，有力推动区域经济发展和城镇化进程。

四、应用前沿科技，改善交通体系

在推动科技驱动型城镇化的过程中，要大力支持尖端科研机构、前沿科技企业以及本地大学参与城市建设；积极主动地利用尖端科研成果；持续推动快速、便捷、顺畅、环保的高科技交通体系网建设；以人为本，让城镇化区域真正成为宜居社区，达到吸引人才定居的目的。

五、保护农村耕地，建设和谐郊区

在推动科技驱动型城镇化的过程中，要积极推动城镇化区域与周边原有的农耕地区和传统村落和谐发展，将提高城镇化区域的生活便利性与保护自然环境有机结合起来，避免城市杂乱无序地任意蔓延和胡乱侵占耕地，有效规避低科技含量、高污染高能耗的工业项目，要切实利用先进科技成果建设生态城市。

第九章

印度班加罗尔

以软件为主的高科技产业发展在班加罗尔（Bangaluru）的发展进程中起到了极其重要的推动作用。班加罗尔科技产业城市的形成是国家科技产业振兴意志下的产物，经历产业优势转化、政策积极利导、资源高度聚集、服务逐步完善等一系列过程，是如今印度其他地区乃至全球科技产业催生城镇升级的范例。本章主要介绍了印度班加罗尔的基本情况、主要做法和经验启示，对于科技驱动新型城镇化的发展具有积极的借鉴意义。

第一节
基本情况

一、发展历程

班加罗尔是印度南部卡纳塔克邦首府，因其信息技术产业极为发达而被誉为“印度硅谷”。早年在印度政府的积极推动下，班加罗尔凭借较好的科技产业成长基础，逐步壮大为印度目前最为成功且最具规模的科技产业基地。

1. **历史承载，科技之城初见雏形（20世纪80年代前）**

班加罗尔始建于16世纪。1537年，维查耶那加尔王朝国王坎皮·高达一世在此建立新都。最初的班加罗尔只是一个红色的土堡，由八个城门和护城河环绕，土堡内两条宽阔的马路贯穿东西南北。高达一世对街道进行了细致的规划，划分了商用区和住宅区。

1791年，英国人在第三次盎格鲁·迈索尔战争中占领班加罗尔，并建立根据地用以抵御印度迈索尔王朝。1799年英国将班加罗尔管辖权归还给迈索尔王朝，只保留自己的兵营。1831年至1881年，英国人接管班加罗尔行政管理权，因而19世纪的班加罗尔俨然是一座双子城，直至1947年印度独立。英国人殖民期间对班加罗尔进行规划，修建道路，并新建了许多现代公共设施，为如今的城市建设奠定了基础。

印度独立后，尼赫鲁政府经反复考量，选定班加罗尔为印度高科技发展基地。20世纪50年代开始，印度理工学院、班加罗尔大学、印度科学研究所、印度科学院、印度太空研究组织、国防研究实验室等高等院校和科研机构，以及印度电信工业公司、航太有限公司等高新技术企业集聚班加罗尔，班加罗尔"科技城"的雏形逐步显现。

2. **改革推进，软件科技园异军突起（20世纪80年代至90年代初）**

20世纪80年代，印度政府推进国家高新技术产业，实施以软件产业为重心的信息技术发展相关战略，大力支持软件产业发展。同时颁布了《计算机软件出口发展和培训政策》等一系列相关政策，包括降低或减免各类计算机进出口关税及货物税，简化各类手续，提供融资及外汇服务等，积极吸引外资。而外资企业的引入也帮助印度政府进行进一步的改革，班加罗尔地区的基础设施建设也因而得到提升和完善。20世纪80年代印度筹建班加罗尔电子城，并于90年代末初见成效。1985年，德州仪器成为最早进入班加罗尔的外国企业。

1991年，印度信息技术部出台"软件技术园区计划"(Software Technical Park of India，STPI)，用以鼓励和推动印度软件出口。1992年，班加罗尔软件科技园成立，位于班加罗尔电子城内，核心开发区域1.5平方千米①。虽然，班加罗尔软件科技园面积不大，但是每周都有数家外资企业申请入驻。在印度政府和卡纳塔克邦政府的强力支持下，班加罗尔软件科技园迅速成为印度软件科技园中发展最快、规模最大的园区。

图9－1 班加罗尔科技园区内景

3. 资源聚集，产城融合日新月异（20世纪90年代初至今）

在政策和服务的双重推进下，班加罗尔软件产业发展迅速。在1992年至2005年间，班加罗尔软件出口增长了100多倍，带动了印度全年约四分之一的软件出口增幅②。因信息技术产业的发展，班加罗尔城市现代化需求迅速带动地区消费增长。据麦肯锡预测，班加罗尔2030年的人均GDP将达到1.26万美元，并将成为全印度消费能力最强的城市③。

在班加罗尔软件园区建成之后，印度政府不断投入基础设施建设，提升政府公共服务水平，构建公共服务平台，着力改善入驻企业办公设施及环境。1998年，印度成立“国家信息技术与软件发展委员会”，并发布

① 印度软件技术园区网站（http：//www. stpi. in/index1. php langid＝1&level＝0&linkid＝126&lid＝172)

② 唐燚．高新技术开发区功能评价与优化研究［D］．武汉：武汉理工大学，2008.

③ 印度经贸资讯网（http：//www. taitraesource. com/india/news2. asp ID＝1816)

《2008年信息技术发展计划》，提出“软件超级大国”的宏伟目标。1999年，印度设立信息科技部，设立IT专管部门。2000年10月17日，印度IT法案生效。这些都为班加罗尔软件产业发展、高新技术汇集、人才引进形成有力支持，带动园区及整个城市的向上发展。

班加罗尔如今是世界重要的信息科技中心，汇集全球各大高新技术企业、科研机构、高校，拥有大量外资派驻人员。班加罗尔的IT企业已从1991年的13家增加到2011年的5000多家①，园区海外企业超过1000家，聚集了全球顶级信息产业巨头②。班加罗尔的人口也从最初的20万左右增加到2011年的960多万③。

二、发展现状

1. 资源汇集的国际社区

班加罗尔作为软件名城，助力其腾飞的自然少不了丰富的学术及人力资源。

班加罗尔是印度优秀理工科人才最为集中的地区。为强化班加罗尔作为印度软件产业基地的重要作用，政府将优秀大学、科研院所和一些国营企业设置于此。班加罗尔因而聚集了印度理工学院、印度管理学院、印度信息技术学院、班加罗尔大学、印度科学研究院等十几所大学，近百个技术院校和各类国家及联邦研究机构。班加罗尔及其邻近城市的理工科院校超过400所，占到印度理工科人员的近2/3④。这些都为班加罗尔软件城的发展提供了源源不断的基础资源。

---

① 印度时报（http：//articles. timesofindia. indiatimes. com/2011－03－22/edit－page/29174251_1_manufacturing－sector－foreign－currency－tax－incentives）

② 唐燚．高新技术开发区功能评价与优化研究［D］．武汉：武汉理工大学，2008.

③ 印度2011年人口普查（http：//www. census2011. co. in/census/district/242－bangalore. html）

④ 王德禄等．硅谷中关村人脉网络［M］．北京：清华大学出版社，2012.

班加罗尔汇集大批技术移民人员。在班加罗尔软件科技园1.5平方千米核心区域内，有数十万的软件从业人员，其中约有10%为归国人员。部分大型企业的软件从业人员以万计数。据有关统计，硅谷的印度技术移民人数占总就业人数的约四分之一，是硅谷最大的移民群体。这些印度移民中有很大部分来自班加罗尔的著名院校。在硅谷的印度人中涌现不少成功的创业者，印裔硅谷人的成功创业事迹以及印度政府审时度势的人才引流政策，加上印度本国经济的向好前景，激励了一批印度软件人才回国建设，也成为目前班加罗尔软件产业的主力军。

班加罗尔汇集全球各大企业，各国人才集聚，犹如国际村。班加罗尔具有非常强的国际融合性，不仅仅是因为较高的英语普及率，还因为班加罗尔本身软件人才的国际化。有统计显示，班加罗尔软件园区75家跨国企业中，有71家的领导成员为拥有海外工作经验的印度人。像雅虎、通用电气之类的大型企业之所以在班加罗尔开展业务，很大程度上是因为他们拥有很多在其美国公司工作过的印度人。国际化的印度归国人才成为这些跨国企业入驻班加罗尔的定心石，而多元文化融合的社会网络构建，更是有力推动了班加罗尔国际社区文化的形成和发展①。

2. 服务完备的产业集群

班加罗尔的软件出口占据印度的半壁江山，是印度软件产业的中枢神经。政府宏观政策规划、法律法规及人才培育计划，以及相关金融服务和各类相关协会，是使班加罗尔成为世界重要软件基地的关键因素。

班加罗尔聚集了证券交易所、银行、财务公司、信贷公司等各类金融服务机构，在满足投融资需求的同时帮助地区资金流通。另外，班加罗尔还设立软件产业风险投资相关基金，并提供信贷支援，推动软件企业集资上市。

软件中介服务方面，印度拥有两大重要的组织——“全国软件和服务

---

① Rakesh Basant. Bangalore Cluster: Evolution, Growth and Challenges [R]. Ahmedabad India: India institute of management, 2006.

公司协会”（NASSCOM）及“电子与计算机软件出口促进会”（ESC）。前者是印度软件的海外推介机构，在政府各类政策及规划制定中起着举足轻重的作用。后者则是政府与企业的媒介组织，为政府和企业就软件市场信息沟通搭建桥梁，是企业海外市场拓展的推手。另外，印度工业联合会（CII）对企业效率和竞争力的促进作用也是印度 IT 产业发展的一剂助推剂。

完善的服务体系加速了班加罗尔软件产业的集聚，也同时带动了班加罗尔工业、生物医药等其他产业的发展，并实现了共存相生的和谐景象。

3. **设施先进的智慧新城**

相较印度的其他城市，班加罗尔在基础设施、生活环境、政策服务等各方面都是首屈一指的。

班加罗尔拥有三大信息技术产业集群，分别是印度班加罗尔软件科技园（Software Technology Parks of India，Bangalore，STPI）、班加罗尔国际科技园（International Technology Park Bangalore，ITPB）和电子城（Electronics City）。成立于 1992 年的班加罗尔软件科技园，主要为入驻企业提供数据通信、企业孵化等服务，并提供企业与政府的交流平台，其服务功能强，且辐射范围广。软件园区设施先进，各类公共设施一应俱全。园区内拥有“softnet”可高速数据传播的微波通信服务系统，为园区企业与其在海外的机构、客户提供高效综合数据通信服务。园区内另建有豪华酒店、现代化影院、餐饮设施和购物中心，甚至高尔夫球场。走入园区，仿佛走入高档生活社区。

班加罗尔是全球“电信港”建设较为成功的城市，其设施水平已达到或超出了世界标准和要求。电信港建设为班加罗尔外向型软件产业提供了有力支持。2002 年，班加罗尔入选由世界通信港协会评选出的“世界智能城市”，获奖原因是其无论是宽带应用覆盖率、知识生产力结构、从事宽带及应用技术人员的比例，还是城市改革开放力度，以及数字技术应用普及率都走在前列。信息化、智能化对班加罗尔的经济发展带来了积极而深刻的影响。

伴随班加罗尔科技产业的迅速发展，班加罗尔的人口激增，现人口已将近 1000 万人，交通压力不堪重负。越是高新技术企业集中的地区，交通越是拥堵不堪。当地政府为缓解交通压力，制定了较为详细的基础设施发展纲要。2003 年，班加罗尔地铁（Namma Metro）建设纳入国政规划，印度中央政府和卡纳塔卡邦共同投资 498.9 亿卢比，用以改善班加罗尔的交通问题①。首段 6.7 千米，于 2011 年 10 月正式开通运营。班加罗尔因而成为印度继加尔各答和德里之后第三个拥有地铁的城市。预计 2014 年竣工时将达 42.3 千米，包括 42 个站点，日均乘客将达 100 万人次②。

第二节
主要做法

一、政策保障，创建科技产业名都城

班加罗尔“科技之城”的崛起不是一个毫无筹谋的惊喜，而是政府的一大力作。1984 年，印度甘地政府开始重点扶持印度软件业，1986 年《计算机软件出口、发展和培训政策》出台，1991 年班加罗尔成立印度第一个软件科技园，1999 年《IT 行动计划》提出世界 IT 大国目标。从最初的产业发展定位，到科技园区规划，从各类配套政策和制度的支撑，到基础设施建设的投入，印度政府的积极作为很大程度上成就了今天的班加罗尔。

---

① 中国驻印度大使馆经济商务参赞处新闻（http：//in. mofcom. gov. cn/aarticle/jmxw/200306/20030600096577. html）

② 班加罗尔地铁有限公司网站（http：//bmrc. co. in/index. html）

1. 园区规划先行

1989年，印度制订了“软件科技园区”（Software Technology Parks of India，STPI）计划。根据相关法令，班加罗尔软件科技园区注册成立第一个独立自治机构。印度政府同时设立专门部门负责“软件科技园区”的推进工作，并指派专员负责相关事务，统一政府办事及职能管理。政府负责园区的集中投资和建设，并构建技术创新体系、服务体系、市场体系和产业政策体系。印度目前拥有包括班加罗尔在内的52个具有国际水准的软件科技园，班加罗尔无疑是其中最早亦是最为成功和典型的代表①。

2. 基础建设投入

在园区建设初期，为给入驻企业提供良好的办公设施及环境，印度政府加大了基础设施建设投入。班加罗尔所在卡纳塔克邦不仅自筹资金兴建电力设备、供水系统和通信设备，并倡导办公、财务业务电子化②。为提高企业信息交流效率，促进软件出口，印度政府推出“电信港”（Teleport）计划。所谓“电信港”就是由高宽带通信设施、跨国通信网络、数字交换与传输设施、卫星地面站组成的高效网络系统。为此，印度政府不但打破了多年的国营电信企业垄断体制，还取消了电信设备生产特许，一方面对外开放电信产业，吸引外资；另一方面逐步实行电信部门私有化。“电信港”计划的推出恰逢时机，实施效果十分明显，大大推动了班加罗尔软件产业的发展。

3. 扶持政策多元

20世纪90年代，印度政府对吸引海外投资等相关国家政策进行改革，在财税、外资、进出口等方面提供了相应的优惠政策，引资入印（见表9－1）。这些举措获得了巨大的成功，包括IBM、索尼、英特尔等在内的

---

① 印度软件技术园区2011—2012年年报

② 王伟，章胜晖．印度班加罗尔软件科技园投融资环境及模式研究［J］．亚太经济，2011（1）．

世界著名企业纷纷进驻班加罗尔。2001年至2012年，班加罗尔IT企业数已翻了近5倍，登记在卡纳塔卡邦的外国软件开发公司绝大部分都选择入驻班加罗尔①。

表9－1 印度政府主要的软件扶持政策

税收政策	关税	软件出口实行零关税； 允许出口商选择纳税方式，免除双重赋税； 出台“促进出口资本货物计划”（EPCG），允许出口商以零关税进口资本货物； 放宽计算机进口限制，大幅降低关税
	所得税	软件产品全出口企业，以及以各种形式出口的软件收入免征5年所得税
	货物税及劳务税	软件园区企业从国内保税区采购货物时，免征货物税；软件服务企业免征劳务税
外资政策		允许外资控股75%～100%； 允许进口计算机技术企业资产限额降至100万卢比
进出口政策		取消计算机进口许可证； 对部分企业提供离岸产品开发、网上咨询服务等特殊进口许可证； 延长企业资格审查年限，从1年改为4年
产业扶持政策		公民个人购买计算机及软件免个人所得税； 政府机构强制购置国产IT产品

[资料来源：王伟，章胜晖．印度班加罗尔软件科技园投融资环境及模式研究．亚太经济，2011（1）．
胡宇辰．产业集群的支持体系研究．南昌：江西财经大学，2004.]

4. 法律权益保障

2000年10月，印度政府颁布《信息技术法》，对非法入侵计算机网络

① 王俊周．印度班加罗尔信息技术产业迅速发展的奥秘探源［J］．新西部，2012（6）．

或数据库、传播计算机病毒等违法行为以及电子合同、文书等进行了规定，保护电子商务行业的合法权益，是世界为数不多的拥有该类法案的国家之一。此外，印度政府还加强知识产权保护。1994 年印度对已有的《版权法》进行修订，使之成为世界最严格的和最接近国际惯例的版权法之一，大大降低了软件的盗版率。

5. **投资融资扶持**

为帮助软件产业发展筹集资金，政府在承担大部分科研经费、鼓励科研机构与企业联合研发的同时，还在主要的政策性金融机构设立软件产业风险投资基金；同时鼓励部分有条件企业上市，吸引国际风险投资资金，为技术转化等提供金融扶持。1986 年，印度颁布《科研开发税条例》，对所有科技引进项目征收研发税，其中 40%用于风险基金补贴，投资收益全部免税。1988 年，班加罗尔成立了印度第一家风险投资公司——印度技术发展与信息有限公司。如今印度最大的几家风险投资公司总部都位于班加罗尔。1992 年，印度证监会对风险投资进行统一管理，印度风险投资事业随即迅速发展①。

二、发挥优势，成就创新型城市典范

班加罗尔的成功是多元优势的体现，从而形成环境、人才、政策互利牵引的有机网络。这里有政府的意志和政策驱动，也有天然的环境和机遇，而成就今天班加罗尔的则是审时度势的果断定位和对优势的有力把握。

1. **自然环境与科研条件皆宜**

以科技产业著称的班加罗尔，除了拥有“印度硅谷”之美名，还因为宜人的气候，被称为“花园城市”。凭借得天独厚的自然条件，班加罗尔在 20 世纪 50 年代，被作为印度航空与国防工业的重要基地，也因此聚集

① 王伟，章胜晖．印度班加罗尔软件科技园投融资环境及模式研究［J］．亚太经济，2011（1）．

了众多相关科研院所和飞机制造企业，与之后为推动地区信息技术产业发展设立或迁入的大学、科研机构、国营企业等一起成为班加罗尔发展的重要科研基础，推动班加罗尔由重工业城市发展为今天的科技产业城。此外，班加罗尔与硅谷之间12小时的时差，实现了两地软件编程的无缝对接，使以网络为基础的国际合作成为现实，大大推动了印度班加罗尔和美国硅谷之间的“订单合作”。

2. 人才培育与引流政策并举

人才是班加罗尔重要的资源和优势所在。当地多层次的人才培育体系、软件教育民营化、人才引流政策，在数量和质量上优化了班加罗尔的人才结构。

班加罗尔是信息技术人才的重要培育基地。除继续加强高等院校软件相关人才培育以外，在中学、大专院校也开设各类相关课程。印度还培养不少IT蓝领，这些蓝领人才并非来自高校的正统教育，而是通过定向职业培训培养出的技能型人才。这一方面缩短人力培养的时间跨度，降低了人才储备的成本；另一方面也为大企业定向培养实践性人才，提高了技术竞争力。

印度每年培养约数十万软件人才，大部分来自民办或企业自主承办的各类软件培训学校。企业人才培育的贡献不可小视。著名的印孚瑟斯信息技术公司（Infosys）就拥有自己的培训中心，普通员工一年接受培训的天数约为15天[①]。

注重人脉的建立也是班加罗尔人才战略的重要一步。印度看中人才储备，“放线”鼓励学生留学和海外求职。如今，印度软件人才遍布全球。印度政府也确实精于如何“收线”。2003年，印度宣布“双重国籍”对等承认政策，放宽印度国籍申请制度，默认双重国籍[②]，消除归国人员顾虑。

---

① 印孚瑟斯公司《sustainable report 2012—1013》(http://www.infosys.com/pages/index.aspx)

② 贾海涛，盖蕾．承认双重国籍：印度国籍立法的重大变化［J］，河北法学，2005（9）．

这一政策的出台大大促进了印度海外人才的“回流”，回国的人员中大部分成为印度软件产业的中坚力量。

专栏 9—1：印度的“双重国籍”政策

印度“双重国籍”政策是印度政府利用外籍印度人投资、管理、经商等先进技能、吸纳全球资本、增加国民收入和国内产值的重要手段。1999年，印度政府推出了“海外印裔卡”计划，该计划是印度首个“双重国籍”政策，但由于手续的烦琐性和收费等所带有的歧视性，“海外印裔卡”并未获得外籍印度人的大力响应。

2001 年后，印度政府简化“海外印裔卡”手续，降低收费额度。2003年 1 月，印度政府正式宣布实行双重国籍政策，并随后启动了立法程序。印度双重国籍针对 1947 年之后离开印度的四代以内的印度人后人，并规定双重国籍拥有者除不具有投票、参选、参军及担任某些法定职务以外，不但可以获得印度护照，还可以在无签证的条件下自由进出，并可以在印度从商，购买地产。起初开放印度国籍的国家只有 7 个，后又增加到 18 个，但都限于部分较为富裕的国家。

2005 年，印度又推出了“印度海外公民”方案，向除巴基斯坦和孟加拉国以外的所有海外移民国开放。资格获得者并不能获得普通的印度护照，而是得到一本与印度护照相似的 U 型签证附于其外国护照上，同时也不具有选举权等政治权利。

“双重国籍”开放后，确实招来一些不一样的反响，但确确实实是印度改革开放的重要转折，为外籍印度人回国投资、工作提供了极大的方便，成为印度经济发展的助推力量。

如今的班加罗尔正在成为世界著名的创新城市。谷歌、IBM、英特尔、微软等跨国大型企业纷纷在班加罗尔设立研发中心，成为班加罗尔研发创新的强劲动力。印度高校培育出的工程师、回流人员等成为这些研发中心庞大而丰富的智力群体。

另外，印度软件人才大量海外回流的同时，涌现了大量的创业者，这也为印度对外贸易或投资搭建了桥梁。早在1985年，当时的甘地政府便邀请惠普公司到印度投资，随即惠普便在班加罗尔设立印度惠普公司。此后，IBM、甲骨文等公司先后在班加罗尔等地设立分公司，也逐渐激发了一批留学生回到班加罗尔进行跨区域创业的热情。班加罗尔的创业者们一方面将从海外习得的企业管理经验用到自己企业的运营上；另一方面不断改进基础设施，提高员工福利，实施高效的企业运营方式。与硅谷等地的科技公司合作的商业模式，以及自身不断的完善和努力，使班加罗尔的软件外包创业企业和软件外包产业迅速扩大，对“千年虫”危机的成功应对更为班加罗尔的软件业带来了前所未有的盛景①。

3. 信息技术与其他产业互利

与国际对接的商务合作和资本加速了班加罗尔地区信息技术产业繁荣。班加罗尔无论在基础设施还是现代产业结构上都得到提升，并逐步形成多元产业集群。近年来生物医药技术也成为班加罗尔一大产业集群。2009年，印度政府宣布在班加罗尔建设生物—IT核心设施。作为信息技术产业的上游产业，多元产业集群的形成推动了产业间的技术融合，紧密了产业互相间的牵引力。此外，信息技术的发展也带动了班加罗尔制造业、生产服务业以及商业、教育、医疗、娱乐等生活服务业的发展。班加罗尔以其丰富的科技产业资源和优质的技术孵化平台，配合良好的政策制度支持和竞争合作环境，成为世界重要的创新型城市。

三、政企合力，共建宜业宜居现代城

印度政府的执行力以及地区企业在社会维护和发展过程中的行动力与

---

① 王德禄等．硅谷中关村人脉网络［M］．北京：清华大学出版社，2012．83～85．

参与度，是班加罗尔信息技术产业和城市发展中最为重要的两股力量。

1. **公共服务展新貌**

印度政府不仅在政策和制度上给予班加罗尔极大的支持和优惠，在日后班加罗尔科技产业发展和城市规划、管理及建设过程中也积极行使责任，同时不断提高行政效率和服务质量。为了提供更加高效的便民及企业服务，班加罗尔所在卡纳塔克邦政府凭借地区发达的信息通信技术，实施名为“Bangalore One”（简称B1，Logo见图9－2）的一站式无休服务式（one stop none stop service）电子政府项目。政府希望通过B1项目，提供包括商务信息、教育、公共费用支付、邮政、护照申领、票务、职介等多元信息和服务，实现与普通民众和企业间的互动，覆盖政府对企业（G2B）、政府对市民（G2C）、企业对消费者（B2C）的全方位服务范围。市民可通过访问电子化综合市民服务中心或通过手机、网络等获得相应的服务。班加罗尔全市现共建有87个市民综合服务中心，服务项目超过30种。B1项目目前还在不断升级和更新，预计将实现百种服务。此外，印度政府正加快城市基础设施建设，完善城市交通系统，各类城市建设也都一一提上议事日程[1]。

图9－2 班加罗尔B1电子政府项目 Logo

2. **企业环保齐作为**

科技企业在班加罗尔城市发展上的突出作用，除了产业集群带来的地区经济拉动以外，在城市生态环境维护方面的高度社会责任感和积极的行

---

① 班加罗尔B1电子政务网站. https://www.bangaloreone.gov.in/public/default.aspx.

动力也不容忽视。

印孚瑟斯信息技术公司（Infosys）是印度著名的信息技术企业，总部位于班加罗尔。该公司在维护地区环境方面作出了不少努力。在班加罗尔的园区内，为提高园区能源效率，印孚瑟斯公司将隔热技术、辐射冷却技术、能量收集无线技术等应用于园区建筑物，并使用日光及远见面板、轻型货架等环保材料，将灯源更换为LED灯，同时通过仿真和控制进行照明设计。此外，还对空调系统、水处理系统等进行优化，并对空调、灯、UPS等系统进行电能计量，对设备进行实时监控，更新旧的高能耗UPS，从而提高运营效率，减少能耗。另外，公司还注意控制园区的温室气体排放、进行台式机电源管理、进行虚拟化和整合管理、减少纸质文件等。印孚瑟斯公司自2008年起在包括班加罗尔在内的所有办公园区内种植树木，计划至2013年财年种植约28.8万棵。印孚瑟斯在班加罗尔的园区还拥有有机废弃物转化器，并设有“变废为能源”工厂专门处理不可回收废弃物，还有紧凑型荧光灯粉碎器用于回收荧光灯中的汞，并进行循环利用①。

威普罗（Wipro）是另一家总部位于班加罗尔的印度IT解决方案和服务供应商。作为纳斯达克全球可持续发展指数成员，威普罗是全球可持续发展事业的领导者，致力于园区高效水循环使用，1/3用水需求依靠循环处理水，做到未处理水零排放，并计划至2015年每年提升淡水利用效率5%。威普罗公司包括电子废弃物在内的垃圾回收利用率达到83%②。

除此之外，微软、甲骨文、通用等园区内的各大企业在环保方面也都积极作为。作为世界IT中心，国际企业的聚集带来了一系列文化的冲击，潜移默化地影响着班加罗尔的城市“眉眼”，为城市环境改善和城市建设带来了习仿的对象和革新的契机。

---

① 印孚瑟斯公司《sustainable report 2012—1013》(http://www.infosys.com/pages/index.aspx)

② 威普罗公司《sustainable report 2010－11》（http://www.wipro.com/）

3. 国际文化营氛围

除了公共服务等城市智能化的实现，以及积极改善和维护下的宜居生活和科研环境，国际都市文化的呈现也是班加罗尔在城市现代化进程中因科技而改变的城市面貌之一。

在信息技术产业发展的带动下，班加罗尔相比印度的其他城市，其整体现代化程度较高。随着世界高新技术企业和国际人才的大量迁入，以及国际商务模式和环境的辐射作用，班加罗尔明显呈现被国际化“改动”的痕迹。

班加罗尔虽然交通依旧拥挤，但已然找不到贫民街道、尘土飞扬、破烂不堪的落后景象。作为“印度硅谷”，信息技术产业集群所带来的效益不是经济数据所能简单呈现的。较之印度的其他城市，班加罗尔的城市秩序相对井然，走在班加罗尔几条著名的大街上随处可见各色高级消费场所和电子商品卖场，加之先天的宜人气候，其所呈现的是一个经济活跃、生活怡然的现代化城市景象。班加罗尔各科技园区的景致亦是如此，影院、高尔夫球场、咖啡吧、商店、高级餐厅及现代化办公与公共设施一应俱全。班加罗尔信息技术的发展，带来了人、资本和文化等各种新的资源，提升了城市消费能力，带动了城市的经济活力。

在政府、企业的合作推动下，以及班加罗尔自身城市文化环境国际化脚步的加快，班加罗尔已经成为一座宜业宜居的现代化新城。

第三节
经验启示

一、加强政府作用，强化政策制度保障

无论城镇化或是科技产业发展是“自由发展”，还是“政府主导”，政

府的指导和支持一直是城市和地区产业发展的坚实后盾。换言之，城市发展和产业定位虽然不可否认其中有因地区或市场优势而偶然天成的产业机遇，但在前进和升级的过程中，政府积极而持续的支持与引导，也成为城市和产业成长与繁荣的基础或跳板。

印度政府在班加罗尔信息技术产业和城镇化发展过程中一直积极作为，从开始的产业定位，到日后各类引资政策、产业规划、教育及人才储备、基础设施建设、城市管理升级等多方面都发挥了重要作用。

印度政府在班加罗尔产业升级和城镇化发展推动过程中，在决策定位、政策支持、服务内容、设施环境建设上都有值得借鉴的地方。决策时充分把握城市的技术产业优势和市场需求及竞争环境，为城市发展作出科学定位。在改善园区及城市基础设施环境的同时，积极提高政府服务电子化智能化程度，构建公开透明的高效政府服务体系。政府还积极完善《信息技术法》《版权法》等法律保障，成立各类协会及中介服务机构，配套银行、投资等金融服务，提供全方面支持。在发展过程中，印度政府曾面临基础设施简陋和官僚腐败两大痼疾。为此，印度政府破釜沉舟，在大力兴建软件技术园区，改善园区办公、入园交通、公共服务设施等基础设施环境的同时，破除多年管理及服务模式，改革行政和政策制度体制，积极制定配套优惠政策和人才政策。在吸引外资的同时扶持地区创业型企业，充分利用人才流动和人才间的人际网络优化班加罗尔软件人才结构，并加大教育培训力度，构建多层次软件人才培育体系。

二、培育优势产业，提升科技驱动能级

信息技术产业优势已成为班加罗尔的重要竞争力，并在世界软件离岸外包和相关商业服务中占有重要地位。班加罗尔在发展过程中，一是明确地区的科技产业优势，重点培育具有竞争力的优势科技产业，赢得主动。二是为园区企业创造长期成长的环境。班加罗尔是印度创业者的乐土，有近35%的印度人认为班加罗尔是创业的首选地。每年3月7日至10日班加罗尔会举办创业节。班加罗尔为中小型创业型科技企业发展创造了良好

的条件。三是班加罗尔不仅有IBM、惠普、甲骨文、通用电气等全球著名的信息技术及服务供应商，也有不少自己本土的企业。它们在班加罗尔信息技术产业形成和繁荣的过程中竞争、合作。因而在政策上应加大引资及集聚力度，完善城市及科技园区企业结构。通过科技产业集群强化地区优势科技产业的竞争力，形成集聚、协同、共生的和谐氛围。四是为地区科技企业创造研发环境，提供协同研发合作联络，建立城市或园区内产—学—研合作中介及各类技术转化咨询、融资等公共服务平台。五是提高科技成果转化，将其应用于城市和园区公共服务建设。六是注重科技产业与其他产业间的融合，开发技术融合，并形成产业间的互利、牵引。

三、完善公共服务，鼓励企业参与共建

在科技驱动城镇化发展过程中，政府和企业的力量同样重要。政府完善公共服务，企业履行社会责任，缺一不可。在实践中，一是构建高效公共服务。在园区或城市内构建公共服务平台，为市民、园区企业、外来人才等提供均等的教育、医疗、文娱等社会保障及公共服务，创造园内园外、本地外来一视同仁的社会环境，并在服务内容、服务效率、服务范围上改进。二是鼓励企业在城市可持续发展上有所作为。政府应鼓励企业积极投入到园区或城市的生态环境建设和维护中，鼓励企业制订相应的维护或合作方案，并定期对实施效果进行评估。同时，对于部分义务履行及表现突出的企业给予一定的政策优惠，形成激励。三是科技产业发展和城市融合共生。通过各类宣传和活动，鼓励城市居民参与城市建设和维护，了解科技驱动下城市所发生的改变，提高居民对生活方式科技化、生活环境国际化的理解度和接受度，提高市民的整体素质。

第十章

苏州东部新城——苏州工业园区

苏州工业园区（以下简称“园区”）是中国和新加坡两国政府间重要的合作项目。20年来，园区已经发展成为一个初具国际竞争力的高科技工业园区，成为科技驱动型新型城镇化地区的成功案例，成为我国“改革开放的试验田、国际合作示范区”。本章主要介绍苏州工业园区的基本情况、主要做法和经验启示，对科技驱动新型城镇化的发展具有积极的借鉴意义。

第一节 基本情况

苏州工业园区位于江苏省东南部，苏州市东部，东接昆山市，南连吴中区，西靠姑苏区，北隔阳澄湖与常熟相望（见图10—1）。行政区划288平方千米，包括中新合作区80平方千米，下辖四个街道，常住人口约76.2万人。2012年，园区实现地区生产总值1738亿元，比上年增长10.7%；公共财政预算收入185亿元，增长12.6%；新增实际利用外资19.6亿美元，增长1.3%；完成进出口总额795亿美元，增长3.3%；完成全社会固定资产投资

740 亿元，增长 11.1%；实现社会消费品零售总额 242 亿元，增长 17%。经过近 20 年来的发展，已初步实现现代化的总体形态。

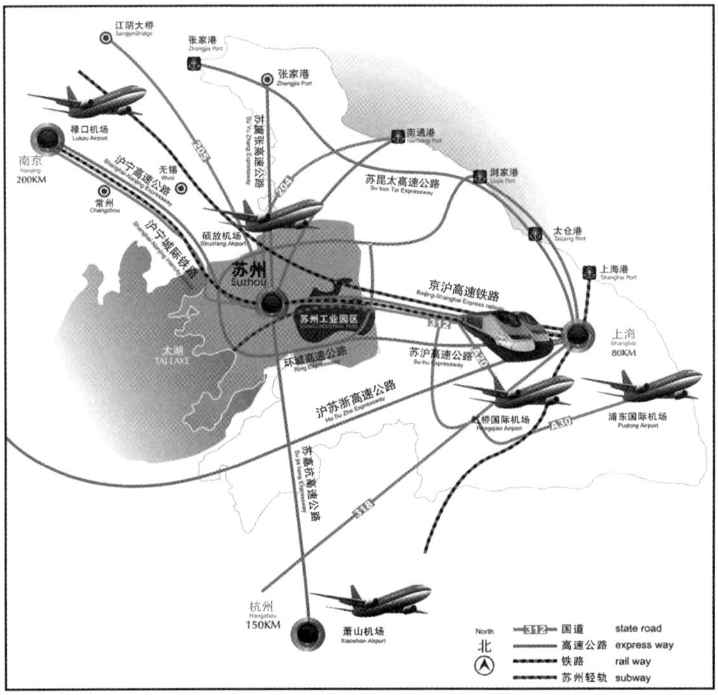

图 10－1 苏州工业园区地理位置

一、苏州工业园区发展历程

苏州工业园区的成立是我国深化改革、扩大开放的重要成果。作为中国和新加坡合作的重大项目，苏州工业园区在发展过程中，借鉴吸收新加坡在开发建设和管理服务中的有益经验，结合苏州工业园区的发展实际，在中央和地方有关部门的支持下，在基础设施开发、招商引资、转型发展和建设和谐城区等方面进行了有益的探索和尝试，并取得了较好的效果。

1. 酝酿启动阶段（1992—1994 年）

1992 年邓小平同志南方谈话在国内外引起强烈反响，中国开始加快改革开放的步伐。邓小平同志在视察南方重要谈话中亲自倡导，要借鉴新加坡的经验。当年9月李光耀资政率团访华，表达了中新合作建立借鉴新加坡经验载体的意向。此后，中新双方围绕合作开发事宜进行了多次协商和实地考察，最终确定选址苏州。

1994年2月11日，国务院下发《关于开发建设苏州工业园区有关问题的批复》（国函〔1994〕9号），同意江苏省苏州市同新加坡有关方面合作开发建设园区，规划面积70平方千米。同年2月26日，中、新两国政府在北京正式签署《关于合作开发建设苏州工业园区的协议》。苏州市人民政府和新加坡裕廊镇管理局、新加坡苏州工业园区开发财团签订了《关于借鉴运用新加坡经济和公共管理经验的协议书》和《关于合作开发苏州工业园区商务总协议书》。5月12日，园区首期开发建设正式启动。

值得注意的是，虽然中新合作双方在苏州工业园区成立之前协议区域规划面积为70平方千米，但是考虑到苏州工业园区的长远发展和避免重复建设，江苏省高层研究决定，将周边5个乡镇的200多平方千米一次性划归苏州工业园区，由工业园区集中管理、统一规划、滚动开发。正是这一具有长远眼光的战略安排，为苏州工业园区的长远发展奠定了基础。苏州工业园区近20年的发展表明，其生态、城乡、产业、交通等领域的协调发展，离不开苏州工业园区的统一规划和整体协调。

2. 奠定基础阶段（1995—2000年）

这一阶段，借鉴新加坡城市建设规划、管理经验，共同编制并经江苏省人民政府批准实施了园区发展总体规划和各类专业规划，全面展开了首期重大基础设施及水、电、气及供热等大型源厂建设，基本完成了首期约8平方千米的开发建设和工业地块招商任务。按照“精简、统一、高效”的原则，正式建立了园区行政管理主体——园区工委、管委会及相关管理体制，初步建立了专业招商队伍和招商网络。

在前期规划的指导下，苏州工业园区借鉴新加坡的招商服务经验，快速实施园区的基础设施开发建设和招商工作。1995年，在苏州工业园区成立一年之后，园区已基本完成3平方千米启动区的基础设施开发，区内9万平方米标准厂房和3万平方米商住楼即将竣工。与此同时，建设中的园区已引进来自美国、法国、德国、英国、日本、韩国、新西兰、新加坡等国家和地区的企业45家，投资总额14.2亿美元。截至1996年，已有81家企业进区，其中16家是名列世界500强的工业企业，累计实现合同外资约19亿美元，实际利用外资5.4亿美元，41家企业开工建设，21家企业已经投产；开发土地面积达5平方千米，新建道路14千米、桥梁19座；首期日供15万吨自来水厂、10万吨污水处理厂，首期日供15万立方米煤气厂和集中供热厂都在建设中；首期60万千瓦电厂正上报国家审批立项。

截至2000年，苏州工业园区的投资环境进一步完善，基本完成首期8平方千米内“九通一平”的基础设施建设，吸引了一批以跨国公司为代表的投资者。截至当年9月底，已有197家外商投资企业进入园区，其中36家为名列世界500强的企业；累计实现合同外资73.83亿美元，实际利用外资38.88亿美元。

在此阶段，苏州工业园区的工作重点是基础设施开发建设和招商引资，同时加快推进完善交通、通信、生态保护等工作。值得一提的是，苏州工业园区在开发建设之初就不是按照纯工业区的理念来开发规划，而是按照“城市”的理念来规划建设的。在推动城镇化进程方面，1998年园区第一个安居小区新城花园落成，为早期的开发建设者和经营管理人员提供居住配套服务。截至2000年，苏州工业园区已建成各类住宅、商贸和公益设施140多万平方米、公共绿地150多万平方米。学校、诊所和体育场馆等社区服务和娱乐设施也相继落成，营造了理想的工作和居住环境。正是由于开发理念的创新，苏州工业园区才能在发展过程中不断地融合城市功能与产业功能，逐步推进区域产城融合，通过产业的不断拓展、延伸和科技创新的溢出，不断推进区域城镇化进程。

3. 加速发展阶段（2001—2006**年**）

2001年，园区开发主体中新苏州工业园区的股权比例重新调整。中方财团由初期的35%调整为65%，绝对控股，并逐步加快培育和发展土地开发、房产开发、高科技投资三大主业，坚持先进制造业与现代服务业并举，不断加大招商引资和招才引智力度。园区与时俱进，适时调整阶段性开发目标与策略，从“全力向东开发挺进”到“产业升级、科技跨越、服务业倍增三大计划”实施，再到新10年发展目标及“四个示范区”目标的提出，以更高的起点、更高的标准、更大的力度不断加快开发建设步伐。苏州工业园区基本完成了中新合作区基础设施及周边各镇主要路网与配套基础设施建设任务，建成了科技文化艺术中心、国际博览中心、行政服务中心以及一批教育卫生、商业休闲、社区服务等现代化配套设施。

2002年，苏州工业园区招商引资取得显著业绩，新增合同外资45.8亿美元，新增实际到账外资6.4亿美元，累计实现合同外资达131.5亿美元，实际利用外资47.4亿美元；社会公益事业在高起点上协调发展，新建商住用房85万平方米，新增绿地300万平方米，房地产业发展势头良好，首期开发区日趋繁荣，区内居民超过3万人。

2004年，苏州工业园区成立10周年。10年来，苏州工业园区发生了举世瞩目的巨大变化，在基础设施开发、环境保护、产业招商等方面实现了跨越式发展。园区吸引了众多外商投资企业，其中世界500强企业有50家，累计吸引合同外资167亿美元，实际利用外资72亿美元；经济实现了跨越式发展，区域生产总值、财政收入、进出口总额等主要经济指标的增长速度达到45%左右；投资企业普遍经济效益良好，中新苏州工业园区开发有限公司（CSSD）已连续三年赢利。

2006年全区实现地区生产总值680亿元，比2005年增长19%；工业总产值2100亿元，增长26%；地方一般预算收入52.5亿元，增长26%；固定资产投资390亿元，增长11%；进出口总额500亿美元，其中出口251亿美元，分别增长23%和31%；新增注册外资38亿美元，实际利用外资16亿美元，在较高平台上继续稳步增长；城镇职工和农村居民收入分别超过3万元和1.18万元，比开发之初均增长5倍左右。

此阶段，苏州工业园区经过12年的发展，通过借鉴新加坡的管理和服务经验，结合地区实际情况，不断推动产业升级和科技创新，加快区域新型城镇化进程，在科技驱动新型城镇化方面走出一条特色之路。截至2006年，中新合作区就业人口已超20万人，居住人口近10万人，其中外籍人士超过8000人；累计新增绿地2000万平方米，绿地覆盖率超过45%；先后投入200亿元建设“金鸡湖、独墅湖和阳澄湖”三大商务区，兴建了现代物流园、科技文化艺术中心、国际博览中心等大型生产服务设施60多万平方米，建成了李公堤、金鸡湖商业广场等各类商业载体100万平方米；相继引进沃尔玛、家乐福等10多个知名商业品牌，入驻了美国普罗斯、日本通运等20多家国际物流公司，集聚了香港汇丰、英国渣打等20多家中外资银行以及普华永道、德勤会计师事务所等30多家知名专业机构，有力促进了传统服务业向现代服务业的加快升级。

4. **转型发展阶段**（2007**年至今**）

作为国家级开发区，苏州工业园区在吸引外资、外贸进出口总额、基础设施投入等指标方面一直名列前茅。但是作为国家级高新区，2006年苏州工业园区在54家国家级高新区综合排名中只处于中游位置。在创新创业、知识产权、人才引进等方面，苏州工业园区与中关村、张江等国家级高新区还存在明显差距。因此，早在2006年开始，苏州工业园区开始筹划转型发展，逐步突破原先资源、人才条件的限制，形成以高新技术产业为主导、先进制造业为支柱、现代服务业为支撑的现代产业体系，打造“产业高地、创新高地、人才高地”。

在转型发展过程中，苏州工业园区逐步向现代化、生态化、综合化的苏州新城转变。一是突出以“九大行动计划”（制造业升级、服务业倍增、科技跨越、生态优化、金鸡湖双百人才、金融翻番、纳米产业双倍增、文化繁荣、幸福社区建设）为抓手，从产业、环境、文化、社区等多角度推进园区科技驱动型城镇化进程。二是调整产业布局，发展新兴产业。自2006年开始，从自身优势出发及对未来产业发展形势的判断，园区产业发展逐渐向新兴产业转型，形成以纳米技术为引领的光电新能源、融合通信、生物医药、软件及创意、生态环保五大战略性新兴产业集群发展。三是大力发展现代服务业。苏州工业园区的转型从现代服务业入手，逐渐在文化旅游、服务外包、现代商贸、科技金融等方面加快发展步伐，园区成为首个“国家商务旅游示范区”、“数字城市建设示范区”、“中国服务外包十强园区”等。

二、苏州工业园区发展现状

目前，苏州工业园区在产业、生态、科技、金融、社会、文化等领域已经具备较好的发展基础。经过20年的努力，苏州工业园区已经从苏南的富裕小镇成长为我国产业重镇和科技创新的重要策源地，逐步实现从传统开发区向集聚全球资源的高科技园区的转型。尤其是在集聚全球人才、资本、技术等方面形成了一定优势，在科技驱动型城镇化方面走出了一条具有区域特色的创新之路。

1. 产业转型成效显著

苏州工业园区已经建立起以电子信息、机械制造为主导，以纳米技术、生物医药、云计算为新兴产业，以商务旅游、文化创意、科技金融为支撑的现代产业体系。在主导产业方面，世界500强中有88家在园区投资了148个项目，投资上亿美元项目140个，其中10亿美元以上项目7个；在新兴产业方面，2012年实现新兴产业产值2020亿元，增长10%，占规模以上工业总产值比重达54%，在纳米技术应用、生物医药、云计算等新兴产业领域形成一定的发展优势，成为全国唯一“国家纳米高新技术产业化基地”。

在现代服务业方面，商务旅游快速发展。金鸡湖景区、阳澄湖半岛、独墅湖创意修学旅游区、中新合作区工业体验旅游区成为园区的主要商务旅游景点。此外，园区目前拥有64家旅游饭店（五星级4家、四星级2家、品牌酒店18家等)。另一方面，为推进园区转型升级，营造创新创业环境，园区大力发展科技金融，引进科技银行、股权投资、资产管理、保险等金融机构，为科技型创业企业提供融资、咨询等服务。园区已经成为以东沙湖股权投资中心为主的股权投资产业集聚地，吸引股权投资管理团队38家，管理基金50只，资金规模超430亿元，累计为650家企业提供股权投资服务；吸引担保、科技贷款、小额贷款、融资租赁等企业，累计为2500多家企业提供总额达168亿元的授信支持。

图 10－2　东沙湖股权投资中心

2. 人才集聚结构优化

人才是苏州工业园区发展的重要推动力，也是园区科技驱动新型城镇化的重要体现。苏州工业园区的人才优势主要体现在三个方面：一是人才总量多。截至 2011 年年底，园区人才总量超过 64 万人，比 2010 年增长 6.7%，其中中新合作区 34 万，乡镇人才数为 30 万。二是高层次人才多。2011 年年底，园区高层次人才（硕士以上）为 18175 人，高层次人才占人才总量比例达到 8.4%，占总就业人口比例达到 2.84%，高层次人才增长率达到 24.76%。本科及中高级职称以上人才为 188815 人，占就业人口的 18.55%。此外，自“金鸡湖双百人才计划”实施以来，累计引入海外高层次领军人才、科技领军人才、科教领军人才、高端服务业领军人才、高技能领军人才共 1406 名。截至 2013 年年底，园区申报入选各类“千人计划”人才总数达到 100 人，大专以上人才占就业比重达到 37%，硕士以上高层次人才占人才比率达到 11%。三是海外留学人才多。园区近年来加大海外人才引进力度。作为“海外高层次人才创新创业基地”，园区就业的外籍人才近 6000 名，累计引进外国专家 1000 多名，4000 名海外归国人才创办了 400 多家企业。园区在引进海外人才方面在国内开发区中颇具特色。

3. 生态环境保护优先

在苏州工业园区的发展历程中，注重生态环境保护是园区工作的中心工作。在园区成立之初，园区就通过制定发展规划明确了发展方向，制定了产业引进门槛，对高污染、高能耗的企业坚决说“不”。近年来，园区生态保护和节能降耗工作，在产业转型升级的背景下持续推进，并取得明显成效。2008年，园区被授予“国家生态工业示范区”。园区在生态环境保护和循环经济发展方面走出了一条特色之路。在2011年全国90个国家级经济技术开发区评选中，苏州工业园区环境保护及节能减排指数居第一，并且是连续三年蝉联国家级开发区之首。目前，园区绿化覆盖率达45.8%，绿色建筑面积达380万平方米，建设省级绿色社区30家，市级绿色社区33家，绿色社区覆盖率超过90%。在节能减排方面，万元GDP能耗为0.284吨标准煤，COD和SO_2排放量仅为全国平均水平的1/18和1/40。

4. **社会事业稳步发展**

苏州工业园区以建设和谐城区为目标，在园区社会文化事业领域不断探索，逐步完善园区社会、教育事业发展，不断营造园区特色文化氛围，以完善的社会服务体系塑造创新创业的软环境，成为吸引人才纷至沓来的重要法宝。目前，园区已经形成独具特色的苏州工业园区公积金体系，涵盖养老、医疗、生育、失业、工伤、住房保障和家庭保障等方面内容，同时考虑了参与人员在不同人生阶段的资金需求。其次，园区构建起城乡社区（农村）基本养老保险制度和合作医疗保险制度，对农村居民、农转非人员、自谋职业者或未就业人员等提供完善的社会保障服务和医疗保险服务。再次，园区形成了一整套合理的国民教育体系，涵盖基础教育、职业教育、高等教育、社会教育、国际教育、特殊教育领域。截至2012年10月，园区共有各类学校101所。其中，普通高等学校4所，中等专业学校2所，民办十二年一贯制学校1所，完全中学1所，高级中学3所，初级中学5所，九年一贯制学校10所，小学12所，幼儿园43所，国际学校2所，特殊学校2所，驻区中学1所（苏高中园区校），驻区高校（指入驻高教区非独立法人、非独立招生的高校或研究院）15所。学校教职工数10999人（不含离退休人员），其中专任教师8026人，全日制在校学生共137299人。

第二节
主要做法

苏州工业园区发展20年来，取得了举世瞩目的成就。它在先进制造业和现代服务业方面形成了较为明显的发展优势，在引进国内外人才、集聚海内外机构、创新体制机制、建设生态和谐城区等方面取得了较为突出的成就，成为我国高新区发展的样板，也是我国科技驱动新型城镇化的成功范例之一。苏州工业园区的成功得益于其多层次的开发管理模式、人才引进和培养模式、科技支撑体系、生态和谐城区建设等。

一、多层次管理模式提升园区管理服务效率

苏州工业园区的管理模式有其独有的特色，主要体现在两个方面：一是作为中国与新加坡的重要合作项目，其管理层级比较高；二是苏州工业园区管委会自一开始就与开发主体（CSSD）相分离，各自独立，各司其职。

1. 三级管理结构

在推进苏州工业园区的发展过程中，中国与新加坡建立了三个层面的领导和工作机构（见图10－3）。第一层面是中、新两国政府联合协调理事会，负责协调苏州工业园区开发建设和借鉴新加坡经验工作中的重大问题。在联合协调理事会中，两国副总理担任共同主席，我国有关部委和新加坡内阁有关部门及江苏省政府和苏州市政府负责人为理事会成员。第二层面是中新双边工作委员会，由苏州市市长和新加坡裕廊镇管理局主席共同主持，苏州市政府和园区管委会及新加坡有关部门和机构负责人组成。双方定期召开会议，就开发建设中的重要问题进行协商。第三层面是联络

机构，由新加坡贸工部软件项目办公室和苏州工业园区借鉴新加坡经验办公室负责日常联络工作。

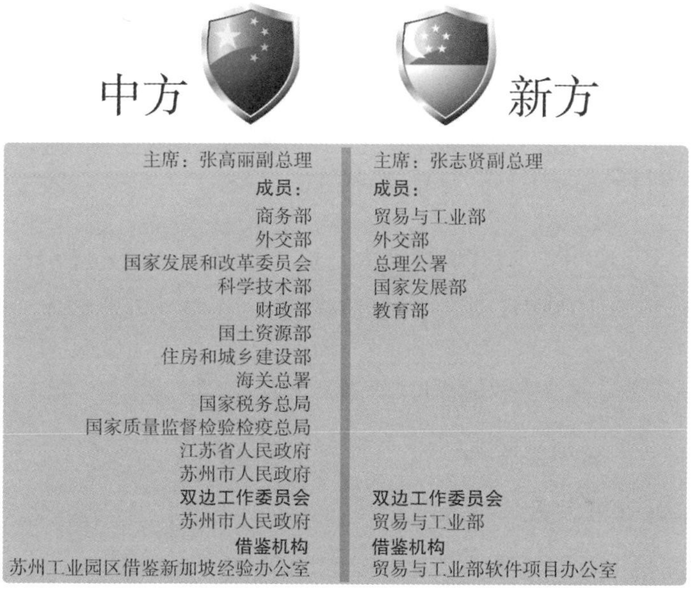

图 10－3　苏州工业园区领导和工作机构

2. 管理主体与开发主体分离

在开发主体的设置上，苏州工业园区与我国传统的开发区也存在差异。我国传统开发区在建设初期基本实行管理主体与开发主体合二为一，以后再逐步政企分开。苏州工业园区自成立之初就实现管理主体与开发主体的分离，开发主体按照政府的规划要求实行市场化经营。园区管委会作为苏州市政府派出机构在行政辖区内全面行使行政管理职能，为企业提供从设立、建设、员工招聘到企业运行各个阶段的行政管理和服务。同时，园区也承担一定程度的社会管理职能。园区的开发主体是中新苏州工业园区开发有限公司（CSSD），由中新双方财团组成。中方财团由中粮、中远、中化、华能等 14 家国内大型企业集团出资组建，新加坡财团由新加坡政府控股公司、私人公司和著名跨国公司联合组成。初期成立时，中方占 35％，新加坡占 65％。初期的这种股比结构有助于利用新加坡的资金、人才和经验加快园区开发建设。2001年股比进行调整，中方占65%，新方占35%。CSSD的主要职责是园区70平方千米成片土地开发与经营、物业管理、项目管理、咨询服务、产业与基础设施开发等。管理主体与开发主体的分离体现了“小政府、大社会”的原则，充分发挥了政府和企业的优势，两者可以在园区开发、建设、招商过程中互补、融合、协同。

二、创新人才引进与培养模式

苏州工业园区在转型升级过程中，极为重视对国内外高层次人才的引进和培养。苏州工业园区的人才引进和培养工作虽然起步较晚，但是通过创新人才工作引进机制和培养模式，苏州工业园区的人才数量和人才质量都逐步提高。近几年来，苏州工业园区人才总量不断增长，人才总量在全国开发区排名中名列前茅。

1. 实施“八大人才开发工程”

在《苏州工业园区人力资源“十二五”规划》中明确提出，重点实施苏州工业园区“金鸡湖双百人才计划”等系列人才工程；力争从2010年开始，每年重点引进和培养“千人计划”人才、中科院“百人计划”人才、江苏省高层次创新创业人才、姑苏领军人才、苏州工业园区科技领军人才、国际型学科领军人才、高端服务业领军人才等各级创新创业领军人才200名，高技能领军人才200名，将园区打造成高层次人才集聚地。

表10－1 苏州工业园区人才开发重点工程

人才开发重点工程	目标
科技领军人才创业工程	5年内每年评选和引进苏州工业园区科技领军人才（含成长型项目和孵化项目）100名，其中纳米领军人才不少于40名
海外高层次领军人才创新创业工程	5年内每年引进各类海外归国人才600名，其中海外高层次领军人才20名

（续表）

人才开发重点工程	目标
科教领军人才创新工程	在5年内，科教创新区内高校、科研院所每年引进20名国际型学科领军人才，选聘20名园区企业家担任兼职教授进行学科教学和科研活动
高端服务业领军人才创新创业工程	5年内每年引进高端服务业领军人才30名
高技能领军人才队伍建设工程	每年重点培养200名高技能领军人才，培训认证2000名高级技工，新增10000名具备高级技工水平的高技能人才
企业家和经营管理人才培育工程	2011年启动领军人才海外培训项目，2012年启动领军人才企业高管境内培训项目，每年举办2～3期，力争5年内所有领军人才企业轮训一遍
优秀大学生创业扶持工程	争取在5年内培育出5家由大学生创建的高新技术企业
人才管理队伍提升工程	力争在5年内，园区重点企业及新进科技型企业人事部门负责人均参加培训

（资料来源：《苏州工业园区人力资源“十二五”规划》）

2. 创新人才培养和培训模式

首先，借鉴新加坡管理经验，组织安排相关人员赴新加坡考察培训。截至2010年，园区已组织113批、2000多人次赴新加坡培训。通过培训，有效吸收新加坡发展经济、城市建设和公共管理的经验，结合园区实际情况，因地制宜地进行吸收转化。

其次，根据园区产业发展情况和企业实际需求开展各种类型的人才培训工作。园区在发展过程中紧跟企业发展的需要，适时推出应用型的人才培养和培训计划，在高层次技能人才、高端金融人才、服务外包人才、软件人才等培养方面做了大量的工作，为园区企业人才技能提升创造了条件。同时，政府通过对人才培养和培训提供补贴，减轻企业和参与人员的负担，发挥财政资金的积极作用。

最后，引进和创办各种类型的职业技能培训机构，开展联合培养和培训。在高层次人才培训方面，园区借助国内外知名大学、研究机构和专业机构的力量开展联合培训。如美国与加州伯克利大学、清华、北大、中科大、东南大学等国内外知名大学签订人才联合培养协议，建立联合培养基地。在中低层次人才培养方面，园区通过成立职业技术学院、服务外包学院、工业技术学校等机构为园区企业培养基层人才。

3. 加大人才开发和人才引进的财政支持力度

园区在支持人才开发和人才引进方面，不断加大财政支持力度。园区专门设立2亿元人才开发专项资金，以留学人员联谊会、博士联谊会等高层次人才组织建设为抓手，从创业扶持、薪酬待遇、住房优惠、社会保障等方面为人才创造环境。另一方面，对行业领军人才，园区通过实施“金鸡湖双百人才计划”给予奖励。2013年12月第四届“金鸡湖双百人才”揭晓，363名行业领军人才获得园区3500万元的奖金，进一步扩大了园区的知名度。

三、完善科技支撑服务体系

苏州工业园区从传统的开发区向现代化、生态化的高科技园区不断转型。在这个过程中，科技的驱动力量随处可见，并为园区科技驱动型城镇化的发展做出重要贡献。尤其是自转型以来，苏州工业园区在打造科技服务软环境，构建科技支撑服务体系方面进行了不断地探索和尝试，加快引进各类研发机构、搭建科技公共服务平台、完善科技金融服务等，不断推动园区高科技产业发展。

1. 引进各类研发机构、国内外知名高校等知识型机构

科技创新是一个渐进的过程，需要知识的不断积累、交流、碰撞、溢

出。在这个过程中，各类研发机构、研究型大学等知识生产机构的作用不可或缺。苏州工业园区的前10年，重点在基础设施开发和招商引资，知识型机构是其转型的短板。自2006年伊始，园区意识到转型升级必须要有研究机构、研究型大学的集聚，必须要有知识的创新源泉存在。因此，园区开始重点引进国家级研究机构、重点实验室、外资研究机构、研究型大学等各类知识型机构。截至2012年，园区共引进研发机构202家，建立国家级创新基地20个。独墅湖科教区引进苏州大学、中科大、西交利物浦、UCLA、UC伯克利等24家国内外著名高等院校或其研究教学机构，在校生规模突破7.5万人。同时，还与国内43家重点高校合作设立实训基地，集聚各类培训机构44家。

2. 搭建科技公共服务平台

近年来，苏州工业园区围绕科技跨越计划和创建国家创新型科技园区的目标，瞄准软件、集成电路、生物医药、动漫与游戏、纳米技术、下一代通信等园区重点发展产业，投资超过5亿元，重点打造20余个科技公共服务平台以及30余个开放实验室，以园区科技公共服务平台协作共享网为纽带，形成了公共技术服务平台、开放实验室以及创业支撑服务平台三大公共服务体系，形成了产业发展的支撑能力，增强了企业自主创新能力，提升了产业发展环境（见表10—2）。

表10—2 苏州工业园区科技公共服务平台三大体系

	主要工作
公共技术服务平台	围绕软件、集成电路与通信、动漫游戏、生物医药、纳米与新材料等重点新兴高科技产业，实现重点产业全覆盖，已建成软件评测公共服务平台、软件即服务（SaaS）化平台、集成电路设计与测试平台、生物医药实验平台、抗体专业技术服务平台、纳米加工平台、纳米检测平台以及动漫与游戏公共技术服务平台等

（续表）

	主要工作
开放实验室	面向园区重点产业，由实验室、工程中心等开放平台组成，重点开展企业产品共性及关键技术的研发，鼓励高校与企业联合共建。目前已布局近30个实验室、工程中心，下一步还将在软件、集成电路与通信、生物与新医药、纳米、先进制造、新能源、生态环保等方面布局一批与企业联合紧密的共性技术研发平台
支撑服务平台	围绕科技创新与创业，成立科技创新综合服务中心，以专业化、市场化、社会化服务为发展方向，整合苏州工业园区教投公司、创意产业园、生物纳米园、苏州创投集团、区内高校、苏州纳米所、中介机构等资源，建设涵盖科技投融资、产—学—研合作、技术成果转移、科技情报与信息服务、项目申报服务，政策咨询、市场渠道与推介、知识产权、人才培训、综合配套等功能的综合服务平台。目前已建成知识产权服务平台、综合数据服务中心平台、科技情报信息服务平台

（资料来源：苏州工业园区科技公共服务平台协作共享网，http：//www.sip－tp.com/）

3. 完善科技金融服务体系

科技金融是推动中小型科技企业发展的重要手段。在转型过程中，苏州工业园区不断完善区域科技金融服务体系，在政府服务、科技金融政策、科技金融产品等方面不断加强探索和尝试，逐渐搭建起服务中小型科技企业的科技金融服务体系。

第一，完善政府服务体系。在政府层面，园区设立了金融办、上市办、中小企业服务中心和统贷平台，搭建了推动科技与金融融合发展的政府服务体系。在市场层面，截至2013年年初，园区拥有297家股权投资机构、14家融资租赁公司、5家小贷公司、3家科技支行、1家科技金融超市，并设有统贷平台、引导基金等政策性融资服务平台，先后推出科技型中小企业集合信托、集合式贷款、知识产权质押贷款、股权质押贷款、投贷通等10多项金融创新产品；设立或引进了天使（种子）基金、银行信贷、产权交易、科技金融创新实验基地等各类专业服务机构，搭建了覆盖科技型企业初创、成长、成熟等各个发展阶段的市场化金融服务平台。

第二，完善科技金融政策体系。近两年，园区相继出台了包括《关于加速金融机构进一步集聚发展的若干意见》《苏州工业园区关于鼓励科技型中小企业加快发展的实施意见》等一系列政策。目前，园区出资设立了创投引导基金4亿元、风险补偿资金池8000万元，形成了覆盖金融机构引进、股权投资发展、科技金融服务、风险补偿等具体内容的政策支持体系。

第三，强化科技金融产品体系。园区一方面鼓励金融机构开展科技金融创新，支持园区本地科技型企业的发展；另一方面鼓励园区科技金融资本向区外辐射，支持科技信贷专营机构和其他金融机构拓展业务范围，构建了立足园区、辐射全国、债权股权并重的科技金融产品体系。

四、打造和谐、生态、智慧园区

苏州工业园区在推动园区转型发展过程中，不再拘泥于传统的高科技园区的发展模式，而是坚持丰富城市功能，坚持以人为本，从企业、居民、员工的需求出发不断完善园区的生态环境、社会文化和智能便捷生活网络，成为我国高科技园区科技驱动型城镇化的典型代表。

1. 坚持以人为本，不断完善园区城市功能

2007年《苏州市城市总规划（2006—2020）》提出要建设以苏州工业园区为核心的苏州东部新城，目标是建设成为苏州市现代化新城区和中央商务区。园区积极围绕苏州城市“一核四城”的发展定位（以古城区为核，东部为综合商务城，西部为生态科技城，南部为滨湖新城，北部为高铁新城），积极推进东部综合商务城和苏州城市CBD建设，环金鸡湖CBD规划建筑将达1000万平方米。经过近几年的发展，园区的旅游、文化、居住、休闲、商务、物流等城市基本功能不断完善，先后被评为“国家商务

旅游示范区"、"数字城市建设示范区"、"服务贸易创新示范基地"、"国家知识产权示范创建园区"、"生态工业示范区"等。

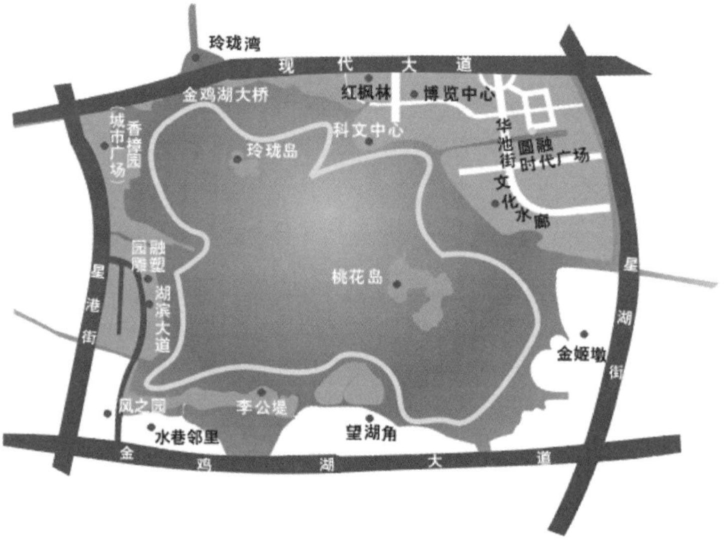

图 10－4 金鸡湖商务区周边规划设施

2. 生态优先，打造生态和谐新城区

为了打造生态环境优美的和谐城区，园区在企业引进前期、建设中期和运营后期采取有效的监管措施，确保企业生产符合环保要求。首先，在引进前期进行严格的环保评估，对不符合园区产业发展方向的高耗能企业不予引进。园区成立以来共否决不符合环保要求的项目 300 多个、总投资 20 多亿美元。在建设和运营期间，园区引导企业发展循环经济，建设"绿色工厂"。园区已有 100 多家企业成为循环经济示范企业，160 多家企业被评为市级绿色等级企业。其次，在园区开发建设过程中，大力开展绿色政府、绿色社区、绿色学校、绿色乡镇、绿色建筑等系列创建活动，努力将生态和谐理念贯穿于园区的每个企业、居民、员工、机构的生产、生活过程中。最后，加强生态保护，积极改善生态系统和生态功能，开展生态绿化及生态保护工程的建设。目前已建成沙湖生态公园、白塘生态植物园、方洲公园等一批生态公园和公共绿地。全区绿地覆盖率达 45.5%。全面实

施了金鸡湖、阳澄湖、独墅湖、斜塘河等水环境综合治理，并开创了“清淤—治水—取土—造景”相结合的环境综合治理新模式。

3. 大力开展智慧园区建设，打造信息化城区

苏州工业园区在智慧园区建设方面持续推进，先后成为全国首个“数字城市建设示范区”、全国首批“智慧城市试点”、中国城市“信息化服务创新奖”、国家级开发区“信息化工作先进单位”，在信息化城区建设方面走在全国前列。园区经过多年探索，构建了园区特色的信息化框架和思路，先后建设城市公共信息服务平台、城市公共基础数据库，开展智慧城管、智慧水务、智慧交管、智慧公交、智慧医疗、智慧教育等重点项目建设，不断推进政府服务信息化水平。在多年的信息化建设中，园区注重“云服务、移动化、智能化”的应用，已经建成了包括电子政务私有云、国科数据中心、风云 saas 平台等软硬件平台架构，具备了云服务方式的条件。

第三节 经验启示

一、科学规划提升开发建设水平

科学超前、先进合理的规划，是苏州工业园区取得成功的重要经验。“规划先行”、“规划即法”是园区取得成功的关键因素，也是最值得推广的园区发展理念之一。为顺利推进规划编制和后续的贯彻实施，维护规划的严谨性，园区先后编制了《城市规划建设管理办法》《建设项目环境保护管理办法》《公用事业管理办法》《施工现场管理办法》《建筑工程质量管理办法》《建筑企业管理办法》《危险废物污染防治管理办法》等，为规划的编制和实施奠定法律基础。

园区开发之初，借鉴新加坡和国际先进城市规划建设经验，由中方规划部门和新方规划部门组成联合工作组，共同编制完成富有前瞻性和科学性的总体发展规划。苏州工业园区先后制定300余项专业规划，形成了严密完善的规划体系。所有规划项目严格实行招投标制度，重点区域和重要景观项目规划设计面向全球公开招标。在规划中率先引入“白地”、“灰地”、“弹性绿地”等先进理念，对短期内不明确用途的地块实施弹性控制，有效提高土地开发效益和集约利用水平。

园区规划注重实施，坚持以规划引导建设、以城市设计指导地块开发，强调规划执行的权威性与强制性。对不符合规划要求的项目，坚决实行“一票否决制”，对开发建设过程中投资者超出规划范围的要求，严格执行“违规申请”相关程序。目前，园区开发现状与初期总体规划蓝图基本一致，为投资者营造了可预见的、低风险的投资环境。

借鉴新加坡“需求未到，基础设施先行”的做法，按照“先规划后建设，先地下后地上”的开发建设原则，适度超前建设重要的基础设施，严格按规划功能区域和控制指标整体推进开发，避免滚动开发的盲目性和随意性。所有重大项目全部进行环境影响评估，所有建设项目全部实行一站式审批，纳入有形市场招投标，所有建筑工地全部使用商品混凝土，保证开发建设的高强度与高水准。

二、坚持高标准高质量基础设施开发

苏州工业园区在开发过程中，充分借鉴新加坡的开发建设管理经验，坚持高标准高质量地基础设施开发建设。截至目前，累计投入300多亿元，基本完成70平方千米合作区主要基础设施开发。其中30平方千米建成区达到“九通一平”（道路、供电、供水、燃气、供热、排水、排污、邮电、有线电视和土地填高平整）的国际水准；建设了首期60万千瓦发电厂、日供15万吨自来水厂、日供15万立方米燃气厂、日处理10万吨污水处理厂和每小时供气40吨集中供热厂等基础设施源厂。在开发过程中，园区十分注重资源的集约利用，努力在引进项目质量、盘活土地存量、提高单位投资强度上下功夫，开创了“清淤、治水、取土、扩地”相结合的土地综合开发利用新模式，避免挖废耕地 1.5 万多亩。通过取消农村宅基地审批，将原先 20 平方千米的农村宅基地和村庄用地规划为 6 平方千米的集镇社区和居住新村，节约用地 14 平方千米。

三、坚持全球定位，营造亲商稳商服务软环境

苏州工业园区的发展取得的成功，离不开前瞻性的规划和高标准的基础设施开发，更离不开园区以世界的眼光审视园区的长远发展，以全球资源作为园区发展的动力，坚持全球招商。

首先，园区在发展过程中，借鉴新加坡的发展经验，积极建设服务型政府，实施政府间接管理，创造与国际惯例接轨的发展环境，不断完善和简化政府审批程序，降低园区企业运营成本。其次，从过去的被动招商转向主动出击。借鉴新加坡经验和全球网络，在全球 20 多个国家和城市设立招商服务联络机构，定期开展招商咨询活动。最后，建立全天候、全方位的招商服务体系。园区始终突出招商工作的龙头地位，积极拓展招商思路，构建招商网络，创新招商方式。充分发挥中新联合招商体制优势，坚持大小项目并举、内资外资并举、二三产业并举、存量升级与增量引进并举的方针，先后建立以管委会招商局、科技招商中心、各镇招商中心以及 CSSD 招商部和各国有公司为主体的专业化招商队伍。同时，园区管委会定期走访企业、举行企业座谈会、现场办公等，了解企业的现实需求，积极协调有关部门为企业解决各种困难，在政策突破、项目融资、市场开拓等方面给予企业大力支持。

四、坚持经济社会和谐发展

苏州工业园区有别于传统的开发区或高新区的特别之处，不仅在于其经济发展方面的做法，而且在于发展过程中坚持经济社会和谐发展，以经济发展带动社会进步，以社会的和谐营造良好的创新创业环境，形成经济和社会互相促进、互相协调的发展局面。

1. 构建社区邻里中心，完善社区服务功能

在苏州工业园区发展的初期，园区就借鉴新加坡公共管理经验，于1997年成立苏州工业园区邻里中心发展有限公司。邻里中心是集商业、文化、体育、卫生、教育等于一体的“居住区商业中心”，围绕12项居住配套功能，从“油盐酱醋茶”到“衣食住行闲”为百姓提供“一站式”服务。目前，公司运营有邻瑞广场项目1个、邻里中心项目13个，邻里生鲜/邻瑞超市5家，经济型酒店8家。公司运营项目总建筑面积近46万平方米，每个项目均已成为区域性商业服务亮点，并带动了周边住宅品质的提升。到2013年年底，公司在建和拟启动的社区型购物中心项目6个，新增建筑面积将近35万平方米。

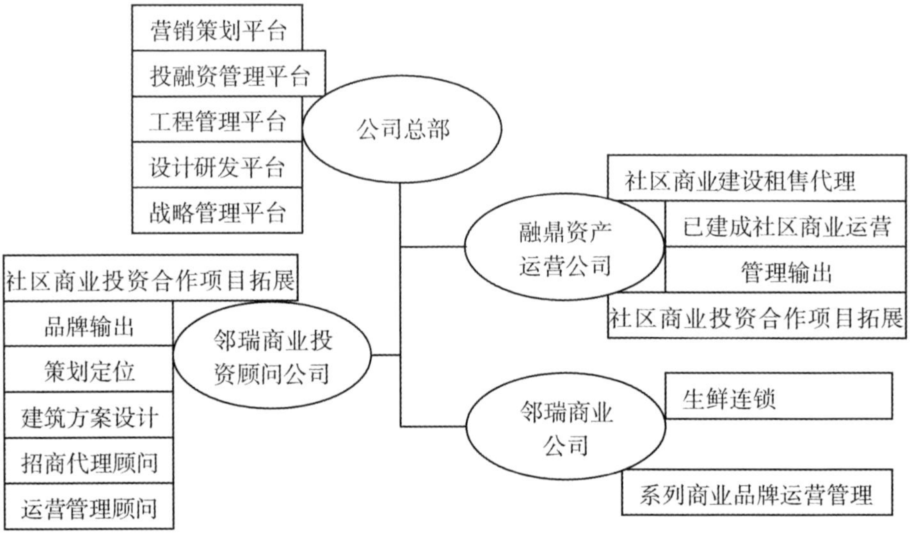

图 10－5　苏州工业园区邻里中心发展有限公司职能简图

2. 建立别具特色的社会保障体系

园区在社会保障方面充分借鉴了新加坡的管理经验，创新性地推出了苏州工业园区公积金制度。此项公积金制度是一项包括养老、医疗、失业、生育、工伤、住房保障等在内的综合性社会保障制度，具有预筹积累、纵向平衡的特点。此外，对跨地区流动就业的、非本市户籍的农村会

员和其他人员，可按有关办法办理基本养老保险的转移接续，或者在符合条件的基础上办理一次性提取公积金手续。园区的公积金制度对吸引人才、留住人才发挥了重要作用，也体现了园区管理的人性化和前瞻性。

3. 积极推进公共文化建设，丰富区域文化内涵

近年来，苏州工业园区以建设国家公共文化体系示范区为契机，不断推进园区公共文化建设，先后建成苏州国际博览中心、苏州文化艺术中心、苏州独墅湖图书馆、园区文化馆、苏州评弹学校新校、青少年活动中心和金鸡湖美术馆等一批重点文化设施。另一方面，园区以重大文化活动、重点文化载体为依托，成功打造了一批园区文化品牌，如以“触爱行动”为代表的公益文化品牌、以“打莲厢”为代表的水乡文化品牌、以“文化艺术中心”为代表的娱乐文化品牌等。同时，积极举办各类文化赛事和文化活动，如中国金鸡百花电影节、苏州金鸡湖双年展、中国苏州文化创意设计产业交易博览会、国际民间艺术节、中国戏剧节等重大文化活动，不断提升园区的文化氛围和文化内涵。

结束语

二十多年来，张江从一个名不见经传的小镇，由一片人口仅有2万多人的农田乡村，华丽变身为30多万人就业生活的高科技产业高地、创新高地、人才高地，一跃成为国际知名的创新科技园区，一方汇集全球高端人才演绎创新创业神话的国际舞台，一座充满生机和活力的现代化新城区。这一翻天覆地、凤凰涅槃般的转变令人感慨和激奋，是什么力量改变了张江的面貌，使张江发生如此巨变？从1992年开园，到1999年“聚焦张江”，再到2011年获批国家自主创新示范区，张江踏着中国改革开放和浦东开发开放的节拍，紧抓国际高科技产业发展和转移机遇，探索走出了一条开放条件下的高科技园区创新发展之路。应该说，创新创业贯穿张江发展全过程，创新是张江之魂、创业是张江之本。

张江发展经验和发展模式值得总结。美国园区经济研究学者罗杰斯曾指出，张江园区发展依靠执政党的政治优势和组织优势，同时借助政府之手和市场之手形成开发合力，整合各种开发资源，形成了不同于“硅谷模式”的“张江模式”。本书从科技驱动新型城镇化的视角，尝试对张江发展经验和发展模式进行总结，提出一家之见。张江新型城镇化是典型的科技驱动发展模式，它打破了传统城镇化发展的常规，在较短的时间内实现了跨越式发展。这一发展成就和巨大成功，在于理念创新和政府推动，在于坚持规划先行、基础设施先行，在于坚持高科技产业定位不动摇，在于坚持区域创新体系建设，在于坚持区域协调城乡统筹发展，在于坚持打造最适宜创新创业的发展环境，在于坚持汇聚最活跃的创新创业力量，在于坚持遵循市场规律激活市场活力。

回顾张江20多年来科技驱动新型城镇化的历程，既有经验，也有教训。张江建园初期，也曾出现产城脱节现象。张江科技驱动新型城镇化的实践证明，一个高科技园区，如果沿袭传统开发区的产城分离、职住分离，生活性服务业滞后的发展思路，就难以达到吸引国内外一流研发机构、科技金融、高科技人才集聚的目的，也难以成为真正的高科技园区。产城融合是高科技园区发展的内在要求，也是“以人为本”推进新型城镇化的重要环节。这些都值得全国其他高科技园区在规划和发展中予以重视和加以防范。

进入新时期，站在新的起点上，张江要按照建设国家自主创新示范区的要求，对标国际一流的科技创新区，着力汇集前沿的科技产业和研发机构，汇聚最活跃的创新创业力量，汇聚最强劲的金融资本力量，汇聚最具创新、最有效率的服务体系，打造成为具有全球影响力的创新中心、世界一流的现代科技综合城。

本书是在全国政协经济委员会的统一部署下，在上海市政协、浦东新区政府、浦东新区政协领导下，在浦东新区政协办公室、浦东新区发展和改革委员会牵头下，由浦东改革与发展研究院联合华东师范大学城市与区域规划研究院和上海图书馆上海科技情报研究所共同撰写完成。本书撰写过程中得到了张江管委会、张江镇人民政府、张江集团、浦东新区科委、新区统计局、新区组织部、新区金融局、浦东时报、浦东开发杂志等单位的大力支持，为本书提供大量鲜活的素材资料，在此表示由衷的感谢，是他们的大力支持，才能使此书如期付梓。

本书编写时间仓促，作者水平有限，书中错误和不足之处在所难免，恳请读者批评指正。

后　记

2013 年 7 月，我们受全国政协经济委员会委托，开始组织撰写“中国新型城镇化理论与实践丛书”。在丛书即将付梓之际，我们还有几句话要对读者说一说。

这是一套与《国家新型城镇化规划（2014—2020 年）》相配套的丛书。

为配合这一规划的研究和制定工作，我们于 2013 年 9 月把通过广泛考察所形成的调研报告，特别是关于对新型城镇化六个问题的看法呈报国务院领导同志，国家发改委等部门根据领导同志的批示要求，对这些报告作了认真研究并采纳了其中许多建议。2014 年 3 月《国家新型城镇化规划（2014—2020 年）》正式发布之后，我们又依据规划对丛书作了相应补充完善，进而使丛书内容更加符合规划要求。

这是一套由著名经济学家与实际操作者共同打造的丛书。

著名经济学家厉以宁、艾丰教授和长期从事经济工作的石军同志多次谋划研究丛书构架设计和重要观点，并担任丛书编委会主任。中国社会科学研究院院长王伟光，国务院发展研究中心副主任韩俊、中国经济时报社社长许宝健、国务院发展研究中心金融研究所副所长巴曙松、东方文化与城市发展研究所所长刘锋和杨晓东、中国区域科学协会副会长郝寿义等著名专家和学者，也都出任编委会委员，并分别承担了相关书稿的撰写工作。

国家发展和改革委员会副主任何立峰（天津市原政协主席）、山东省政协副主席陈光、上海市浦东新区政协主席张俭、农业部农村经济体制与经营管理司司长张红宇、上海市浦东新区发展和改革委员会主任管小军、山东省临沂市市委书记张少军和漫园控股有限公司董事长、北京定福庄文化产业促进会常务副会长杨青山以及艾丰经济研究院副院长詹国枢、冉永平等同志应邀担任丛书编委会委员，并亲自组织相关书稿的撰写工作。

这是一套广泛吸纳各地经验和有关同志智慧而创作的丛书。

在撰写过程中，我们参考了全国各地提供的相关资料，并吸收了他们的成功经验和做法。还到北京、上海、天津、江苏、浙江、山东、湖北等省市作了实地考察，采纳了他们提出的诸多建议和意见，并在北京、上海、天津、山东、湖北五省市有关同志的支持下，完成了文化、科技、工业、物流、旅游驱动新型城镇化五本实践专著。吴新民、张金杰、高钰婕、张光源等同志亦对丛书撰写给予了有力指导和支持，在此一并表示感谢。

由于丛书撰写的时间紧、任务重，难免有阐述不到位甚至偏颇之处，敬请各位读者批评指正。

中国新型城镇化理论与实践丛书

编委会

2014 年 9 月

图书在版编目（CIP）数据

科技驱动新型城镇化：上海张江发展模式研究/张昇平，曾刚，熊竞著.—北京：中国工人出版社，2014.3

（中国新型城镇化理论与实践丛书/厉以宁，艾丰，石军主编）

ISBN 978-7-5008-5498-2

Ⅰ.①科… Ⅱ.①张…②曾…③熊… Ⅲ.①高技术园区－关系－城市化－发展模式－研究－浦东新区 Ⅳ.①F299.275.13

中国版本图书馆CIP数据核字（2014）第047263号

科技驱动新型城镇化：上海张江发展模式研究

出 版 人	李庆堂
责任编辑	张海元
责任校对	赵贵芬
责任印制	栾征宇
出版发行	中国工人出版社
地　　址	北京市东城区鼓楼外大街45号 邮编：100120
网　　址	http://www.wp-china.com
电　　话	（010）62350006（总编室）（010）62005039（出版物流部） （010）62382916（职工教育分社）
发行热线	（010）62005996　（010）82075964（传真）
经　　销	各地书店
印　　刷	北京睿特印刷厂
开　　本	710毫米×1000毫米　1/16
印　　张	23
字　　数	342千字
版　　次	2014年12月第1版　2014年12月第1次印刷
定　　价	64.00元